Tina Caspari/Christiane Gohl
Pferde-Abenteuer

OMNIBUS

Foto: © Franz Schneider Verlag GmbH

DIE AUTORIN

Tina Caspari wurde in Berlin geboren. Heute lebt sie dreißig Kilometer von München entfernt auf dem Land. Das Leben auf dem Land, Tiere und besonders Pferde spielen für Tina Caspari nicht nur eine wesentliche Rolle, sondern sie sind die eigentliche Quelle ihrer Geschichten. In der Natur ist – wie sie selbst sagt – viel mehr Raum zur Entfaltung der eigenen Fantasie. Bevor Tina Caspari das Schreiben von Kinder- und Jugendbüchern zu ihrem Hauptberuf machte, zog es sie auf die Bühne. Und eines möchte sie immer noch gern: Filme machen.

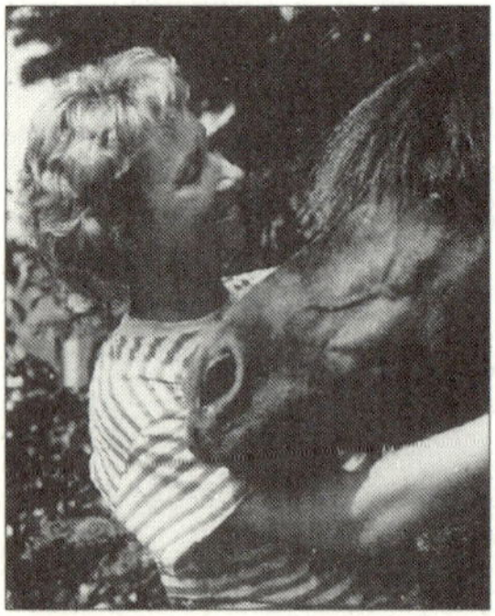

Foto: © privat

DIE AUTORIN

Christiane Gohl wurde 1958 in Bochum geboren. Die promovierte Pädagogin arbeitet als freie Fachjournalistin und Werbetexterin. Seit ihrem zehnten Lebensjahr beschäftigt sie sich mit Pferden und reitet in verschiedenen Disziplinen. Pferdefreundliches Reiten und artgerechte Haltung sind ihr dabei besonders wichtig. Mit ihren Sachbüchern und Romanen avancierte sie in kurzer Zeit zu einer Bestsellerautorin der Pferdeszene.

Tina Caspari/
Christiane Gohl

Pferde-Abenteuer

OMNIBUS

Band 27027

OMNIBUS

Der Taschenbuchverlag für Kinder
Verlagsgruppe Random House
München Berlin Frankfurt Wien Zürich

Umwelthinweis:
Dieses Buch wurde auf chlorfrei gebleichtem Papier gedruckt.

Einmalige Sonderausgabe zum Welttag des Buches 2003
Gesetzt nach den Regeln der Rechtschreibreform

Originaltitel: »Bille & Zottel – Pferdeliebe auf den ersten Blick«

Originaltitel: »Ein Pflegepferd für Julia«

Illustrationen im Anhang: Rahel Schale
Umschlagfoto: Guenter Kleinen
Umschlagkonzeption: Klaus Renner
Jo · Herstellung: Peter Papenbrok
Satz: Uhl + Massopust, Aalen
Druck: Clausen & Bosse, Leck
ISBN 3-570-27027-0
Printed in Germany

www.omnibus-verlag.de

10 9 8 7 6 5 4 3 2

Tina Caspari

BILLE & ZOTTEL

Pferdeliebe auf den ersten Blick

Inhalt

Bille hat Probleme

»Kannst du nicht ein bisschen schneller fahren?«, jammerte Bille und duckte sich hinter Karlchens breiten Rücken.

»Wenn ich den Karren in den Graben fahre, kriege ich ihn von meinem Bruder nie wieder!« Karlchen bremste so scharf, dass das Moped schlingerte und quer auf der Fahrbahn zum Stehen kam. »Außerdem ist es sowieso zu spät. Sieh mal, da!«

»Mist!«

Da vorne bog Mutschs klappriger Kombi um die Ecke und hielt mit quietschenden Bremsen vor dem windschiefen Strohdachhaus. Wie jeden Morgen kam sie aus Neukirchen, wo sie auf dem Großmarkt Frischware für ihr kleines Lebensmittelgeschäft besorgt hatte. Warum musste sie ausgerechnet heute so pünktlich sein!

»Was mach ich denn nun bloß? Wäre eure blöde Kiste gleich angesprungen, wäre uns das nicht passiert!«, maulte Bille.

»Und wärst du nicht so verrückt darauf, morgens um fünf schon heimlich in den Pferdestall zu gehen, dann brauchte ich mich jetzt nicht von dir anmeckern zu lassen. Hab ich das nötig?«, gab Karlchen zurück.

»Hast ja Recht, entschuldige.«

Bille sah so todunglücklich aus, dass Karlchens Herz dahinschmolz wie ein Eis am Stiel in der Sonne.

»Also gut – schleich dich durch den Garten nach oben. Ich versuche, sie abzulenken.«

»Das ist super von dir! Danke!« Bille boxte Karlchen liebevoll in den Rücken und schlich sich im Schutz der Büsche davon.

»Bis später!«, rief Karlchen ihr leise nach, dann fegte er mit einem Kavaliersstart die Straße hinunter auf Frau Abromeit zu, die gerade damit begonnen hatte, ihre Waren auszuladen.

»Morgen, Frau Abromeit!«, hörte Bille ihn rufen.

»'n Morgen, du alter Krachmacher, geht's nicht ein bisschen leiser?«

Bille kletterte von dem Holzstoß hinterm Haus auf die Garage, und von dort über den Birnbaum aufs Dach und in ihr Mansardenfenster hinein. Drinnen blieb sie stehen und lauschte.

Verdammt! Mutsch kam schon die Treppe herauf!

Mit einem Satz war Bille im Bett – so wie sie war, in Stiefeln, Jeans und Pulli. Sie zog sich die Bettdecke bis über die Nasenspitze und tat, als schliefe sie fest.

»Bille! Aufstehen – es ist schon halb sieben!«

Mutsch öffnete die Tür und sah ins Zimmer.

»Nun los, Kind, du musst dich beeilen!«

Bille markierte lautes Gähnen.

»Schon gut, Mamutschka, ich komm schon …«

Im Stillen schickte sie ein Stoßgebet zum Himmel, ihre Mutter möge nicht auf die Idee kommen, neben ihrem Bett stehen zu bleiben, bis sie sich erhob, ihr gar die Decke wegzuziehen. Aber nein, ihr Gebet wurde erhört.

»Ich muss wieder runter, den Wagen fertig ausladen.

Putz dir die Zähne gründlich«, sagte Frau Abromeit und schloss die Tür hinter sich.

Puh! Das war noch mal gut gegangen. Bille wartete sicherheitshalber, bis sie ihre Mutter unten mit den Gemüsekisten hantieren hörte, dann sprang sie aus dem Bett, zog sich aus und lief ins Bad hinüber. Nur gut, dass Mutsch den intensiven Pferdestallgeruch heute nicht bemerkt hatte. Bille war ganz schön heiß geworden unter der Bettdecke. Egal. Hauptsache, Mutsch hatte sie nicht erwischt. Das hätte wieder ein Theater gegeben!

Karlchen war doch einsame Spitze!

Eigentlich war er wie ein Bruder, überlegte Bille, während sie den Wasserhahn aufdrehte und den Schwamm drunterhielt. Wie der Bruder, den sie sich immer gewünscht hatte: ein Jahr älter und ein richtig guter Freund, auf den man sich verlassen konnte. Bille hatte zwar eine Schwester, aber die war zwölf Jahre älter als sie und genau der Typ, der einem ewig als leuchtendes Beispiel vor die Nase gehalten wird. Bille ließ sich das kalte Wasser über Gesicht, Hals und Schultern laufen. Ah, das tat gut!

Mit Karlchen hatte sie gespielt, seit sie laufen konnte. Mit ihm konnte man jeden Blödsinn machen, und wenn es nötig war, hatte er sich auch mal für sie geprügelt.

Als Bille frisch gewaschen und angezogen in ihr kleines Zimmer zurückkehrte und ans Fenster trat, sah sie drüben bei Brodersens Karlchen am Fenster, der gerade seine Bücher in die Schultasche stopfte.

»Alles gut gegangen!«, signalisierte Bille ihm hinüber, und Karlchen winkte zurück: »Verstanden!« Sie hatten seit langem ihre geheime Zeichensprache.

Karlchen verschwand vom Fenster. Bille lehnte sich hinaus. Wenn sie sich ein wenig vorbeugte, konnte sie links bis nach Groß-Willmsdorf hinübersehen. Dort lagen die breiten Wirtschaftsgebäude des Gutshofs, und da vorne das Ziel all ihrer Träume und Wünsche: der Pferdestall. Da hatte sie vor einer Stunde noch mit Karlchen frisches Stroh in den Boxen verteilt, bis sie merkte, dass ihre Uhr stehen geblieben war.

Hubert, Karlchens älterer Bruder, der gemeinsam mit dem alten Petersen die Arbeit im Pferdestall besorgte, hatte nicht lange gefackelt: Er hatte Karlchen sein Moped geliehen, damit Bille noch pünktlich nach Hause kam. Jetzt waren Petersen und Hubert sicher dabei, die Pferde für die Morgenarbeit zu satteln. Wie schön wäre es, statt in die Schule zu fahren, in dem Versteck in der großen Kastanie zu sitzen und von dort aus Herrn Tiedjen, dem berühmten Springreiter, zuzuschauen, wie er den jungen Fuchshengst Patrick ritt oder mit einem der anderen Pferde für den Preis der Nationen trainierte!

»Bille! Wo bleibst du denn! Komm frühstücken!«, hörte sie Mutsch auf der Treppe ärgerlich rufen.

Seufzend ergriff Bille ihre Schultasche, holte schnell noch das Englischbuch unter ihrem Kopfkissen hervor und rannte die Treppe hinunter.

In der geräumigen Küche, die zugleich als Hinterzimmer und Lager des kleinen Ladens diente, hatte ihr Mutsch das Frühstück hingestellt. Eine Scheibe Schwarzbrot mit Schinken und ein Butterbrötchen mit selbst gemachter Erdbeermarmelade warteten auf dem Teller, Tee und Milch dampften in der Tasse. Bille hatte einen Riesenhunger. Schließlich war sie seit halb fünf Uhr auf und hatte kräftig gearbeitet.

»Hm, danke, das sieht ja super aus!« Bille biss gierig von dem Schinkenbrot ab.

»Nun schling nicht wieder so. 's nimmt dir ja keiner weg!« Mutsch trank ihre Teetasse leer und räumte ihr Gedeck weg. »Ich hab Karlchen Brodersen vorhin getroffen, er kam schon von der Arbeit. Tüchtiger Junge. Nicht so 'n Langschläfer wie du!«

»Och der…«, sagte Bille gleichgültig und dachte bei sich: Wenn du wüsstest!

»Will sich Geld verdienen für ein eigenes Moped, hat er mir erzählt.«

»Blöd«, murmelte Bille.

»Ich kann das nicht blöd finden, wenn einer mit vierzehn schon sein eigenes Geld verdient – neben all der Arbeit für die Schule.«

»So meine ich das ja nicht. Was ich blöd finde, ist, dass er im Pferdestall arbeitet und sich überhaupt nicht für Pferde interessiert. Ihm geht's bloß ums Geld, die Tiere sind ihm egal«, sagte Bille verächtlich. »Wenn ich es wäre – ich würde noch mein ganzes Taschengeld dazugeben, wenn man es von mir verlangte, um Herrn Tiedjens Pferde versorgen zu dürfen!«

»Ach ja«, stöhnte Mutsch, »da wären wir denn ja wieder beim Thema. Hätte mich auch gewundert, wenn mal eine Mahlzeit vorübergeht, ohne dass du davon anfängst. Na, ich muss jetzt in den Laden. Vergiss bitte nicht – was ist denn das?«, unterbrach sie sich.

Mutsch hatte im Vorbeigehen das Englischbuch hochgenommen und einen Blick hineingeworfen. Dabei musste sie entdecken, dass darunter ein Pferdebuch lag.

»Mädchen, Mädchen! Was soll denn das nun wieder …« Mutsch schüttelte verzweifelt den Kopf.

Steter Tropfen höhlt den Stein, dachte Bille. Eines Tages musst du doch nachgeben und mich reiten lassen!

Zum Glück ging jetzt die Ladenklingel, und Mutsch hatte keine Gelegenheit mehr, ihr eine Gardinenpredigt zu halten.

»Morjn, Olga!«, hörte Bille jemanden sagen.

Das konnte nur Onkel Paul sein. Bille spitzte die Ohren.

»Na, wie geht's uns denn immer so?«

»Äh …«, machte Mutsch unbestimmt. »Wie immer?«, fragte sie dann, um Onkel Paul abzulenken.

»Wie immer.«

Bille hörte, wie Mutsch für Onkel Paul die Brötchen in die Tüte füllte und über den Ladentisch schob.

»Schlechte Geschäfte, wie?«

»Ach, wenn's nur das wäre. Aber die Lütte mit ihrem Pferdefimmel, das macht mich reineweg verrückt! Wo soll das bloß noch hinführen! So was Nutzloses. Und nix anderes im Kopp!« Mutsch redete sich richtig in Zorn. »Reiten lernen! Als ob wir uns das leisten könnten – das wär ja noch schöner! Als wenn wir reiche Leute wären – und keine anderen Sorgen hätten!«, ereiferte sie sich.

»Na, na, nun mal langsam, Olga. Also erstens ist die Lütte doch ganz in Ordnung. Hat sie nicht bis jetzt immer gute Zeugnisse nach Hause gebracht?«

»Das schon, aber …«

»Und zweitens: Was den Pferdefimmel anbetrifft, da kann ich mich gut an eine junge Dame erinnern, der man vor dreißig Jahren – noch keine zwölf war sie! – vorgeworfen hat, sie würde sich mehr um die Pferde als um die Menschen kümmern. Die lieber im Stall geschlafen hat als in einem Bett, die …«

»Ach, hör doch auf!«, unterbrach ihn Mutsch. »Das war was ganz anderes damals, das ist doch alles vorbei und vergessen. Die Zeiten haben sich geändert!«

Bille kaute vor Aufregung immer schneller. Hochinteressant, was man da zu hören bekam! Dass Mutsch in ihrer Jugend auch so ein Pferdenarr gewesen war, hatte sie Bille bisher wohlweislich verschwiegen! Nur gut, dass Onkel Paul Mutsch schon als kleines Mädchen gekannt hatte.

Sie waren damals in Ostpreußen Nachbarskinder gewesen. Später waren ihre Familien auf der Flucht in einem Treck hier nach Wedenbruck gekommen und hatten sich eine neue Existenz aufgebaut. Mutsch hatte einmal erzählt, dass auf dem Treck auch ein paar wertvolle Trakehnerstuten mitgeführt wurden, die nach Groß-Willmsdorf kamen und deren Nachfahren jetzt unter Herrn Tiedjens erfolgreichsten Springpferden zu finden waren.

»Meine Große, die Inge«, fuhr Mutsch drüben fort, »die hat nie solche Flausen im Kopf gehabt. Die hat von Anfang an gewusst, wo ihr Platz im Leben ist – und nicht so rumgesponnen wie unser Küken da. Wenn wenigstens ihr Vater noch lebte – der hätte ihr die Dummheiten schon längst ausgetrieben. Aber auf mich hört sie ja nicht.«

»Aber Olga, was ist denn daran nun so Schlimmes, wenn man Pferde liebt und gerne reiten möchte! Du kannst doch deiner Tochter nicht was verbieten, was du haargenau so gemacht hast! Von wem hat sie's schließlich?«

»Sieh mal einer an!«, sagte Bille.

»Das war ganz was anderes!«, entgegnete Mutsch heftig. »Wir waren Bauern, für uns waren die Pferde damals lebenswichtig. Heute ist das nur noch Luxus.«

Für mich sind Pferde auch lebenswichtig, dachte Bille. Sie hätte sich allmählich auf den Weg machen müssen, Karlchen wartete sicher schon. Aber dieses Gespräch konnte sie sich auf keinen Fall entgehen lassen.

»Nur weil du damals einen dicken Strich unter deine Reiterträume gemacht hast, kannst du deiner Tochter doch nicht verübeln, dass sie die gleichen Träume hat!«, sagte Onkel Paul.

»So verrückt war ich nie!«

»Du warst noch verrückter.«

Mutsch schwieg betroffen. Dann flüsterte sie, Bille konnte nicht verstehen, was sie sagte. Wahrscheinlich machte sie Onkel Paul darauf aufmerksam, dass ihr Gespräch mitgehört wurde. Jedenfalls räusperte sich Onkel Paul übertrieben laut, und Bille sah ihn in Gedanken vor sich, wie er über das ganze Gesicht grinste.

»Ich kann ihr den Luxus jedenfalls nicht bieten«, sagte Mutsch bestimmt. »Sie soll sich man beizeiten um einen ordentlichen Beruf kümmern. Wer weiß, was alles noch kommt. Der Laden geht immer schlechter, jeder will heute nur noch in Supermärkten kaufen, wo er 'ne Riesenauswahl hat und alles zu Sonderpreisen kriegt. Da kann ich nicht mehr mithalten. Wir Kleinen gehen alle kaputt an euch großen Haien. Ja, ja – sieh mich nicht so an, du gehörst auch dazu mit deinem Spar-Markt. Und so jung bin ich auch nicht mehr …«

»Nu hör aber auf«, brummte Onkel Paul.

»Jedenfalls werde ich froh sein, wenn für das Küken gesorgt ist. Große Extrawürste sind da nicht drin.«

Drüben wurde die Tür aufgerissen, die Ladenklingel schellte.

»Ist Bille noch nicht fertig?«, fragte Karlchen atemlos.

»Ich komme schon!«, rief Bille, ehe Mutsch antworten konnte. Sie sprang auf, packte das Pferdebuch zusammen mit dem Pausenbrot in die Schultasche, trank im Stehen schnell den letzten Schluck Tee und rannte durch den Laden.

»Tschüs, ihr beiden Streithammel!«, rief sie übermütig und zog Karlchen mit nach draußen.

Ihr Fahrrad stand noch in der Garage. Karlchen fuhr ungeduldig im Kreis herum, bis sie es endlich an Mutschs Wagen vorbeigeschoben hatte und auf der Straße stand.

»Nun beeil dich schon, wir sind verdammt spät dran!«

»Weiß ich doch.«

Als sie draußen auf der Landstraße waren, fragte Karlchen plötzlich: »Warum hast du das vorhin gesagt?«

»Was denn?«

»Na, das mit den Streithammeln?«

»Ach …«, keuchte Bille, sie mussten kräftig gegen den Wind anradeln, der von der Ostsee herüberkam und ein wenig nach Salz schmeckte, »weißt du, sie haben sich ein wenig in der Wolle. Onkel Paul wirft Mutsch vor, dass sie so eigensinnig an dem Laden hängt, wo sie doch anderswo viel mehr verdienen könnte und nicht so schwer arbeiten müsste. Und Mutsch wirft Onkel Paul vor, dass er drüben in Leesten den Spar-Markt bauen will, weil sie dann noch mehr Kunden verliert, und dass er abends so oft im ›Krug‹ am Stammtisch sitzt. Und dann meckert er wieder zurück, dass sie sich seit dem Tod von Vater nicht mehr hübsch zurechtmacht – und all so was.«

»Aber er geht doch dauernd zu ihr hin? Und da tun sie nichts weiter als streiten?«

»Verrückt, nicht?«

»Ich weiß nicht. Sie müssen sich gewaltig lieben …«, meinte Karlchen philosophisch.

»Wie kommst du darauf?«

»Bei meinen Eltern ist das so. Den ganzen Tag streiten sie sich, immer die gleiche Litanei, aber wehe, du sagst selbst mal was von dem, was sie sich so vorwerfen! Dann kannst du was erleben – dann gehen die richtig in die Luft!«

»Da ist Helga!«, unterbrach Bille Karlchens Überlegungen.

»Wer ist Helga?«

»Unsere Neue.«

Aus der Seitenstraße, die aus dem Nachbarort auf die Hauptstraße zulief, bog ein zierliches schwarzhaariges Mädchen ein und gesellte sich zu ihnen. Bille machte sie mit Karlchen bekannt. Karlchen bekam große Augen, als die hübsche Helga ihm gerade ins Gesicht sah, und seine Ohren nahmen unversehens die Farbe seiner brandroten Haare an.

»Wann habt ihr heute aus?«, fragte Karlchen.
»Halb eins«, antwortete Bille.
»Schade«, seufzte Karlchen. »Ich erst um halb zwei.«

Ein Sturz mit glücklichen Folgen

»He, Bille, wo willst du denn so schnell hin?«, rief Heike.

»Lass sie. Seit die nur noch die Pferde im Kopf hat, ist sie ein hoffnungsloser Fall«, sagte die pummelige, kleine Elli und stopfte den Rest ihres Pausenbrots in den Mund.

Heike band gerade ihren Pferdeschwanz zusammen und suchte unter der Bank vergeblich nach der Haarspange.

»Ja, ich glaube auch, die können wir abschreiben«, sagte sie seufzend, wobei nicht ganz klar war, ob sie die Spange oder Bille meinte. »Seit Wochen ist sie nicht mehr mit zum Schwimmen gekommen. Ich versteh sie nicht.«

»Ich schon«, mischte sich Helga ein, die eigentlich ein bisschen traurig war, dass Bille nicht auf sie gewartet hatte. »Pferde sind doch was Wunderbares. Und Reiten. Aber wer kann sich das schon leisten.«

»Bille Abromeit sicher nicht!«, sagte Elli spitz.

Bille war wie immer als Erste draußen gewesen. Noch während die Schulglocke durch die Gänge schrillte, rannte sie über den Hof. Sie feuerte ihre Mappe mit gezieltem Griff auf den Gepäckträger, sprang aufs Rad und flitzte die Straße hinunter.

Wenn sie vor dem Mittagessen noch an der Koppel vorbeiwollte, musste sie sich beeilen.

Drei Kilometer nach Niendorf, dem Ort, in dem das Schulzentrum für sämtliche umliegenden Dörfer lag, bog sie von der Chaussee ab und fuhr auf einem Feldweg zur Stutenkoppel hinüber.

Heute waren nur Donau und Iris hier draußen, die beiden, die noch nicht gefohlt hatten. Die Köpfe gesenkt, standen sie in der Mitte der Koppel und rupften bedächtig die saftigsten Grasbüschel heraus. In ihren Mähnen spielte der Wind, und Donaus fuchsrotes Fell leuchtete in der Mittagssonne, als hätte man sie in flüssiges Gold getaucht.

»Donau! Iris!« Bille kramte in ihrer Tasche nach den mitgebrachten Karotten. »Kommt her, meine Schönen, ich hab was für euch!«

Donau und Iris trotteten langsam heran, die gerundeten Bäuche schwer von dem bald zu erwartenden Nachwuchs. Als Erste streckte Donau ihren Kopf über den Zaun. Sie war jahrelang das erfolgreichste Springpferd in Herrn Tiedjens Stall gewesen. Nun hoffte er, dass sie ebenso erfolgreiche Kinder bringen würde. Dieses war ihr erstes Fohlen, in zwei Wochen sollte es so weit sein.

Donau nahm zart eine Möhre aus Billes flach ausgestreckter Hand. Wie weich ihr Maul war, wie hübsch die großen, dunklen Augen, die schmale Blesse auf dem zierlichen Kopf, die kleinen Ohren! So ein Pferd einmal reiten zu dürfen – Bille bekam Herzklopfen, wenn sie nur daran dachte!

Inzwischen war auch Iris herangekommen. Sie war etwas kleiner als Donau, eine Rappstute mit einer weißen Flocke auf der Stirn und ein wenig scheu und kapriziös.

»Na, Gnädigste, gibst du mir heute die Ehre?«

Die Ohren der Stute spielten unruhig. Ganz lang machte sie den Hals, um Billes Hand zu erreichen. Bille spürte den warmen Hauch ihrer Nüstern, als sie prüfend die darauf liegende Mohrrübe beschnupperte.

»Aber, aber – wer wird denn so misstrauisch sein! So ist es gut, siehst du? Das schmeckt, nicht wahr?«

Iris war ein hervorragendes Springpferd. Trotzdem hatte sie wenig Erfolg gehabt, denn ihre Nervosität bei zu laut klatschendem Publikum oder ungewohnten Geräuschen ließ sie immer wieder Hindernisse verweigern oder unkonzentriert springen. Nun wollte Herr Tiedjen versuchen, ob die Mutterfreuden sie ruhiger machten.

Bille wusste alles über die Pferde in Groß-Willmsdorf. Der alte Petersen beantwortete bereitwillig all ihre Fragen, und zu Hause waren die schrägen Wände ihres Dachzimmers tapeziert mit Fotos und Zeitungsartikeln, die von Herrn Tiedjen und seinen Erfolgen berichteten.

Jetzt wurde es aber höchste Zeit, nach Hause zu fahren.

»Tschüs, meine Schönen, macht's gut!«

Bille schob das Rad zurück auf den Weg und stieg auf. Die Stuten begleiteten sie ein Stück am Koppelzaun entlang und wandten sich dann wieder dem Gras zu.

Bille richtete sich hoch auf und trat mit aller Kraft in die Pedale. Mit leicht vorgeneigtem Kopf und halb geschlossenen Augen, die Haltung eines Springreiters nachahmend, träumte sie, sie flöge auf Donaus Rücken über die Hindernisse. Hier, der Wassergraben – weit hinüber – das Publikum klatscht – jetzt die Mauer – geschafft! Scharf weitergaloppieren, um vor dem nächsten Sprung noch ein wenig Zeit herauszuholen – ein, zwei Sekunden schneller sein als die anderen!

Sie war inzwischen wieder auf der Straße, die blonde Mähne flog im Wind wie eine Fahne. Bille befand sich gerade im zweiten Stechen mit einem fehlerlosen Ritt auf dem Wege zum Sieg. Ein letzter Sprung noch...

Schrilles Reifenquietschen riss sie aus ihren Träumen. Bille warf sich mit dem Rad zur Seite und landete in hohem Bogen im Straßengraben. Das linke Knie schmerzte heftig und in dem schönen, neuen Sommerrock klaffte ein riesiges Loch. Blut tropfte am Bein hinunter und färbte die weißen Sandalen rot. Bille versuchte, sich aufzurappeln. Über ihr erschien das entsetzte Gesicht von Herrn Tiedjen.

»Um Gottes willen, Mädchen, was machst du denn für Sachen! Lass mal sehen, kannst du noch auftreten?«

Herr Tiedjen war käseweiß im Gesicht und untersuchte vorsichtig Billes Bein.

»Komm, stütz dich auf mich, ich bring dich zum Arzt.«

Er führte sie zum Wagen und half ihr auf den Sitz. Dann packte er das verbogene Fahrrad in den Kofferraum.

»Bist du nicht die Jüngste von Frau Abromeit? Die so viel bei uns im Pferdestall herumhockt?«

Bille nickte stumm, der Schreck saß ihr noch in allen Gliedern.

»Wie heißt du mit Vornamen?«

»Sibylle – aber alle nennen mich Bille.«

»Und wie alt bist du, Bille?«

»Zwölf. Aber ich werde bald dreizehn.«

Das Knie brannte scheußlich. Trotzdem genoss Bille es,

in so einem tollen Wagen dahinzuflitzen – neben ihrem heimlichen Idol. Sie hätte so gerne mit ihm über ihre Zukunftsträume und Pläne geredet, aber vorerst brachte sie kein Wort heraus.

Die Fahrt war viel zu schnell vorbei! Herr Tiedjen hob Bille aus dem Auto und trug sie zum Haus des Arztes.

Zwanzig Minuten später standen sie wieder auf der Straße, Bille mit einem dicken Verband um das Knie. Herr Tiedjen hatte vom Arzt aus bei Billes Mutter angerufen und ihr schonend beigebracht, was passiert war.

»Na, was hältst du von einer Limonade oder einem Eisbecher auf den Schreck hin, hm?«

»Au ja!«, sagte Bille strahlend. Als sie in der Konditorei saßen und Bille sich hingebungsvoll über einen riesigen Eisbecher mit Früchten hermachte, kam Herr Tiedjen wieder auf den Unfall zurück.

»Nun sag mir bloß einmal, Mädchen, wo du deine Gedanken gehabt hast, als du da so die Straße entlanggeschossen bist. Du kamst mir ja wie eine Rakete entgegen!«

»Ich – ich habe geträumt. Ich meine…«, Bille musste allen Mut zusammennehmen, »ich habe mir vorgestellt, ich sei auf einem Turnier und würde Donau reiten. Und gerade als ich im Stechen das letzte Hindernis vor mir hatte – alle anderen hatte ich fehlerlos geschafft –, da…«

»Moment mal. Du träumst, dass du reitest, wenn du Fahrrad fährst?« Herr Tiedjen lachte.

Bille lief rot an. Wie konnte er darüber lachen?!

»Was soll ich denn machen, wenn ich keine Möglichkeit habe zu reiten?«, sagte sie empört. »Sie haben gut lachen. Sie haben jede Menge Pferde und reisen von Turnier zu

Turnier! Aber ich? Von meinem Taschengeld kann ich mir nicht mal eine Reitstunde im Monat leisten. Außerdem ist Mutsch dagegen. Sie meint, Reiten sei nur was für reiche Leute.«

Herr Tiedjen sah Bille lange prüfend an. In ihrem Gesicht lag so viel Sehnsucht und Enttäuschung, aber auch Entschlossenheit und Leidenschaft, dass er unwillkürlich an seine eigene Kindheit denken musste, an die Tage, als er morgens um fünf schon im Stall war, an die schlechten Zeugnisse, die Strafen, den Stubenarrest – an alles, was er in Kauf genommen hatte um der Pferde und um des Reitens willen.

»Deine Mutter hat Unrecht, Bille. Reiten ist etwas für Menschen, die Pferde lieben, sie so sehr lieben, dass sie bereit sind, jedes Opfer für diese Liebe zu bringen.« Herr Tiedjen sah Bille nachdenklich an. »Ich könnte mir vorstellen, dass du diese Pferdeliebe besitzt. Und ich habe das Gefühl, wir sollten etwas dafür tun, meinst du nicht? Aber darüber wollen wir gemeinsam mit deiner Mutter sprechen.« Er lächelte. »Komm. Du wirst mit mir zufrieden sein.«

Herr Tiedjen stand auf und reichte Bille den Arm.

In der Tür stießen sie mit Dr. Dörfler zusammen.

»Hallo – das passt ja großartig, dich suche ich nämlich gerade!«, sagte der Tierarzt und schüttelte Herrn Tiedjen die Hand. »Ich konnte allerdings nicht ahnen, dass du um diese Zeit schon mit jungen Damen zum Eisessen ausgehst!«

»Du hast mich gesucht? Es ist bei mir drüben doch nichts passiert?«, fragte Herr Tiedjen beunruhigt.

»Um Himmels willen, nein! Du brauchst nicht gleich blass um die Nase zu werden. Es betrifft mich. Hast du einen Augenblick Zeit? Gut. Aber jetzt brauche ich erst einmal einen Schnaps, der Schreck ist mir in die Glieder gefahren.«

Sie kehrten an den Tisch zurück und setzten sich.

»Nun mach's nicht so spannend. Von was für einem Schrecken sprichst du?«

»Zirkus Sandranelli – schon mal was davon gehört?«

»Nein, ist das eine Bildungslücke?«

»Ganz sicher nicht.« Dr. Dörfler lachte bitter. »Es ist der traurigste Lumpenhaufen, der mir je im Leben zu Gesicht gekommen ist.«

Die Kellnerin brachte seinen Schnaps und er trank das Glas in einem Zug leer.

»Nun erzähl schon.«

»Da gibt's nicht viel zu erzählen. Ein kleiner Wanderzirkus. Ein paar Kilometer von hier haben sie Station gemacht. Weiß der Himmel, wie sie überhaupt so weit gekommen sind. Jedenfalls hat dort ein gutherziger Mitbürger Anzeige erstattet. Wegen Tierquälerei. Und man hat mich als Gutachter hingeschickt. Ich will dich mit näheren Beschreibungen verschonen. Ein paar der Tiere musste ich gleich einschläfern, um sie von weiteren Qualen zu erlösen, andere hat der örtliche Tierschutzverein aufgenommen.«

Dr. Dörfler strich sich über die Stirn, dann schüttelte er heftig den Kopf, als müsse er den Eindruck mit Gewalt verscheuchen.

»Verseucht, verhungert, auf engstem Raum zusammengepfercht – in schmutzigen Kisten und Käfigen, voller Ungeziefer. Na, ich glaube, dir wäre übel geworden bei dem Anblick«, erzählte der Tierarzt weiter.

»Unbegreiflich, dass da nicht viel früher jemand eingegriffen hat! Aber so sind die Leute: feige, ohne Verantwortungsgefühl. Keiner will sich die Finger verbrennen, jeder hofft, dass der andere es tut. Aber nun sag mir, was hat das mit mir zu tun?«

»Hör nur weiter. Sie hatten unter anderem ein Kleinpferd da, ein typisches Zirkuspferd, bunt gesprenkelt und der verrückteste kleine Kerl, den ich je gesehen habe. Übrigens merkwürdigerweise das einzige von den Tieren, das nicht total verhungert war – und noch jung, kaum älter als vier, fünf Jahre ...«

Dr. Dörfler zögerte und sah Herrn Tiedjen von der Seite an. »Ja und?«, fragte der.

»Er sollte auf den Schlachthof. Zum Pferdemetzger. Keiner wollte ihn haben.«

»Armer Kerl! So eine Gemeinheit!«, fuhr Bille auf.

»Ja, das dachte ich auch. Er gefiel mir, ich brachte es einfach nicht übers Herz, ihn in den Tod zu schicken. Ich habe ihn gekauft.«

Herr Tiedjen bekam Kulleraugen.

»Du hast was? Das darf doch nicht wahr sein. Was willst du denn mit einem Zirkuspferd, du hast doch noch nicht einmal eine Garage, geschweige denn einen Stall. Willst du es mit ins Bett nehmen?«

»Na, auf dem Sofa wäre noch Platz. Da könnte es gleich fernsehen und langweilt sich nicht, wenn es so viel allein sein muss«, sagte Dr. Dörfler. »Und vielleicht könnte ihm jemand das Kochen beibringen. Dann müsste ich nicht immer im Gasthaus essen.«

Herr Tiedjen grinste.

»Allmählich begreife ich. Ich gehe wohl nicht fehl in der Annahme, dass du bei mir um ein warmes Plätzchen für deinen Findling bitten wolltest.«

Jetzt grinste auch Dr. Dörfler.

»Genauso ist es. Ich schenke ihn Groß-Willmsdorf, wenn du bereit bist, ihn durchzufüttern.«

»Tja, Bille, was meinst du? Für einen solchen ›Pflegefall‹ brauche ich natürlich noch eine Hilfskraft. Würdest du dir eine solche Aufgabe zutrauen? Ihn betreuen – und reiten? Er ist durch den Zirkus bestimmt vollkommen verdorben, der arme Kerl, wer weiß, was sie mit ihm alles angestellt haben. Aber vielleicht können wir ihn wieder hinbiegen und später zum Kauf anbieten. Die Peershofer suchen immer noch ein weiteres Pferd für ihre Kinder. Natürlich wird dir Petersen erst einmal zur Seite stehen. Aber wenn du es schaffst, darfst du die Verantwortung für unser Pflegekind auch ganz allein übernehmen. Na, wie wär's?«

»Ist es ein Pony?«, fragte Bille. Ponys waren in ihren Augen keine richtigen Pferde, schon gar nicht zum Reiten.

»Ein Kleinpferd. Kein Pferd im Taschenformat, wie du dir vielleicht vorstellst. Nur etwas kleiner als Herrn Tiedjens Pferde, falls das deine Sorge ist«, sagte Dr. Dörfler lachend, »für dich ist es allemal groß genug.«

»Klar schaff ich das! Wann können wir es abholen?«, sagte Bille strahlend. »Ist es krank? Muss ich es erst gesund pflegen? Ist es sehr schwach? Na, ich werde es schon rausfüttern!«

»Das wird gar nicht nötig sein. Ich sagte ja schon: Erstaunlicherweise ist es in recht gutem Zustand, keine Ahnung, wie es das geschafft hat. Es ist nur schrecklich ungepflegt – es sieht zum Fürchten aus.«

»Das macht nichts, ich kriege es schon hin.«

Die beiden Männer zwinkerten sich zu.

»Na bitte, da hörst du's. Also, wann und wo können wir es abholen?«

»Jederzeit. Es steht in Neukirchen beim örtlichen Tierschutzverein im Lupinenweg. Sie haben nicht sehr viel Platz dort und mussten es im Fahrradschuppen unterbringen, aber dort steht es wenigstens trocken und geschützt.«

»So, Bille, jetzt müssen wir aber heimfahren, sonst bekommen wir noch Ärger mit deiner Mutter und aus ist's mit der Zustimmung zu unseren Plänen.«

Sie standen auf und verabschiedeten sich von Dr. Dörfler.

»Helfen Sie mir, wenn ich mal nicht weiterweiß? Ich meine, wenn es mal krank ist oder nicht fressen will oder …«

»Selbstverständlich, ich komme ja sowieso regelmäßig nach Groß-Willmsdorf. Du darfst mich jederzeit holen.«

»Danke!«, sagte Bille glücklich. »Hoffentlich mag es mich. Wenn ich an das Pferd denke, kriege ich schon Gänsehaut vor Freude!«

Liebe auf den ersten Blick

Die Ladenglocke schrillte in die Mittagsstille hinein.

»Frau Abromeit?«

Mutschs Kopf tauchte in der Küchentür auf, sie strich sich verwirrt eine Strähne aus der Stirn.

»Tag, Herr Tiedjen. Na, das ist ja eine schöne Bescherung! Nun komm schnell was essen, ist ja schon halb drei vorbei!« Sie sprach hastig, um ihre Verlegenheit zu verbergen, und schob Bille an sich vorbei in die Küche.

»Tja – ich – ich muss mich wohl für meine Tochter entschuldigen, ich hoffe, sie hat Ihnen nicht zu viel Unannehmlichkeiten bereitet!«

»Aber Frau Abromeit, ich bitte Sie. Gewiss haben wir beide ein bisschen Schuld. Auf der Willmsdorfer Chaussee ist so wenig Verkehr, dass man gar nicht damit rechnet, dass auch mal einer entgegenkommt. Und schließlich hatte der kleine Unfall ja auch sein Gutes: Auf diese Weise habe ich wenigstens Ihre Tochter einmal richtig kennen gelernt. Was das betrifft: Haben Sie einen Augenblick Zeit für mich? Ich würde gern etwas mit Ihnen besprechen.«

»Natürlich. Bitte sehr – gehen wir dort hinüber.«

Mutsch führte Herrn Tiedjen in die Wohnstube, die auf der anderen Seite des schmalen Flurs lag. Zu dumm, so konnte Bille unmöglich hören, was die beiden miteinander sprachen. Arme Mutsch! Sie dachte sicher, jetzt käme das dicke Ende nach und Herr Tiedjen wollte seine Forderungen stellen, wegen des Kratzers am Auto.

Bille wartete in fieberhafter Spannung auf das Ende der

Unterhaltung. Und wie immer, wenn sie aufgeregt war, aß sie schnell und mit Heißhunger. Als nichts mehr von Mutschs guter Kartoffelsuppe übrig war und nur noch ein paar einsame Pflaumenkerne daran erinnerten, dass da eben noch ein großer Teller mit Kompott gestanden hatte, lehnte Bille sich seufzend zurück. Was nun? Die beiden redeten ja ewig!

Es blieb ihr nichts anderes übrig, als sich an die Hausaufgaben zu machen. Und auf jeden Fall würde es von Vorteil sein, bei Mutsch einen guten Eindruck zu hinterlassen. Also räumte sie schnell den Tisch ab, spülte das Geschirr und setzte sich dann mit ihren Schulbüchern an den Tisch.

Es war schwer, sich in so einem Augenblick auf einen Hausaufsatz zu konzentrieren. Aber es musste sein!

Sie hatte gerade den ersten Satz geschrieben, da hörte sie Mutschs Stimme auf dem Flur.

»Also schön, Herr Tiedjen, aber wie gesagt: nur zur Probe! Eigentlich bin ich ja gar nicht dafür und Sie werden mich auch nicht so leicht überzeugen können …«

»Ich hole Bille gegen fünf Uhr ab, wenn es Ihnen recht ist.«

»Ist gut, ich sag es ihr. Auf Wiedersehen, Herr Tiedjen.«

»Auf Wiedersehen, Frau Abromeit. Und – vielen Dank.«

Bille beugte sich schnell über ihr Heft und schrieb eifrig. Mutsch kam in die Küche und stellte sich ans Fenster. Eine Weile sah es so aus, als sei sie ganz in den Anblick ihrer Johannisbeersträucher versunken und rechnete in Gedanken aus, wie viele Gläser Gelee sie dieses Jahr einkochen könnte, aber dann sagte sie unvermittelt: »Da habt ihr mir ja was Schönes eingebrockt! Also meinetwegen darfst du das Pferd pflegen, solange die Schule nicht darunter leidet.«

Sie schaute über die Schulter zu Bille hinüber.

»Wäre eine gute Übung für Selbstdisziplin und Zuverlässigkeit, hat er gesagt. Na ja, wir werden ja sehen. Jedenfalls: Im Prinzip bin ich dagegen.«

Bille wäre ihr am liebsten stürmisch um den Hals gefallen, aber sie wusste, dass Mutsch allzu heftige Liebesbezeugungen nicht mochte.

So stand sie langsam auf, ging zu ihr hinüber und lehnte den Kopf an ihre Schulter.

»Danke, Mamutschka«, sagte Bille leise, »ich bin sehr, sehr froh, weißt du ...« Und nach einer Weile fügte sie hinzu: »Ein bisschen habe ich natürlich auch Angst – ob ich es schaffe.«

»Du?«, sagte Mutsch fast entrüstet. »Aber klar! Wärst doch sonst nicht meine Tochter!«

Pünktlich um fünf Uhr hielt Herr Tiedjen vor dem Haus. Bille war gerade mit den Hausaufgaben fertig geworden. Der Aufsatz war gewiss nicht einer ihrer besten, aber dafür sollte der nächste absolut super werden, nahm sich Bille vor.

Herr Tiedjen hielt ihr die Tür auf, sie schlüpfte auf den Beifahrersitz, vor Aufregung brachte sie kein Wort heraus. Durchs Ladenfenster sah sie Mutsch winken, Herr Tiedjen winkte zurück und drückte kurz auf die Hupe, dann brauste er mit Bille davon.

Das Verdeck des Wagens war offen. Der Wind pfiff ihnen um die Ohren, und der Anhänger hüpfte und klapperte auf der Chaussee, dass es unmöglich war, sich dabei zu unterhalten. Bille war froh darüber, sie hätte nicht gewusst, was sie sagen sollte. Zu unwirklich kam ihr vor, was sie an diesem Tag alles erlebt hatte und noch erleben sollte.

Bis Neukirchen brauchten sie kaum zwanzig Minuten. Fast genauso lange dauerte es, bis sie sich zum örtlichen Tierschutzverein durchgefragt hatten. Niemand schien den Lupinenweg zu kennen.

Schließlich hielten sie vor einem roten, flachen Backsteingebäude, einer Mischung zwischen Baracke und Bungalow, an dessen Tür ein Schild mit der Aufschrift »Verein gegen Missbrauch der Tiere« hing.

»Na endlich!«, stöhnte Herr Tiedjen. »Ich habe schon geglaubt, den Verein gäbe es gar nicht.«

»Sehn Sie doch mal, da!«

Bille hatte es kaum ausgesprochen, da sprang sie schon aus dem Auto und rannte zum Fahrradschuppen hinüber. Das musste es sein: rot gesprenkelt wie das verrostete Dach des Schuppens und mit dem zottigsten Fell, das Bille je bei einem Pferd gesehen hatte. Ein buschiger, zerzauster Schweif hing bis zur Erde herunter, und die Mähne war so dicht, dass Bille an einen ungarischen Hirtenhund erinnert wurde, den sie einmal gesehen hatte.

Herr Tiedjen musste den gleichen Gedanken gehabt haben.

»Um Himmels willen, wo haben sie dich denn losgelassen! Bei dir kann man wohl auch sagen: Wo's wedelt, ist hinten, wie?«

Bille war nahe an das Zirkuspferd herangetreten und streichelte ihm Kopf und Hals. Ihr neuer Schützling verlor nicht viel Zeit mit der Bekanntmachung, er schnupperte einmal kurz an Bille hinauf und hinunter, dann hatte er das Gesuchte gefunden. Mit erstaunlicher Schnelligkeit zog er mit den Lippen eine Tüte aus Billes Jackentasche, legte sie auf die Erde zwischen seine Vorderhufe, ergriff mit dem Maul den unteren Zipfel der Tüte und schüttelte, bis alle Karotten, die Bille vorsorglich für die Fahrt mitgenommen hatte, herausgefallen waren. Zur Prüfung schwenkte er die Tüte noch einmal hin und her, bevor er sie zur Seite fallen ließ, dann machte er sich zufrieden über den Inhalt her.

»Aha.« Herr Tiedjen konnte sich das Lachen kaum verbeißen.

Bille warf ihm einen missbilligenden Blick zu.

»Da siehst du, was dich erwartet«, sagte Herr Tiedjen. »Man nimmt nicht ungestraft ein Zirkuspferd in Pflege. Mir dämmert so was, warum der Kerl nicht halb so verhungert ist wie die anderen Tiere, von denen Dörfler sprach. Er weiß sich zu helfen.«

Bille fuhr dem bunt Gesprenkelten mit beiden Händen durch die wollige Mähne. »Hast du solchen Hunger!«

»Das ist eigentlich nicht gut möglich. Er hat gerade eine große Portion Hafer und zwei Dutzend gelbe Rüben verdrückt. Herr Tiedjen? Darf ich mich vorstellen: Müller, ich bin der Geschäftsführer des Vereins, wir haben heute schon miteinander telefoniert.«

Sie hatten das Erscheinen des schmächtigen Herrn Müller gar nicht bemerkt.

Er gab erst Tiedjen, dann Bille die Hand, ohne die Augen von dem Pferd nehmen zu können.

»Unbegreiflich. Wo lässt er das nur alles?«

»Das sagt meine Mutter auch immer zu mir. Siehst du, mein Lieber, wir sind uns wenigstens ähnlich«, sagte Bille zufrieden, und das Pferd hob für einen Augenblick den Kopf und schnaubte ihr zärtlich ins Ohr.

»Liebe auf den ersten Blick, wie ich sehe. Ich glaube, wir sind hier überflüssig, Herr Müller. Gehen wir doch in Ihr Büro und erledigen die nötigen Formalitäten.«

Herr Tiedjen ging zum Haus hinüber, gefolgt von dem eifrigen Herrn Müller, der immer wieder zurückschaute, als könne er seinen Augen nicht trauen.

»Ach, Herr Müller!«, rief Bille ihm nach, als er gerade die Tür hinter sich schließen wollte.

»Ja bitte?«

»Sagen Sie – wie heißt er eigentlich?«

»Keine Ahnung – das hat man uns nicht gesagt. Vielleicht hat er gar keinen Namen.«

»Das ist gut. Danke schön!«

Herr Müller schloss bedächtig die Tür hinter sich, als hätte er Angst, sie durch eine zu heftige Bewegung zu beschädigen. Bille war mit ihrem neuen Freund allein.

»Wie wollen wir dich denn nennen, mein Zotteltier, hm?«

Sie hatte keinen Augenblick aufgehört, ihm die Mähne zu kraulen. Ihre Hände begannen, sich mit einer graubraunen, klebrigen Schicht zu überziehen, die sich zu kleinen schwarzen Röllchen formte, sobald sie die Finger aneinander rieb.

»He, du färbst ab! Also, als Erstes werden wir dich mal gründlich reinigen, scheint mir. Vielleicht kommt darunter noch ein Schimmel zum Vorschein. Dann werde ich dir die Mähne und den Schweif ein bisschen stutzen. Und eine Maniküre könnte auch nicht schaden, wie?«

Bille strich prüfend über Kuppe und Bauch.

»Allzu verhungert siehst du wirklich nicht aus. Wie hast du das bloß gemacht? Und ein Fell«, Bille betrachtete belustigt die rostroten Flecken, »als ob du eine Malerleiter umgerissen hättest, auf der ein Topf mit roter Farbe stand! Zuzutrauen wär dir das.«

Das Pferd hatte die letzte Mohrrübe vertilgt und war dazu übergegangen, Bille eingehend zu beschnuppern. Offensichtlich gefielen ihm seine neue Pflegerin und deren Zärtlichkeit.

»So, wir können starten.«

Herr Tiedjen trat aus dem Haus und ging zum Wagen hinüber, um die Klappe des Anhängers hinunterzulassen.

»Bring ihn her. Wolln mal sehen, ob er ohne Protest in unsere Luxuskarosse steigt.«

Bille löste den an den Fahrradständern befestigten Führstrick und führte das willig folgende Pferd zum Wagen. Sie hatte ein wenig Herzklopfen, ob ihr Schützling vor dem schmalen Transportanhänger nicht scheuen und vielleicht ausbrechen würde.

»Komm, mein Zottelchen, schön brav …«

»Zottel? Da hast du einen hübschen Namen für ihn gefunden, ich könnte mir keinen besseren vorstellen.«

»Eigentlich wollte ich – aber warum nicht? Bleiben wir bei ›Zottel‹, mein Kleiner, wie gefällt dir das?«

Zottel beschnupperte neugierig den Eingang zum Transporter – dann sprang er ohne weitere Aufforderung mit einem kühnen Satz hinein und begann unverzüglich damit, die schützende Polsterung zu verzehren.

»Ich glaube, der braucht einen Maulkorb!« Herr Tiedjen schüttelte den Kopf. »Bind ihn gut fest, und dann lass uns bloß schnell losfahren, ehe er mit dem Dach fertig ist und beginnt, die Wände runterzuknabbern.«

Diesmal fuhr Tiedjen so vorsichtig, als hätte er eine Ladung hauchdünner Glaswaren zu transportieren. Und Bille bekam einen steifen Hals vom vielen Nach-hinten-Schauen, aus lauter Angst, dass der Anhänger mit ihrem Liebling sich zu stark in die Kurven legen könnte oder Zottel aus unerfindlichen Gründen zu toben anfangen würde. Aber es ging alles glatt und bald darauf hielten sie in Groß-Willmsdorf vor dem Pferdestall.

Petersen hatte für Zottel schon eine Box bereitgemacht. Zottel stieg bedächtig und voller Würde aus dem Transporter. Hatte Herr Tiedjen ihm ungewollt ein Zeichen gegeben, oder hatte er nur das Gefühl, er müsste sich bedanken? Jedenfalls knickte Zottel mit den Vorderbeinen ein und senkte zweimal den Kopf. Bei den Groß-Willmsdorfern erntete er damit seinen ersten großen Lacherfolg. Petersen, Hubert, Karlchen und Bille klatschten Beifall, und Zottel erhob sich stolz und schritt auf den Stall zu, wo er Essbares vermutete.

Petersen betrachtete kopfschüttelnd das Innere des Transporters – oder vielmehr das, was davon noch übrig war.

»Kann Pferden eigentlich auch schlecht werden?«, fragte Bille besorgt.

»Dem sicher nicht. Wie ich sehe, ist das ein Profi auf diesem Gebiet. Der verdaut auch rostige Nägel und Schuhsohlen.«

»Heute bekommt er jedenfalls nichts mehr«, sagte Herr Tiedjen bestimmt.

Zottel musste das geahnt haben. Er war, ohne zu zögern, die lange Stallgasse hinuntergeschritten bis zum anderen Ende, wo sich die Futterkisten befanden. Jetzt steckte er mit der Nase tief im Hafer und ließ es sich schmecken.

»Prost Mahlzeit!«, knurrte Petersen, als er mit Bille den Stall betrat. »Den darfst du keinen Augenblick allein lassen!«

Bille nahm Zottel sanft am Halfter und zog ihn mit sich fort.

»Komm, mein Junge, für heute reicht's. Sonst kriegst du noch Bauchweh.«

Zottel schüttelte heftig den Kopf, aber es half ihm nichts – Bille führte ihn in die helle, geräumige Box in einem Seitenflügel des Stalles.

»Na, was sagst du, ist das nicht prächtig? Unser Fürstenzimmer, mein Lieber, darauf kannst du dir was einbilden! Hell, sauber, trocken, gut gelüftet – morgens scheint dir die Sonne auf die Nase und oben in der Ecke läuft rund um die Uhr unser Fernsehprogramm: das Schwalbennest. Aber wenn die Kleinen erst mal ausgeschlüpft sind, dann kannst du hier was erleben!«

Zottel war sofort zur Krippe gegangen, musste aber feststellen, dass nichts darin war. Zur Prüfung leckte er sie noch einmal gründlich aus. Dann begann er, sein neues Heim zu studieren.

»Es gefällt ihm«, sagte Bille glücklich. »Ob ich ihn jetzt gleich mal putze?«

Petersen klopfte Zottel den Hals. Dicke Staubwolken stiegen auf. Karlchen markierte einen Hustenanfall und floh.

»Na, ich würde sagen: Heb dir das für morgen auf«, sagte Petersen. »Heute wirst du doch nicht mehr damit fertig. Geh jetzt lieber nach Hause, sonst gibt's gleich am ersten Tag Ärger mit deiner Mutter. Und das wollen wir doch nicht, oder?«

»Also schön.« Bille seufzte tief. Es fiel ihr schwer, sich jetzt schon von Zottel zu trennen. Sie legte ihm die Arme um den Hals und drückte ihr Gesicht gegen das struppige, verschmutzte Fell.

»Schlaf gut, mein Liebling«, flüsterte sie, »morgen früh bin ich wieder bei dir. Und ich bring dir auch was Schönes mit. Wir werden ein wunderbares Leben miteinander haben.«

Sie konnte nicht sehen, dass Hubert zu Petersen getreten war und die beiden sich grinsend anstießen.

»Dein Wort in Gottes Ohr, Mädchen«, brummte Petersen. »Ich glaube viel eher, dass du noch dein blaues Wunder mit dem da erleben wirst.«

»Was unsere Bille ist, die fährt ihn noch im Kinderwagen auf dem Hof spazieren«, stichelte Karlchen.

»Hör nicht auf sie, Zottel, die sind nur eifersüchtig. Denen werden wir's schon zeigen!«

Herr Tiedjen kam in den Stall, und Karlchen ergriff den Besen und begann eifrig, die Stallgasse zu säubern.

»Bille? Gut, dass du noch da bist. Schau mal – hier habe

ich einen Sattel und Zaumzeug für deinen Schützling gefunden. Nicht gerade neu, es stammt von einem Kleinpferd, das wir früher einmal hatten. Aber fürs Erste wird es genügen. Und jetzt mach, dass du nach Hause kommst.«

Als die Kirchturmuhr elf schlug und Billes Mutter ihre Nachttischlampe ausknipste, in dem beruhigenden Bewusstsein, ihre Tochter fest schlafend in ihrem Bett zu wissen, saß Bille auf dem Fußboden ihres Zimmers inmitten von Tuben und Schachteln mit allen möglichen Krems und Pasten zur Pflege von Leder und Metall und putzte und polierte, bis Sattel und Zaumzeug aussahen, als kämen sie eben aus dem Laden.

Die erste Lektion

Das Putzen war eine harte Geduldsprobe für beide. Zum Schluss konnte Bille kaum noch Kardätsche und Striegel halten, so lahm waren ihre Arme.

Am schwierigsten war es, durch die struppige Mähne zu kommen.

Bille erinnerte sich gut an die Zeiten, als Mutsch ihr noch die Haare kämmte und es immer wieder Tränen gab, wenn sie versuchte, aus Billes naturgelocktem Haar die Knoten zu lösen. Aber das war ein Kinderspiel gewesen gegen das, was Bille bei Zottel erwartete.

Einen Augenblick war sie nahe daran, aufzugeben und

die Mähne einfach ganz kurz abzuschneiden, dann aber tat es ihr doch wieder Leid um die Pracht, der er seinen Namen verdankte.

Zottel ließ alles geduldig über sich ergehen. Bis Bille an den Schweif kam. Hinten war Zottel kitzlig, und jeden Versuch Billes, ihn bei der Schweifrübe zu packen und sich dem Schweif mit dem Kamm zu nähern, machte er zunichte, indem er die Schweifrübe fest zwischen die Hinterbacken presste.

»Auch so ein Kunststückchen«, sagte Karlchen grinsend, der schon eine Weile Billes vergebliche Bemühungen verfolgte. Er stand lässig an die Tür der Box gelehnt und kaute.

»Was hast 'n du da?«

»Marmeladenstulle. Erdbeer.«

Bille schaute nachdenklich auf Karlchens Brot. Auch Zottel hatte es entdeckt.

Hmhmhmhmhm, wieherte er dunkel und spitzte die Ohren.

»Komm doch mal ein bisschen näher«, sagte Bille scheinheilig.

»Warum?« Karlchen guckte ahnungslos.

»Findest du, dass er einen Senkrücken hat?«

»Nö«, sagte Karlchen, trat an Zottel heran und legte prüfend den Kopf schief. Dabei streckte er die Hand, in der er das Brot hielt, ein wenig von sich.

Hmhmhmhmhm, machte Zottel, schlug freudig mit dem Schweif, wand mit einer schlangenhaften Bewegung seiner Zunge Karlchen die Stulle aus der Hand und warf sie ins Stroh, um sie vor Karlchens Zugriff zu schützen und zunächst einmal die Marmelade abzulecken.

»Die ist hin«, bemerkte Bille ungerührt, ergriff den freudig hin und her schlagenden Schweif und begann, ihn durchzukämmen.

»Du dämlicher Gaul, du!«, schimpfte Karlchen und verließ wütend die Box.

Nach zwei Stunden glänzte Zottel, als sollte er noch am selben Abend bei einer Galavorstellung des Zirkus Krone auftreten. Herr Tiedjen bemerkte es anerkennend.

»Na, wie geht's deinem Knie? Meinst du, du könntest morgen schon in den Sattel steigen?«

Bille verschluckte sich vor Aufregung.

»Nar! Äh – klatürlich!«, sagte sie, weil sie zugleich »klar« und »natürlich« gedacht hatte und die Worte ihr durcheinander purzelten.

Herr Tiedjen lachte.

»Ihr seid mir schon ein seltsames Paar! Na, dann wolln wir mal sehen, was ihr beiden könnt. Um fünf Uhr nachmittags hätte ich Zeit, einverstanden?«

Bille nickte begeistert. Vor lauter Aufregung konnte sie gar nichts sagen.

Sie half Karlchen noch, die Stuten von der Koppel zu holen, dann schnappte sie sich ihr Fahrrad und flitzte im Rennfahrertempo nach Hause.

»Morgen gibt mir Herr Tiedjen die erste Reitstunde!«, rief sie schon in der Tür.

Mutsch machte gerade die Tagesabrechnung und sah kaum auf.

»Soso«, murmelte sie nur. »Dein Abendbrot steht auf dem Tisch. Und dann marsch mit dir ins Bett. Und gründlich gewaschen, wenn ich bitten darf. Riechst wieder …«

»Diesmal sicher wie eine ganze Zirkusmanege. Dafür ist Zottel so sauber wie ein Konfirmand, du solltest ihn mal sehen!«

»Hab keine Zeit. Solange ich hier alles allein machen muss …«

»Ach, Mutsch, nun sei doch nicht so! Ich wasch dann auch ab und räum die Küche auf. Aber freu dich doch ein bisschen mit mir!«

Mutsch sah auf und blickte Bille nachdenklich an. Und plötzlich lächelte sie – ein verschmitztes Lächeln, das sie ganz jung machte.

»Ich bin ja mächtig gespannt, wie du dich anstellst«, sagte sie. »Wirst mir doch keine Schande machen?«

Den ganzen Tag hatte Bille an diese Worte denken müssen. Nein, sie wollte Mutsch keine Schande machen. Und sie wollte sich vor allem nicht vor Herrn Tiedjen blamieren. Aber würde ihr das gelingen?

Zunächst bemühte sie sich, Zottel vorschriftsmäßig zu satteln. Er war ein gutmütiger Kerl und machte ihr keinerlei Schwierigkeiten, außerdem hatte sie bei Petersen schon recht gut gelernt. Lediglich als sie den Sattelgurt festziehen wollte, kam es ihr vor, als sei Zottel plötzlich noch breiter als hoch. »Den uralten Trick kenne ich schon, mein Junge!«, sagte Bille lachend und führte ihn ein paar Schritte vor. Zottel ließ die Luft aus dem Bauch wie ein angestochener Luftballon. Damit hatte Bille gerechnet. Jetzt konnte sie den Sattelgurt festziehen.

Herr Tiedjen trat zu ihr und betrachtete prüfend ihr Werk.

»Donnerwetter, der ist ja nicht wieder zu erkennen!«, sagte er, als er den auf Hochglanz polierten Sattel sah. Er klopfte Zottel den Hals. »Und du bist auch nicht wieder zu erkennen. Gut hat sie das gemacht, unsere Bille, nicht wahr? Als Pferdepfleger hat sie sich schon die erste ›Eins‹ verdient. – Na, dann kommt. Wir gehen rüber auf den Longierplatz. Da wollen wir dann erst mal in Ruhe über den richtigen Sitz sprechen.«

Bille stieg in den Sattel und nahm die Zügel auf. Sicherheitshalber führte Herr Tiedjen Zottel das Stück bis zum Eingang. Dort musste er ihn loslassen, um das Gatter zu schließen.

Kaum hatte Zottel die kreisrunde Bahn betreten, als er auch schon in einen schläfrigen Schaukelgalopp fiel.

»Das habe ich befürchtet«, stöhnte Herr Tiedjen. »Wir werden es schwer haben, ihm den Zirkus abzugewöhnen.«

Bille hatte nur einen Gedanken: oben bleiben! Und nachdem sie den ersten Schreck überwunden hatte, gelang ihr das auch recht gut, sie passte sich schnell Zottels Rhythmus an und empfand ihn bald als angenehm. Aber wie sie Zottel zum Stehen bringen sollte, davon hatte sie keine Ahnung. Auf den Zügel reagierte er jedenfalls überhaupt nicht. Wahrscheinlich mache ich sowieso alles falsch, dachte Bille verzweifelt.

Herr Tiedjen betrachtete die Szene amüsiert. Mit einem Blick hatte er erfasst, dass Bille sehr sicher im Sattel saß, wenn ihre Haltung auch alles andere als schön war.

»Im Allgemeinen beginnt man den Unterricht im Schritttempo!«, rief er schließlich. »Meinst du nicht, ihr wärt fürs Erste genug galoppiert?«

»Ich kann ihn nicht halten!«, schrie Bille atemlos.

Karlchen, der auf einem Stapel Bretter in der Nähe saß und zuschaute, formte seine Hände zur Trompete und machte übermütig: »Tätätätääă!«

Auf dieses Signal schien Zottel nur gewartet zu haben. Er machte eine Wendung, bei der Bille nun tatsächlich beinahe aus dem Sattel gesegelt wäre, trabte auf den in der Mitte stehenden Herrn Tiedjen zu und verbeugte sich artig. Herr Tiedjen kratzte sich nachdenklich am Hinterkopf.

»Karlchen!«, brüllte er plötzlich. »Flitz ab in den Stall, und sag Hubert, er soll Troja für mich satteln!«

»Die is draußen, Herr Tiedjen.«

»Also gut, wen haben wir von den Ruhigeren drinnen? Irgendeinen. Ich muss diesem Clown erst mal beibringen, was ein Reitpferd ist. Los, beeil dich!«

Der Aufforderung hätte es nicht bedurft. Karlchen stob in einer Staubwolke davon, um den Auftrag so schnell auszuführen, wie er nur konnte. Er wollte so wenig wie möglich von diesem einmaligen Schauspiel versäumen. Herr Tiedjen hielt inzwischen Zottel am Zügel und korrigierte Billes Sitz.

Sie hatte sich eingebildet, alles so gut zu machen! Wie war es nur möglich, dass ihr die eigenen Glieder so gar nicht gehorchen wollten!

Immer wieder rutschten die Hacken nach oben oder die Fußspitzen nach außen, und wenn die Beine an allen Punkten stimmten, dann machte sie sicher inzwischen schon wieder einen Katzenbuckel, oder die Ellbogen staken wie die Henkel von Großmamas Zuckerdose in die Luft.

Karlchen kam vom Stall herüber und zog Lohengrin hinter sich her, einen Fuchswallach, der seinem Namen kaum Ehre machte, es sei denn, dass er an einen alternden Opernsänger erinnerte. Heldenhaftes war jedenfalls nicht an ihm zu entdecken. Das täuschte allerdings: Wer ihn kannte, wusste, dass er ganz einfach faul war. Er hatte eine enorme Sprungkraft, tat aber freiwillig nie mehr, als unbedingt nötig war. So wischte er meistens ganz knapp über die Hindernisse, und spürte er, dass er sich verschätzt hatte und einen Sprung zu niedrig angegangen war, dann zog er die Hinterhand im Sprung noch ein klein wenig ein, so als hätte ihn jemand von unten gekitzelt. Das sah so komisch aus, dass er auf Turnieren manchen Lacherfolg erntete.

Zottel betrachtete interessiert den großen Kollegen. Herr Tiedjen saß auf und stellte sich Bille an die Seite.

»So, und von jetzt ab wird erst mal nur Schritt geritten.«

Bille nahm die Zügel auf und bemühte sich, alles so vollendet wie möglich zu machen. Lohengrin war bereits ein paar Schritte vorwärts gegangen, Bille und Zottel standen da wie ein Reiterstandbild.

»Na, was ist?«, fragte Herr Tiedjen amüsiert. »Wollt ihr nicht oder könnt ihr nicht? Leichter Schenkeldruck und die Zügel ein wenig freigeben.«

Zottel musste das gehört haben: Kaum lockerte Bille den Griff ein bisschen, riss er den Kopf hoch, sodass ihr die Zügel wie gebutterte Spagetti durch die Finger flutschten. Während Bille verwirrt die Zügel wieder aufnahm, stapfte Zottel mit weit ausgreifenden Schritten an Lohengrin vorbei, offensichtlich voller Erwartungsfreude auf unbekannte Abenteuer.

In diesem Punkt allerdings wurde er enttäuscht. Er bekam zwar endlich einmal etwas anderes zu sehen als Zirkusarena und Jahrmarktrummel, er durfte durch die weiten Alleen und schattigen Wege des Willmsdorfer Parks marschieren, aber jeder Versuch, diesen Spaziergang auf seine Weise zu genießen, wurde ihm energisch verwehrt.

Ein paarmal gelang es ihm zwar, den Kopf freizubekommen und ein paar von den würzigen Gräsern am Wege auszurupfen, Augenblicke, in denen Bille erschrocken einen gähnenden Abgrund statt eines stattlichen Pferdehalses sah. Aber meistens hieß es: anreiten – halten – Haltung korrigieren – wieder anreiten – langer Zügel – verkürzter Zügel – Kopf freigeben – halten – wieder anreiten.

Zottel schien zu denken: Wann wissen die denn nun endlich, was sie wollen! Ihn langweilte dieses Spiel und er für seinen Teil wollte nicht mitspielen. Er war unkonzentriert und unaufmerksam.

»Du musst mit ihm sprechen – nicht mit Worten, sondern mit den Schenkeln und mit den Zügeln. Nicht grob – stell dir vor, es bestünde zwischen euch eine Verbindung wie ein feiner elektrischer Strom, der von dir zu ihm fließt und von ihm zu dir und durch den du ihm alles mitteilst, was er tun soll.«

»Als ob ich mit ihm telefoniere?«

Herr Tiedjen lachte.

»Wenn du es so nennen willst? Aber sagen wir lieber: Gedankenübertragung. Du selbst musst ganz auf das konzentriert sein, was ihr beiden tun wollt. Mit der Zeit wird er diese Sprache verstehen – deine eigene Konzentration wird sich auf ihn übertragen.«

Dieser Rat schien zu helfen. Bille konzentrierte sich ganz darauf, mit Zottel auf diese Weise zu sprechen, und dachte nicht mehr ängstlich und verkrampft daran, was sie wohl alles falsch machte. Und Zottel wurde zusehends aufmerksamer und weicher im Maul, seine Schritte wurden weit und frei.

»Genug für heute!«, sagte Herr Tiedjen schließlich und wendete zum Hof hinüber. »Ich glaube, ihr beiden habt heute eine ganze Menge gelernt.«

»Nicht zu fassen«, sagte Bille strahlend, »wir sind doch nun eine Stunde lang nur friedlich im Schritt durch den Park geritten, und trotzdem bin ich nass geschwitzt und k. o., als hätte ich die ganze Zeit dicke Bäume durchgesägt oder ein ganzes Feld umgegraben!«

»Das ist gut, ein Zeichen, dass du richtig mitgearbeitet hast. Ich bin sehr zufrieden mit euch.«

Sie waren vor dem Stall angelangt und saßen ab. Karlchen übernahm Lohengrin und Bille belohnte Zottel erst einmal mit einer ganzen Hand voller Pellets.

»Verwöhn ihn nicht zu sehr«, mahnte Herr Tiedjen, der seinerseits Lohengrin ein paar Pellets reichte und ihm den Hals klopfte. »Der Bursche wird uns sonst zu fett! Also – bis zum nächsten Mal. Übermorgen?«

»Oh toll, ja! Danke schön!«

Bille hatte nicht zu hoffen gewagt, dass Herr Tiedjen ernstlich ihren Reitunterricht übernehmen würde. Wie auf Wolken schritt sie mit Zottel in den Stall hinein, um ihn in der Box abzusatteln und trockenzureiben.

»Hubert! Mach die Haferkiste zu, der Fresser kommt!«, schrie Petersen, der gerade die abendliche Ration verteilte.

»Hackt nicht immer auf ihm rum! Er hat so viel durchgemacht!«, sagte Bille empört. Sie streichelte Zottel zärtlich und warf den Männern einen vernichtenden Blick zu.

»Mit dir eben?« Hubert lachte.

»Sag man nix, Jung.« Petersen trat zu ihnen. »Der Chef hat unserem Küken eben die zweite Unterrichtsstunde angeboten. Darauf kann sie sich schon 'n bisschen was einbilden, muss mächtig begabt sein, unsere Lütte, sonst würde er sich gar nicht die Zeit nehmen.«

»Erzähl mal, wie war's denn? Biste runtergeflogen?«, fragte Karlchen.

»Im Schritt? Wohl kaum ...«

»Ihr seid nur Schritt geritten? Was für 'n Kinderkram«, sagte Karlchen enttäuscht.

»Du hast eben keine Ahnung!«, brauste Bille auf. »Zottel muss schließlich erst mal begreifen, was man von einem Reitpferd erwartet!«

»Na was schon!«, gab Karlchen zurück. »Parieren muss er. Darfst dir nix gefallen lassen, das ist alles.«

»Idiot! Jetzt weiß ich auch, warum du die Pferde immer am Halfter auf die Koppel führst. Großer Reiter – schon mal oben gesessen?«

»Ich? Ich bin doch nicht lebensmüde!«

»Ja, streitet nur so weiter, die Haferkiste ist gleich leer!«, rief Petersen.

»Zottel!« Bille bekam einen roten Kopf und zerrte ihren Liebling eilig in die Box. »Du alter Spinner, musst du denn auch gleich jede Gelegenheit ausnützen!«

»Das macht ihn mir ja nun wieder sympathisch«, sagte Hubert grinsend. »Dumm is er nich.«

War alles umsonst?

»Hallo, Bille!«

»Helga, was machst du denn hier?«

Helga wurde rot. »Karlchen hat mir angeboten, mich durch den Pferdestall zu führen und mir einmal eure Lieblinge zu zeigen«, sagte sie.

So ein Biest!, dachte Bille. Dabei sind ihm Pferde völlig egal! Es muss wohl andere Gründe haben … Sie sprang aus dem Sattel, zog die Steigbügel hoch und führte Zottel am Zügel in den Stall.

»Komm mit«, sagte sie. »Karlchen ist sicher drinnen.«

Da kam er auch schon aus Petersens Kammer, er hatte sich gewaschen und die widerspenstigen roten Locken gekämmt. Helga und Karlchen begrüßten sich verlegen. Eine kleine Pause entstand.

»Hattest du gerade Reitunterricht?«, fragte Helga schließlich.

»Meine fünfte Stunde«, antwortete Bille. »Heute haben wir uns mit den verschiedenen Trabarten beschäftigt. Ich bin völlig fertig, bei Herrn Tiedjen zu lernen, ist Schwerarbeit, weißt du. Ich fühle mich schlapp wie ein nasses Handtuch.«

»Musst du dich nicht um Zottel kümmern?«, sagte Karlchen anzüglich. »Komm, Helga, ich zeig dir erst mal unsere Fohlen.«

Bille wollte etwas erwidern. Aber dann sah sie Karlchens bittenden Blick und lachte nur.

»Hast Recht – ich muss mich beeilen, meine Mutter wartet auf mich. Also – macht's gut!«

Zu Hause angekommen, stürzte sie erst einmal ein großes Glas Milch hinunter. Mutsch sah es kopfschüttelnd.

»Trink nicht so hastig! Herrgott, dass man aber auch alles ständig wiederholen muss!«

»Ich hab so 'n Durst…«

»Der wird auch gelöscht, wenn du langsam trinkst.«

Mutsch ging hinüber, um den Laden zu schließen, und Bille begann, sich die Stiefel von den heißen, geschwollenen Füßen zu ziehen. Drüben wurde gesprochen. Wenn das noch Kunden sind, sind sie ziemlich spät dran, dachte Bille, es ist doch schon Viertel vor sieben!

Plötzlich horchte sie auf. Das waren doch die Stimmen von Herrn Lohmeier, dem Verwalter von Groß-Willmsdorf, und von seiner Frau! Bille konnte nicht verstehen, was sie sagten. Sie ging näher zur Tür. Immerhin hätte es ja sein können, dass es um sie und um Zottel ging. Bille überlegte blitzschnell, ob sie irgendeinen Fehler begangen hatte, eine Nachlässigkeit im Stall vielleicht…

»Das wird leider nicht gehen«, hörte sie Mutsch sagen, »im Oktober sind wir schon fort. Ich gebe das Geschäft auf.«

»Sie gehen fort?«, fragte Herr Lohmeier ungläubig.

»Ja, wir ziehen zu meiner älteren Tochter in die Stadt«, bestätigte Mutsch. »Sie hat mir gerade heute geschrieben und mir den Vorschlag gemacht. Sie meint, ich könnte da eine sehr gute Stellung annehmen, und eine kleine Wohnung hat sie auch für uns. Hier in Wedenbruck wird es auf die Dauer einfach zu schwierig für mich. Ich kann mich nicht ewig von früh bis spät abrackern … Und Sie wissen ja – der neue Supermarkt …«

»Jaja …«, sagte Herr Lohmeier nachdenklich.

»Aber ist denn das schon sicher? Und so schnell?«, fragte Frau Lohmeier.

»Na ja – so gut wie sicher.«

Bille erstarrte. Das war doch unmöglich! Mutsch wollte wirklich mit ihr in die Stadt ziehen? Und sie hatte ihr nichts davon gesagt! Das durfte einfach nicht wahr sein! Vielleicht hatte Mutsch ja nur – aber nein, wenn sie es schon zu solchen Leuten wie den Lohmeiers sagte, dann wusste es morgen das ganze Dorf, und Mutsch konnte gar nicht mehr zurück, auch wenn sie gewollt hätte.

Bille zwängte ihre Füße wieder in die Stiefel und schlich aus dem Haus. Sie mochte Mutsch jetzt nicht begegnen, sie musste unbedingt allein sein. Was sie da eben gehört hatte, war so ungeheuerlich, dass sie es noch gar nicht richtig begriff.

Es gelang ihr, ungesehen durch den Garten und auf die Koppel zu kommen. Wenn sie dicht am Zaun entlangging, konnte Mutsch sie vom Haus aus nicht sehen. Von dort aus gelangte sie auf einen kleinen Pfad, auf dem man hintenherum durch den Park nach Groß-Willmsdorf kam.

Im Stall war es ruhig. Petersen und Hubert hatten bereits Feierabend gemacht, nur leises Schnauben und gelegentliches Hufescharren drangen in die Abendstille. Bille ging auf Zehenspitzen zu Zottels Box, öffnete leise die Tür und schlüpfte hinein. Dann schob sie den Riegel wieder vor und ließ sich neben Zottel ins Stroh fallen. Zottel wieherte verhalten und begrüßte sie zärtlich, indem er ihr in die Haare und ins Gesicht blies. Dann untersuchte er sie nach versteckten Leckerbissen.

»Ich hab dir nicht mal was mitgebracht, mein Liebling, nicht einmal daran habe ich mehr denken können! Ach, es ist alles so – so ...« Die Tränenflut war nicht mehr zu bremsen.

Seit sie den Stall betreten hatte, war Bille die Tragweite dessen, was Mutsch da vorhin gesagt hatte, erst voll bewusst geworden. Dies alles sollte sie verlassen? Ihren geliebten Freund Zottel, die Reitstunden bei Herrn Tiedjen, Groß-Willmsdorf? Den weiten Park, den Hof, die Ställe, Koppeln und Felder nie wieder sehen? Verzichten auf den Duft der Wiesen, wenn sie frühmorgens zum Stall radelte, auf die Abende, wenn sie die Stuten mit ihren Fohlen hereinholten und das Fell der Tiere in der Abendsonne wie Gold leuchtete und glänzte, dass man glaubte, die Augen schließen zu müssen? Den Wind in den Bäumen, die weiß getünchten Mauern des Pferdestalls in der Mittagsglut, das Zwitschern der Schwalben, die durch das Stallfenster aus und ein flogen, all diese Geräusche, Düfte und Farben eintauschen gegen das Grau einer Großstadtstraße, Benzingeruch und Autolärm?

»Nein, ich geh hier nicht weg!«, schluchzte Bille. »Sie müssen mich schon mit Gewalt wegtragen! Und wenn sie das tun, werde ich immer wieder zurückkommen, immer wieder, bis sie es aufgeben!«

Aber sie wusste genau, dass das alles nichts nützen würde, wenn Mutsch sich einmal ernsthaft entschlossen hatte, in die Stadt zu ziehen.

In Hungerstreik werde ich treten!, schwor sich Bille, und das war wirklich das Schlimmste, was sie sich vorstellen konnte. Bei dem Gedanken, wie sie immer magerer werden würde, bis man sie als blassen Schatten auf eine Krankenbahre legen und nach Groß-Willmsdorf zurückbringen würde, weinte sie umso heftiger.

Zottel stand vor ihr und scharrte mit dem Huf. Seiner Ansicht nach musste jetzt irgendwas geschehen. Dass Bille da im Stroh lag und merkwürdige Geräusche von sich gab, konnte er nicht begreifen.

Bille sprang auf.

»Ach, Zottel!«, schluchzte sie und vergrub ihr Gesicht in seiner Mähne. Zottel knabberte zart an ihren Jeans und machte sich emsig daran, alle erreichbaren Knöpfe abzubeißen.

Über zwei Stunden hockte Bille nun schon bei Zottel in der Box. Die Schluchzer wurden seltener und allmählich wurde sie ruhig und ein bisschen schläfrig. Aber immer noch war ihr nicht eingefallen, was sie tun könnte, um das Unglück zu verhindern.

Draußen war es inzwischen dunkel geworden, einzelne Sterne waren zu sehen und zwischen den Zweigen der großen Blutbuche hing eine schmale Mondsichel.

Das Geräusch von Schritten auf dem Kies schreckte Bille auf. Vorsichtig wurde die Stalltür geöffnet.

»Bille?«

Bille hielt den Atem an. Sie spürte, wie Mutsch angestrengt ins Dunkel horchte, unsicher, ob sie weitergehen sollte.

»Bille!?«

Mutsch blieb noch eine Weile im Dunkeln stehen, dann hörte Bille, wie sie die Tür wieder schloss und sich ihre Schritte draußen entfernten. Wohin würde sie jetzt gehen?

Natürlich – zu Onkel Paul! Warum war ihr Onkel Paul nicht eher eingefallen, er war der Einzige, der vielleicht helfen konnte. Sie musste unbedingt vor Mutsch bei ihm sein!

Bille hatte Glück: Sie hatte den alten Petersen vorhin sagen hören, dass er zum Skat in den *Krug* ginge, also würde auch Onkel Paul dort sein. Mutsch suchte sicher zunächst Onkel Pauls Wohnung auf, also hatte Bille einen Vorsprung.

Wie ein Indianer auf dem Kriegspfad schlich sie im Schutz der Parkbäume an Mutsch vorbei, die sie als Schatten gegen den Nachthimmel auf der Chaussee sah.

Sie hatte Recht gehabt: Mutsch wandte sich zum anderen Ende des Dorfes in die Richtung, in der Onkel Pauls Haus lag. Bille rannte, so schnell sie konnte, zum *Krug* hinüber.

»Nanu, Deern, was machst du denn noch so spät hier?«

Die dicke Frau Jansen, die hinter der Theke stand und Gläser spülte – ihre Tochter Elli ging mit Bille in eine Klasse –, sah verwundert von ihrer Arbeit auf.

»Hast du deine Hausaufgaben vergessen? Elli ist oben.«

»'n Abend, Frau Jansen, nein danke, ich muss nur unbedingt Onkel Paul sprechen!«, stieß Bille außer Atem hervor.

Frau Jansen sah ihr prüfend in das verheulte Gesicht.

»Ist doch hoffentlich nix Ernstes? Na, dann geh man – da drüben, am Stammtisch.«

Die Männer waren schon auf sie aufmerksam geworden. Bille musste wirklich einen recht aufgelösten Eindruck machen. Onkel Paul legte sofort seine Karten beiseite und stand auf.

»Bille – ja Kind, wie siehst du denn aus?« Er legte besorgt seinen Arm um ihre Schulter und zog sie an sich. Mit der anderen Hand zupfte er ihr ein paar Strohhalme aus Haaren und Pulli.

Onkel Paul war für Bille eine Mischung aus Rübezahl und heiligem Nikolaus, zum Fürchten groß und mit einem tiefen, dröhnenden Bass, dabei aber gütig und zartfühlend, dass es einem ganz weich und wehmütig werden konnte. Bille fing bei so viel väterlicher Wärme wieder an zu heulen.

»Ach, Onkel Paul!«, schluchzte sie, »es ist etwas Schreckliches passiert!«

»Na, na, na – nun komm, erzähl mal in Ruhe.«

»Können wir nicht woandershin gehen? Wo ich dich allein sprechen kann?«

Onkel Paul zwinkerte seinen Skatbrüdern zu und bot Bille den Arm wie ein Kavalier seiner Dame. Bille musste unter Tränen lächeln. Bei Onkel Paul konnte man sich wirklich geborgen fühlen. Er führte sie durchs Lokal in den Biergarten hinaus. Dort setzten sie sich an einen der Tische unter den großen Kastanien, sie saßen im Dunkeln wie in einer schützenden Höhle. Das Licht aus den Fenstern malte kleine, helle Rechtecke in den Kies, erreichte sie aber nicht. Onkel Paul nahm Billes Hand.

»Na, nun schieß mal los, wo drückt der Schuh? Hast du was angestellt?«

»Mutsch will in die Stadt ziehen!«, platzte Bille heraus.

Onkel Paul blieb vor Schreck der Mund offen stehen.

»Das ist ja das Allerneueste! Warum denn das?«

»Weil das Geschäft immer schlechter geht – na ja, und dein neuer Spar-Markt –, du weißt ja, wie sie darüber denkt. Ich hab's gehört, wie sie es Herrn und Frau Lohmeier erzählt hat. Eine Wohnung hat sie auch schon!« Billes Stimme zitterte schon wieder bedenklich.

Onkel Paul fasste sich an die Stirn.

»Ich glaub, mich tritt 'n Pferd. Das is doch nich möglich…«

Bille hatte ihn noch nie so verwirrt gesehen.

»Du musst unbedingt etwas dagegen unternehmen, Onkel Paul!«, drängte sie.

»Jaja – sicher…«, murmelte er gedankenverloren. Und nach einer Weile: »Da steckt doch bestimmt deine Schwester, die Inge, dahinter. Die hat schon immer gedrängelt, ihr solltet zu ihr ziehen.«

»Kann schon stimmen«, sagte Bille düster. Sie liebte Inge sehr, aber das würde sie ihr nie verzeihen!

»Ich fahr morgen in die Stadt. Ich muss mit Inge reden. Das fehlte gerade noch, wo ich doch…« Onkel Paul schwieg.

»Wo du was?«

»Na ja, ich hab da so meine Pläne. Aber das braucht noch 'n bisschen Zeit, weißt du.«

»Ich versteh kein Wort, was für Pläne denn?«

Bille brannte vor Neugier, vielleicht winkte da schon die

Rettung und sie brauchte sich gar keine Sorgen zu machen?

Onkel Paul sah sie nachdenklich von der Seite an.

»Kannst du schweigen, Deern?«

»Aber klar, wie 'n Grab!«

»Wollen wir beide ein Komplott schmieden?«

»Ein Komplott?«

»Ja – um deine Mutter rumzukriegen.«

Bille nickte eifrig.

»Jetzt muss ich dich aber erst mal was fragen, mein Deern. Was ganz Ernstes.«

Onkel Paul wurde feierlich und ein bisschen unsicher.

»Ja, was denn, Onkel Paul?«

»Wenn ich Olga – ich meine, wenn ich deine Mutter nun heiraten würde, würdest du mich dann als Stiefvater mögen?« Onkel Paul räusperte sich verlegen.

Statt einer Antwort fiel Bille ihm um den Hals und presste ihr verheultes, verschwitztes Gesicht an seine stoppelige Backe. Er roch ein bisschen nach Pfeifentabak und Bier und Gasthausessen.

»Ich wäre ganz wahnsinnig – total – irrsinnig froh!«, flüsterte Bille ihm ins Ohr.

»Total genügt schon.« Onkel Paul räusperte sich wieder, seine Stimme klang auf einmal ganz heiser.

»Also gut. Jetzt verrate ich dir mein Geheimnis. Ich möchte deiner Mutter die Leitung des Spar-Markts übertragen. Hab ihr zwar gesagt, ich wüsste jemand sehr Tüchtigen für den Posten, aber so richtig zu fragen, hab ich mich noch nicht getraut. Auch das andere nicht – ob sie meine Frau werden möchte ...«

»Das schaffen wir schon, Onkel Paul, wenn wir beide zusammenarbeiten!«, sagte Bille zuversichtlich.

»Pschschscht!«, machte Onkel Paul gerade noch rechtzeitig. Mutsch kam eilig auf den *Krug* zugelaufen.

»Was machen wir denn jetzt?«, fragte Bille ängstlich.

»Das kriegen wir schon, lass mich das man machen. Du siehst zu, dass du fix ins Bett kommst und ich rede inzwischen mit ihr.«

»Danke, Onkel Paul!« Bille drückte ihm noch schnell einen Kuss auf die Stirn, diesmal vermied sie die kratzige Wange, und schlich im Schatten der Kastanien davon. Sie sah noch, wie Onkel Paul auf das Haus zuging und in der Tür mit Mutsch zusammenprallte.

Bille hörte ihre Mutter heftig auf Onkel Paul einreden, dann sagte Onkel Paul so laut, dass sie es hören musste: »Komm, Olga, jetzt trinken wir erst mal in aller Ruhe einen auf die Aufregung, ich hab dir was zu sagen.«

Er schob Mutsch energisch vor sich her in den Schankraum und die Tür schloss sich hinter den beiden.

Bille hätte zu gern gehört, was sie dadrinnen sprachen, aber jetzt gab es nur eines: im Bett sein und fest schlafen, wenn Mutsch nach Hause kam.

Ehe sie das Licht ausmachte, sprang Bille noch einmal aus dem Bett, riss eine Seite aus einem ihrer Schulhefte und schrieb:

> »Liebe Mutsch, verzeih mir, dass ich dir
> Sorgen bereitet habe. Es tut mir so Leid! Aber
> ich war so unglücklich! Schlaf gut. Gute Nacht!
> Kuss – deine Bille«

Sie legte den Zettel auf Mutschs Kopfkissen und betete inständig, der Kelch des mütterlichen Donnerwetters am nächsten Morgen möge an ihr vorübergehen.

Zottels Streich

Mutsch hatte kein Wort gesagt. Und Bille hatte den bösen Abend schnell vergessen, denn inzwischen hatte es Zeugnisse gegeben und die Ferien hatten begonnen, eine herrliche, aufregende Zeit. Bille kam nur noch zu den Mahlzeiten nach Hause, den größten Teil des Tages verbrachte sie mit Karlchen auf Groß-Willmsdorf bei den Pferden.

Herr Tiedjen hatte jetzt selten Zeit, ihr Unterricht zu geben, er reiste von Turnier zu Turnier, und wenn er wirklich einmal da war, dann widmete er sich dem Training der Pferde, mit denen er in dieser Saison an den Start ging. Aber auch beim Zuschauen lernte sie viel.

Während Karlchen auf dem Bretterstapel, der ihnen als Zuschauerbank diente, lang ausgestreckt in der Sonne döste, verfolgte Bille atemlos jede Bewegung von Pferd und Reiter. Wie vieles hatte sie früher einfach übersehen, wenn sie ihm heimlich zuschaute! Auf jedes seiner Pferde stellte Herr Tiedjen sich anders ein, behandelte das eine mit besonders viel Geduld, das andere mit mehr Strenge.

»Sie ist heute fantastisch in Form!«, schwärmte Bille.

»Wer?«, fragte Karlchen schläfrig.

»Feodora.«

»Wieso?«

»Schau hin, dann siehst du's selbst!«, sagte Bille leicht verärgert.

»Wozu? Solange Pferde keinen Motor und keine Räder haben, sind sie für mich uninteressant.«

»Ich wundere mich wirklich, warum du nicht lieber an 'ner Tankstelle arbeitest!«

»Wollt ich ja, aber sie haben mich nicht genommen. Und da hat Hubert gesagt …«

»Hubert, Hubert! Der hätte dir lieber erst mal ein bisschen Nachhilfeunterricht in Pferdeliebe geben sollen! Aber für dich zählt höchstens Geschwindigkeit. Wenn ich dir sagen würde, dass Feodora heute mit hundertachtzig Sachen über den Parcours gegangen ist, würdest du wahrscheinlich hellwach werden.«

Karlchen richtete sich auf und sah Bille verblüfft an.

»Im Ernst, ist sie das?«

»Idiot.«

Bille wandte sich wieder Herrn Tiedjen zu und Feodora, ihrem Liebling unter seinen Turnierpferden. Sie war eine zierliche Apfelschimmelstute mit einer fast schwarzen Mähne und feurigen, wachen Augen. Man traute ihr die Kraft, mit der sie sprang, kaum zu. Wie eine Stahlfeder schnellte sie vom Boden ab, weich, als hätte sie Flügel, setzte sie wieder auf. Sie ist ein Fabeltier aus dem Märchen, mit unsichtbaren Schwingen, dachte Bille verträumt.

Feodora hatte ihre Morgenarbeit beendet. Herr Tiedjen sprang ab und belohnte sie mit ein paar Pellets, dabei unterhielt er sich mit ihr wie mit einer Freundin.

Jetzt führte Hubert Nathan heran, den siebenjährigen

braunen Wallach. Mit seinem kräftigen Knochenbau war er das Gegenteil der zarten Feodora, ein gutmütiger Riese.

»Bille!«

Bille wäre beinahe von ihrem Sitz gefallen, als Herr Tiedjen sie aus ihren Träumen riss.

»Übernimm du bitte Feodora, Hubert soll hier bleiben und später die Zeit stoppen.«

Bille wurde rot vor Stolz. Dass sie und nicht Karlchen Feodora führen durfte, empfand sie als besonderen Vertrauensbeweis. Bille nahm die Stute am Zügel und ließ sie dabei nicht aus den Augen, aus Angst, es könnte dieser Kostbarkeit auf der kurzen Strecke etwas zustoßen. Beim Absatteln achtete sie darauf, nur ja keinen falschen Handgriff zu tun, und rieb Feodora so sorgfältig ab, als hätte sie eine Kranke zu versorgen. Als der alte Petersen zu ihr trat, wurde ihr etwas wohler, nun trug sie die Verantwortung nicht mehr allein.

»Na, unser jüngster Pferdepfleger macht sich! Kannst gleich weitermachen, Sinfonie kommt heute Morgen noch dran.«

Bille schaute ihn ein wenig unsicher an.

»Na komm, nur Mut – willst doch was lernen! Ich pass schon auf, dass nix schief geht.«

Sinfonie, eine Fuchsstute mit einer breiten weißen Blesse und weiß gestiefelten Beinen, sah aus wie ein Engel, aber sie war das Unberechenbarste, was je hier im Stall gestanden hatte. Bille war nervös, als sie mit dem Zaumzeug in ihre Box trat. Petersen stand hinter ihr.

Sinfonie spielte unruhig mit den Ohren und drehte sich weg. Wie Bille auch versuchte, an sie heranzukommen, die

Stute drehte ihr immer wieder die Kehrseite zu und hob wie zur Warnung das rechte Hinterbein.

»Lass dich nicht einschüchtern, Deern, sie spielt nur mit dir.«

Bille machte sich etwas größer und atmete tief durch.

»Na, na, na…«, sagte sie dann mit tiefer Stimme und so laut sie konnte. Dabei trat sie mit einem energischen Schritt nah an Sinfonie heran und streifte ihr rasch das Zügelende über den Kopf. In die linke Hand, mit der sie das Gebiss an Sinfonies Maul heranführte, hatte sie ein Zuckerstück gemogelt. Sinfonie fiel auf den Trick herein und das Gebiss rutschte zugleich mit dem Zuckerstück ins Maul.

»Siehst du, du musst nur energisch sein«, sagte Petersen, der nichts von dem Manöver gemerkt hatte.

Bille machte Nasen- und Kehlriemen zu und holte den Sattel. Sinfonie wurde mit einem weiteren Zuckerstück abgelenkt und beschränkte sich auf einen kleinen Trippeltanz, während Bille den Sattel auflegte und den Sattelgurt festzog.

»So, meine Schöne, das wäre geschafft.« Bille wischte sich den Schweiß von der Stirn.

»Hm, hast eine Menge dazugelernt in letzter Zeit.«

Der alte Petersen gab ihr einen anerkennenden Klaps auf den Hintern.

Bille mochte solche Beweise der Zuneigung nicht besonders, aber im Augenblick war sie so stolz darauf, mit der schwierigen Pferdedame fertig geworden zu sein, dass sie gnädig darüber hinwegsah. Sie führte die Stute am Zügel hinaus und zum Springplatz hinüber.

Kaum war sie aus dem Stall heraus, besann sich Sinfonie auf ihren schlechten Ruf und begann, mit dem Kopf zu schlagen und kleine Bocksprünge zu machen. Bille hatte alle Mühe, sie zu halten.

»Oh, là, là, meine Süße, ganz ruhig, du hast gleich genug Gelegenheit zum Austoben. Ruhig – ganz ruhig!« Bille pfiff durch die Zähne, wie sie es bei Petersen immer wieder beobachtet hatte.

Sie war heilfroh, als sie den Platz erreichten, ohne dass sich Sinfonie losgerissen hatte. Erleichtert drückte sie Hubert die Zügel in die Hand und sagte hastig: »Tschüs, ich muss jetzt nach Hause. Hab Mutsch fest versprochen, ihr heute das Kochen abzunehmen.«

Auf dem Heimweg musste sie plötzlich daran denken, wie viel sich in den vergangenen Wochen in ihrem Leben geändert hatte. Ihre kühnsten Träume waren Wirklichkeit geworden. Und wenn es ihr gelang, Herrn Tiedjen von ihren reiterlichen Fähigkeiten zu überzeugen, würde sie vielleicht bald eines der großen Pferde reiten dürfen. Sie musste unbedingt so viel wie möglich mit Zottel trainieren, auch in Herrn Tiedjens Abwesenheit. Gleich heute Nachmittag wollte sie es auf eigene Faust versuchen. Der alte Petersen hatte frei, Herr Tiedjen fuhr in die Stadt und Hubert war draußen auf den Koppeln beschäftigt. Das war eine großartige Gelegenheit, sich mit Zottel selbstständig zu machen.

Gleich nach dem Mittagessen wollte Bille nach Groß-Willmsdorf zurückfahren, aber Mutsch hielt sie auf.

»Musst du denn immer nur bei den Pferden herumlungern«, sagte sie verärgert, »die Ferien sind doch lang genug. Könntest mir ruhig auch mal ein bisschen Zeit schenken. Im Garten fällt das Obst bald von den Sträuchern und ich komm nicht dazu. Der Laden und der Haushalt wachsen mir über den Kopf, aber du siehst und hörst nichts. Ich hab im Stillen gehofft, du würdest es aus eigenem Antrieb tun, aber da das nicht der Fall ist, muss ich es dir ja wohl sagen: Geh bitte jetzt als Erstes in den Garten und nimm die Johannisbeeren ab.«

»Aber Mutsch, kann ich nicht morgen – gerade heute wollte ich …«, stotterte Bille, brach dann aber ab. Sie wusste zu gut, dass Mutsch Recht hatte, seit Tagen hatte sie den Vorsatz, ihr im Garten zu helfen, und hatte es immer wieder verschoben.

»Also gut«, sagte sie seufzend, »wenn ich jetzt einen großen Eimer voll pflücke und die Beeren nach dem Abendbrot entstiele, darf ich dann heute Nachmittag noch zum Reiten?«

»Na schön, aber hilf mir wenigstens noch beim Abtrocknen.«

So schnell hatte Bille noch nie in ihrem Leben Johannisbeeren gepflückt. Eine Stunde später stand der Eimer gehäuft voll auf dem Küchentisch. Bille war so heiß geworden bei ihrer Rekordarbeit, dass sie sich erst einmal ihre verschwitzten Sachen vom Leib zerrte und sich unter die Dusche stellte. Sie hatte das Gefühl, wie ein Stück glühende Kohle zu zischen, als der kalte Wasserstrahl ihren Körper traf. Genießerisch reckte sie ihr Gesicht dem erfrischenden Tropfenregen entgegen.

»Alles fertig!«, rief sie strahlend, als sie durch den Laden hinausging. »Hast du gesehen? Der Eimer läuft fast über, so viel habe ich drauf gehäuft!«

»Ja, unsere Bille – für die Mutti tut sie alles, wie?«, sagte eine Kundin leutselig, die gerade eine Packung Waschpulver bei Mutsch kaufte.

»Für mich nicht – für die Pferde!«, antwortete Mutsch ironisch. Sie sah nicht besonders glücklich aus, und Bille beschloss, morgen freiwillig den Rest der Johannisbeeren und auch noch Himbeeren zu pflücken.

Seit Onkel Paul mit Mutsch gesprochen hatte, war kein Wort über den geplanten Umzug gefallen. Aber Bille wurde den Verdacht nicht los, dass Mutsch lediglich alles geheim hielt, um sie dann eines Tages vor die vollendeten Tatsachen zu stellen und den Abschied schmerzvoll, aber kurz zu halten.

Möglicherweise würde Mutsch sie damit zu trösten versuchen, dass sie ihr am neuen Wohnort Reitunterricht in einer richtigen Reitschule spendierte. Aber was konnte das schon sein gegen den Verlust der Stunden bei Herrn Tiedjen!

Bille nahm sich vor, in den nächsten Tagen besonders lieb und aufmerksam zu Mutsch zu sein, um etwas über ihre Pläne herauszubekommen. Wie hatte sie sich auch nur so in Sicherheit wiegen können seit dem Gespräch mit Onkel Paul! Sie hatte keinerlei Zweifel gehabt, dass er alles in Ordnung bringen würde. Und über den Pferden hatte sie mal wieder alles andere vergessen.

Nicht einmal nach seinem Besuch bei Inge hatte sie ihn gefragt. Auch das wollte sie gleich morgen nachholen. Mit diesen guten Vorsätzen stieg sie aufs Fahrrad und fuhr nach Groß-Willmsdorf hinüber.

Schon auf dem Weg zum Stall hatte Bille ein merkwürdiges Gefühl im Magen. War es Lampenfieber vor dem ersten selbstständigen Ausritt? Nein – es musste etwas passiert sein!

Bille warf das Rad gegen die Stallmauer und rannte hinein. Drinnen war es totenstill. Kein Schnauben, Rascheln oder fröhliches Wiehern zur Begrüßung – nur ein paar Fliegen brummelten träge in der Mittagshitze.

Die Tür zur Box stand weit offen, von Zottel keine Spur!

Er hatte es also tatsächlich geschafft. Bille hatte schon manchmal den Verdacht gehabt, es könnte ihm gelingen, die Tür von innen zu öffnen, hatte den Gedanken aber wieder verworfen, da es ihr unmöglich schien, dass er den Riegel erreichen würde. Er musste im Zirkus bei einem Entfesselungskünstler in die Lehre gegangen sein!

»Zottel! Zottel! Verdammt noch mal, wo steckst du denn?«

Im Stall war er nirgends. Kunststück, die Stalltür hatte ja auch weit offen gestanden. Seufzend machte sich Bille auf die Suche.

Zottel hatte sich an diesem Nachmittag besonders gelangweilt. Die anderen Pferde waren auf der Koppel, nur er musste hier im Stall warten, bis seine Herrin geruhte, sich um ihn zu kümmern. Und weil er sich so langweilte, steckte er den Kopf durch die Gitterstäbe der Box, sah sehnsüchtig auf die weit geöffnete Stalltür und begann, spielerisch mit dem Maul nach dem Holzpflock zu schnappen, der schräg unter ihm aus dem Türverschluss ragte. Irgendwann einmal war der Metallzapfen abgebrochen und man hatte ihn provisorisch durch ein Stück Holz ersetzt. Das kam Zottel zu Hilfe. Er reckte den Hals noch ein wenig mehr und konnte den Pflock nun auch mit den Zähnen erreichen. Er biss darauf herum, zog und zerrte so lange, bis der Pflock heraussprang und die Boxentür Zottels Druck nachgab.

Zottel wieherte freudig überrascht. Er trabte zum Stall hinaus und um die Ecke in den Park hinein. Hier unter den Bäumen würde ihn so leicht niemand entdecken, und er konnte endlich einmal ungestört die würzigen Gräser probieren, die ihn schon so oft gelockt hatten.

Zottel schüttelte die Mähne und senkte erwartungsvoll den Kopf. Aber plötzlich erschnupperte er da zwischen den Düften von Klee und saftigem Gras einen Geruch, der ihn in freudigste Erwartung versetzte.

Hmhmhmhm, machte Zottel, es hörte sich an, als hätte er leise gelacht. Mit weit aufgeblähten Nüstern nahm er die Fährte auf und trabte der Quelle des verheißungsvollen Duftes entgegen.

Heute war Frau Lohmeiers Kaffeekränzchentag.

Das Haus, das der Verwalter mit seiner Frau bewohnte, lag gleich hinter dem Park.

Auf der Veranda stand – mit einem Tuch sorgsam gegen die Fliegen geschützt – die fertige Kaffeetafel mit Torte, Plätzchen, Milch und Schlagsahne und der silbernen Zuckerdose, einem Erbstück von Frau Lohmeiers Großmutter. In der Mitte des Tisches prangte ein herrlicher Sommerstrauß. Nur der Kaffee fehlte noch. Frau Lohmeier stand gerade in der Küche am Herd und filterte ihn liebevoll und sorgfältig, beschwingt von der Vorfreude auf die Komplimente, die sie ganz sicher zu hören bekommen würde.

Ohne Umstände schritt Zottel zur Tat.

Ungeduldig zerrte er mit den Zähnen das störende Tuch von der Tafel und warf es auf den Boden. Eins der Gedecke wickelte sich sanft hinein und ging mit hinab, ohne Schaden zu nehmen.

Zottel machte sich zunächst einmal über die Kremtorte her. Dann folgten in rascher Reihenfolge die Plätzchen und die Zuckerstücke. Zum Schluss kam die Schlagsahne dran.

Nach so viel Süßem brauchte Zottel unbedingt etwas Kräftiges. Dazu eignete sich der Blumenstrauß vorzüglich. Zottel hob ihn vorsichtig aus der Vase. Der Hals der Vase war eng, sie schwebte ein Stückchen über den Tisch und fiel dann mit dumpfem Platschen in den Rest der Kremtorte.

Der Genuss von Schlagsahne regt die Verdauung an. Und so blieb es nicht aus, dass die Veranda noch mit ein paar Äpfeln geziert wurde.

Bille hatte inzwischen den ganzen Park abgesucht. Sie steuerte gerade auf Familie Lohmeiers Garten zu, als ein gellender Schrei die Nachmittagsstille zerriss. Bille befürchtete das Schlimmste. Sie raste um die Hausecke herum – und blieb, wie zur Salzsäule erstarrt, stehen. Vor Entsetzen sperrte sie den Mund auf, als wolle sie einen Kartoffelkloß verschlucken. War das, was sie sah, Traum oder

Wirklichkeit? Zottel stand hoch aufgerichtet auf den Hinterbeinen, geziert mit einem Weihnachtsmannbart aus Schlagsahne, auf der Veranda und hielt die Reste eines Blumenstraußes im Maul. Und davor stand die schreiende Frau Lohmeier, vor sich auf dem Boden die Scherben der Kaffeekanne in einem dunkelbraunen See, neben sich die Kaffeetafel, die aussah, als hätte eine Bombe eingeschlagen.

Bille löste sich aus ihrer Erstarrung.

»Zottel!!«, schrie sie. »Zottel, du Idiot, was hast du da wieder angestellt, komm sofort her!«

Sie wusste nicht, ob sie lachen oder weinen sollte, aber die Komik des Anblicks siegte. Bille prustete los vor Lachen.

Zottel hatte sich wieder auf alle vier Beine hinuntergelassen, nachdem Frau Lohmeier aufgehört hatte, die Arme zum Himmel zu erheben. Er warf ihr die Reste des Blumenstraußes vor die Füße, grüßte noch einmal dankend mit einem Nicken und trabte freudig schnaubend zu Bille hinüber.

»So, du findest das komisch, junge Dame!«

Frau Lohmeier war schneeweiß im Gesicht und zitterte vor Zorn.

»Das Lachen wird dir schnell genug vergehen, verlass dich drauf, dafür werde ich sorgen! Und jetzt nimm dieses Ungeheuer und verschwinde, aber schnell! Der Gaul ist die längste Zeit auf dem Hof gewesen, das schwöre ich. Und du – wage es nicht, dich hier noch einmal blicken zu lassen!«

Frau Lohmeier drehte sich brüsk um und verschwand

im Haus. Drinnen hörte Bille sie schluchzend nach ihrem Mann rufen. Das konnte ja übel ausgehen!

Bille ergriff Zottel bei der Mähne und führte ihn bedrückt zum Stall zurück. Was sollte sie jetzt bloß tun?

Zottels Wiedergutmachung

In dieser Nacht schlief Bille kaum. Immer wieder gingen ihr die Ereignisse des vergangenen Tages durch den Kopf.

Nachdem sie Zottel zurück in seine Box gebracht hatte, war sie noch einmal zum lohmeierschen Haus zurückgegangen, um sich für Zottels Untaten zu entschuldigen. Sie hatte geklingelt und geklopft, aber Frau Lohmeier hatte ihr nicht geöffnet. Sie hatte die Kaffeekränzchendamen für heute abbestellt, nachdem sie unter Tränen und in leuchtenden Farben am Telefon das Unglück geschildert hatte – und den Schock, den sie dadurch erlitten hatte, und war mit einem Migräneanfall zu Bett gegangen.

Was sollte Bille machen? Ratlos war sie zum Stall zurückgebummelt. Die Lust an der Reitstunde war ihr für heute vergangen. Wäre doch wenigstens Petersen da gewesen, damit sie ihm den ganzen Vorfall hätte beichten können! Karlchen und Hubert würden höchstens einen Lachanfall bekommen, wenn sie ihren Bericht hörten.

Natürlich hatte sie Karlchen die ganze Geschichte dann doch erzählt und der erwartete Lachanfall war nicht ausgeblieben. Karlchen wieherte, jaulte und schluchzte. Er war nie sehr gut auf Frau Lohmeier zu sprechen gewesen, und dass Zottel ihr einen solchen Streich gespielt hatte, bereitete ihm ein Riesenvergnügen.

»So komisch ist das gar nicht«, hatte Bille leise gesagt, »mach mir lieber mal einen Vorschlag, was ich jetzt tun soll!«

»Gar nichts«, hatte Karlchen gekeucht und verzweifelt nach Luft geschnappt. »Warte doch erst mal ab. Vergiften wird sie Zottel ja nicht gleich.«

Das war nicht gerade ein Trost gewesen und weitergeholfen hatte es ihr auch nicht.

Einer plötzlichen Eingebung folgend, hatte Bille dann abends auf dem Hof gewartet, bis Herr Tiedjen zurückkam, um bei ihm ein Geständnis für Zottel abzulegen, ehe er den Vorfall von den erbosten Lohmeiers erfuhr. Aber das hatte alles nur noch schlimmer gemacht.

Herr Tiedjen war nervös und übermüdet gewesen, zudem hatte er Sorgen mit Nathan, der seit heute Vormittag lahmte und für das nächste Turnier gemeldet war. Herrn Tiedjens Laune war tief unter dem Gefrierpunkt gewesen, und als er Billes Bericht hörte, winkte er nur ärgerlich ab.

»Kind, für solche Mätzchen habe ich jetzt wirklich keine Zeit. Mach das mit Herrn Lohmeier ab, ich habe weiß Gott andere Sorgen!«

Bille war wie ein begossener Pudel nach Hause geschlichen und hatte sich über den Eimer Johannisbeeren hergemacht. Beim Entstielen der Beeren war in ihrem Kopf ein einziges Chaos, ihre Ängste steigerten sich ins Unendliche, sie sah Zottel verstoßen, zum Tode verurteilt, verladen und zum Pferdemetzger gebracht. Der Kloß in ihrem Hals wuchs und schwoll und ein kleiner Tränenbach lief an der Nase herunter und schmeckte salzig und nach bitterer Verzweiflung.

Ein paarmal hatte sie angesetzt, Mutsch alles zu erzählen, aber dann hatte sie es doch lieber bleiben lassen. Wusste sie denn, ob Mutsch die Geschichte nicht zum willkommenen Anlass nehmen würde, ihr die Reiterei wieder zu verbieten? Nein, sie musste die Lösung selbst finden.

Wäre doch wenigstens Onkel Paul in der Nähe! Aber der war jetzt so mit der Fertigstellung seines Spar-Marktes beschäftigt, dass er manchmal erst gegen Mitternacht nach Hause kam und vor Tagesanbruch schon wieder nach Leesten hinüberfuhr. Trotzdem war Onkel Paul wohl der Einzige, der helfen konnte. Onkel Paul – und Petersen. Mit diesem Gedanken war Bille schließlich eingeschlafen – einer unruhigen und kurzen Nacht entgegen.

Kurz vor vier Uhr morgens war sie wieder hellwach. Sie beschloss, von Sorge getrieben, sofort nach Zottel zu sehen. Leise zog sie sich an und schlich aus dem Haus.

So früh war sie noch nie draußen gewesen. Die Sonne kam hinter dem Horizont herauf, auf den Wiesen lag der Morgennebel und die Kühe standen darin wie in einem See aus Milch, sie sahen aus wie fremde Wesen aus einem Märchen. Erste Vogelstimmen wurden laut und drüben auf dem Hof krähte ein Hahn. Die Luft roch würzig nach feuchtem Gras, und der Zauber dieser Morgenstimmung nahm Bille so gefangen, dass sie ihren Kummer vergaß und sich fühlte, als seien diese verzauberte Welt und sie selbst gerade eben erst erschaffen worden und als gehöre all dieses ihr ganz allein.

Im Stall war es noch ruhig. Bille schlich sich zu Zottels Box. Er musste sie trotzdem gehört haben, denn er stand erwartungsvoll an der Tür und begrüßte sie mit einem dunklen, verhaltenen Wiehern.

Bille betrachtete ihn eingehend.

»Na, du Fresssack? Wie ist dir der Kuchen bekommen? Bist du ganz in Ordnung?«

Tatsächlich schien ihm das üppige Festmahl nicht das Geringste ausgemacht zu haben.

Bille holte Zaumzeug und Sattel aus der Sattelkammer und trat zu ihm.

»Komm«, sagte sie, »ich zeig dir einen wunderschönen Morgen.«

Zottel schien das Geheimnisvolle der Unternehmung zu begreifen. Als sie aus dem Stall kamen, trat er ganz leise auf. Bille führte ihn um den Stall herum, erst dann saß sie auf. Im Schritt ging es durch den Park hinaus in die Felder.

»Hoffentlich kriegen wir beide keinen Ärger wegen unseres Ausflugs. Aber bis Petersen und Hubert in den Stall kommen, sind wir wieder zurück.«

Bille trabte an und bog in einen Feldweg ein, der zwischen Zäunen hindurch auf eine kleine Anhöhe führte. Oben kam man auf eine Birkenallee, von der aus man weit ins Land schauen konnte.

Bille ließ Zottel eine Weile am langen Zügel im Schritt gehen und atmete tief durch. Ein leichter Wind spielte in den Blättern der Birken und streichelte Bille wie in einer Umarmung. Was für ein Augenblick – man müsste ihn festhalten können!, dachte sie. Die Sorgen des vergangenen Tages wurden klein hinter dem Eindruck dieses Morgens.

Wie hatte sie sich nur so einschüchtern lassen können! Irgendeinen Weg musste es doch geben, sich bei Frau Lohmeier zu entschuldigen und ihren Zorn zu besänftigen! Bille beschloss, all ihr gespartes Taschengeld zu opfern, um für den Schaden aufzukommen. Vielleicht konnte sie für Frau Lohmeier auch irgendwelche Arbeiten erledigen, im Garten helfen oder Botengänge übernehmen.

Bille nahm die Zügel auf und galoppierte an. Darauf schien Zottel nur gewartet zu haben, er legte ein Tempo vor, als hätte er Sprungfedern unter den Hufen. Einen Augenblick lang fürchtete Bille, dieser herrliche Morgen hätte ihn so übermütig gemacht, dass er durchgehen, sie abwerfen und hinausstürmen würde in die Weite der Welt. Aber dieser Schreck dauerte nur eine Sekunde. Dann gab sie sich ganz der Freude an dem scharfen Galopp hin.

Eine Stunde später kamen sie erschöpft und glücklich zum Hof zurück. Bille saß ab und führte Zottel durch die Stallgasse. Karlchen war gerade dabei, Petersen und Hubert in leuchtenden Farben Zottels Streich zu erzählen. Die beiden lachten glucksend in sich hinein, auch sie schienen Frau Lohmeier dieses Erlebnis zu gönnen.

»Ihr habt gut lachen«, sagte Bille bedrückt. »Aber was wird aus Zottel und mir? Das kann ganz schön ins Auge gehen.«

»Ach was, da mach dir man keine Sorgen, mein Deern, irgendwie kommt das schon wieder ins Lot. Kommt Zeit, kommt Rat.«

Mehr wusste ihr der alte Petersen also nicht zu sagen? Und sie hatte so auf einen vernünftigen Vorschlag gehofft! Da blieb also nur noch Onkel Paul.

Heute musste sie ihn unbedingt noch erwischen, ganz gleich, wie spät er nach Hause kam.

Zunächst einmal ging sie gleich nach dem Frühstück ins Büro hinüber, um sich dem gefürchteten Gespräch mit Herrn Lohmeier zu stellen.

Herr Lohmeier war nicht da. Er wäre auf der Zuchtviehschau, sagte ihr Frau Beck, die nette, alte Sekretärin, die schon bei Herrn Tiedjens Vater die Buchhaltung besorgt hatte. Ihre dicken Brillengläser blitzten und gaben ihr einen Ausdruck, als lachte sie heimlich. Sie sah Bille prüfend an.

»Was möchtest du denn von Herrn Lohmeier, kann ich ihm was bestellen?«

Sicher hatte sich die Sache schon bis zu ihr herumgesprochen!

»Och …«, druckste Bille, »n-nein, ich kann ja dann morgen wieder kommen. Vielen Dank.«

Auf dem Rückweg klingelte sie noch einmal bei Frau Lohmeier. Vielleicht war die jetzt bereit, Billes Entschuldigung anzuhören. Aber Frau Lohmeier dachte nicht daran, zu öffnen. Bille war es, als hätte sich die Gardine leicht bewegt. In Gedanken sah sie Frau Lohmeier vor sich, mit zusammengekniffenen Lippen und kalten Augen.

»Na, dann eben nicht!«, knurrte Bille.

Jetzt blieb wirklich nur noch Onkel Paul als letzte Rettung. Bille holte sich von Mutsch die Erlaubnis, ihn nach dem Abendbrot noch besuchen zu dürfen. Vorher würde er ja doch nicht da sein.

Bille fuhr die Abkürzung über den alten Heuweg, der hinter Wedenbruck herumführte, eine löchrige, wenig benutzte Schotterstraße, die an beiden Seiten mit Schlehdornen gesäumt war. Schon von weitem sah sie, dass Onkel Paul noch nicht zu Hause sein konnte: Tür und Fenster waren verschlossen und Zeitung und Post steckten noch im Briefkasten. Nun gut, dann würde sie eben warten.

Bille zog vorsichtig die Illustrierte aus dem Briefkasten, setzte sich auf die Treppenstufen und begann zu lesen. Als sie ihre Lektüre beendet hatte, war es inzwischen so dunkel geworden, dass sie die Buchstaben kaum noch erkennen konnte. Eine Viertelstunde noch, sagte sich Bille. Und dann gab sie noch eine Viertelstunde zu. Onkel Paul kam nicht. Noch zehn Minuten.

Ob er auf dem Heimweg erst mal in den *Krug* gegangen war? Aber dann hätte er hier vorbeikommen müssen. Noch fünf Minuten, und dann …

Schließlich konnte sie nicht die ganze Nacht hier sitzen – sie musste eben morgen früh gleich nach Leesten hinüberfahren und dort mit ihm sprechen, auch wenn er sich ungern bei der Arbeit stören ließ. Bille schob das Rad auf die Straße und machte sich auf den Heimweg.

Hundert Meter weiter auf dem alten Heuweg hörte sie plötzlich ein merkwürdiges Geräusch. Bille hielt an und lauschte.

»Uuuaaach …«, kam es seitlich aus den Büschen, gefolgt von einem schnarchenden und pfeifenden Singsang. Nach einem Tier hörte sich das nicht an!

Bille zögerte. Was konnte das sein? Ob sie aus dem Dorf Hilfe holen sollte? Schließlich war es dunkel und sie war ganz alleine.

Bille gab sich einen Ruck. Vielleicht brauchte hier jemand ihre Hilfe und sie stand herum und überlegte!

Sie ging vorsichtig näher. Jetzt entdeckte sie die Umrisse eines Autos, das im Graben mitten zwischen den Schlehen steckte. Der Wagen kam ihr bekannt vor. Ein schwarzer Opel Astra, den fuhr hier nur einer.

»Herr Lohmeier«, rief Bille entsetzt, »ist Ihnen was passiert?«

Sie schaute durch das heruntergekurbelte Fenster. Herr Lohmeier, der zusammengesunken auf dem Vordersitz lag, richtete sich schwerfällig auf und sah Bille aus glasigen Augen an. Als er den Mund öffnete, kam ihr eine Wolke von Bierdunst entgegen.

»Bille, Kind, was machst du denn in meinem Schlafzimmer?«

»Sie sind nicht in Ihrem Bett, Herr Lohmeier, Sie sitzen noch in Ihrem Auto – und das steckt im Graben fest. Wie ist denn das passiert?«

»Ach, verdammt…«, Herr Lohmeier wurde etwas wacher, »was sagst du da?«, lallte er. »Ist das wahr?«

»Ja, schauen Sie selbst.«

Herr Lohmeier versuchte auszusteigen, plumpste aber wie ein Mehlsack zurück auf seinen Sitz und sagte weinerlich: »Ich muss eingeschlafen sein. War ein schrecklich anstrengender Tag heute. Was machen wir denn nun? Du liebe Zeit, wenn das meine Frau erfährt – der schöne, neue Wagen!« Seine Zunge schien schwer wie Blei zu sein, er hatte Mühe, die Worte klar herauszubringen.

»Wissen Sie was, Herr Lohmeier? Sie bleiben jetzt ganz ruhig hier sitzen und ich hole Hilfe.«

»Um Gottes willen, nein, das darf kein Mensch erfahren! Ich bin blamiert!«

»Keine Sorge, es erfährt niemand! Ich habe eine viel bessere Idee. Schlafen Sie nur weiter, ich bin gleich wieder da.«

Der Aufforderung hätte es nicht bedurft. Herr Lohmeier schnarchte schon wieder. Bille hob ihr Fahrrad auf und fuhr, so schnell es die Dunkelheit erlaubte, nach Groß-Willmsdorf hinüber. Wenig später stand sie im Stall.

Der Einfall, Zottel zu holen und mit seiner Hilfe das Auto aus dem Graben zu ziehen, war Bille ganz spontan gekommen. Jetzt hieß es, über die Ausführung des Plans nachzudenken. Im Geschirr zu gehen, war Zottel gewöhnt, ein passendes Geschirr war auch vorhanden, aber was brauchte sie noch?

Zunächst einmal legte sie Zottel das Geschirr an, dann suchte sie im Stall an Ketten und Stricken zusammen, was ihr für die Unternehmung geeignet schien. Eine starke Taschenlampe bewahrte der alte Petersen oben im Geräteschrank auf, die würde sie sicher brauchen können. Sie steckte alles in einen leeren Hafersack und packte ihn Zottel auf den Rücken.

»So, mein Lieber, heute spielst du mal Packesel.«

Zwanzig Minuten später waren sie bei Herrn Lohmeier angelangt. Der schlief immer noch tief und fest. Bille hatte Mühe, ihn wachzurütteln.

»Herr Lohmeier! Herr Lohmeier, ich bin's – Bille! Sie müssen mir jetzt helfen. Ich bin mit Zottel hier – um Sie aus dem Graben zu ziehen!«

»Äh… rktpf… ngrrr…« Herr Lohmeier gurgelte und schnaufte, dann schüttelte er sich, als hätte man ihn ins Wasser geworfen, und riss die Augen auf. Es dauerte eine ganze Weile, bis er kapiert hatte, wo und in welcher Situation er sich befand. Aber dann verklärte sich sein Gesicht, der Groschen war gefallen.

»Bille, du bist Gold wert, das werde ich dir nie vergessen!«, dröhnte er in unvermuteter Lautstärke los, als gälte es, vor tausend Leuten eine Opernarie zum Besten zu geben.

»Pschschscht!«, machte Bille erschrocken. »Ich denke, uns soll niemand hören!«

»Richtig«, flüsterte Herr Lohmeier, »an die Arbeit.«

Er schälte sich aus seinem Sitz, schwankte ein paarmal hin und her und stand schließlich fest auf seinen Füßen.

Bille hatte inzwischen zwei Seile herausgesucht und betrachtete prüfend das Heck des Autos. Da unten war der Abschlepphaken. Sie mussten den Wagen erst einmal rückwärts aus dem Graben ziehen. Irgendwie gelang es ihr, die Seile um den Haken zu knoten und auf beiden Seiten an Zottels Geschirr zu befestigen. Von Herrn Lohmeier war nicht allzu viel Hilfe zu erwarten, immerhin schien er allmählich nüchterner zu werden.

»Jetzt kann's losgehen!«, befahl Bille. »Ich nehme Zottel am Zügel und Sie setzen sich ans Steuer.«

Zottel brauchte sich kaum anzustrengen. Ein kurzer Zug, ein Kratzen und Scharren der Schlehenzweige am Lack der Motorhaube, dann stand der Wagen wieder auf der Straße.

»Ich würde vorschlagen, wir spannen Zottel jetzt vor das Auto, und er zieht Sie bis auf den Hof. Dann hört und sieht uns keiner.«

Sie spannte Zottel um, dann setzte sich Herr Lohmeier hinters Lenkrad. Bille marschierte mit Zottel vorneweg.

Mit abgeblendeten Scheinwerfern fuhren sie auf den Hof bis vor die Garage. Niemand war ihnen begegnet.

»Leise!«, mahnte Bille. »Ich bringe Zottel jetzt zurück in den Stall. Aber vorher helfe ich Ihnen noch, den Wagen in die Garage zu schieben, kommen Sie.«

Herr Lohmeier nahm Bille bei den Schultern.

»Mädchen, du bist voll in Ordnung, das werde ich dir nie vergessen! Und es bleibt ganz bestimmt unter uns?«

»Klar, Herr Lohmeier. Aber ich habe eine Bitte …«

»Na?«

»Sie wissen doch, was Zottel gestern angestellt hat. Ich meine, mit dem Kaffeetisch Ihrer Frau …«

»Hä?«, machte Herr Lohmeier verständnislos. Dann fiel ihm die Geschichte wieder ein und er brach in grölendes Gelächter aus.

»Pst! Nicht so laut! Herr Lohmeier, Zottel hat Ihnen doch heute Abend geholfen. Versprechen Sie mir, dass Sie ihn nicht vom Hof verbannen werden! Dass ihm nichts passiert?«

»Warum soll ihm was passieren? Nur über meine Leiche! Ich verrate doch meine besten Freunde nicht!«

Herr Lohmeier öffnete weit die Arme, stürzte an Bille vorbei und landete an Zottels Hals, den er überschwänglich küsste.

Hoffentlich erinnert er sich auch morgen noch daran, dachte Bille besorgt, so besonders nüchtern scheint er mir immer noch nicht zu sein.

»Freunde, ihr könnt euch auf mich verlassen!«, sagte Herr Lohmeier feierlich. »Gute Nacht! Und nochmals Dank!«

Er warf ihnen noch ein paar Kusshände zu, dann schritt er steifbeinig zu seiner Haustür, wo er eine Weile vergeblich versuchte, das Schlüsselloch zu treffen, bis die Tür von innen geöffnet wurde und er fast waagerecht ins Haus stolperte.

Oje!, dachte Bille. In dessen Haut möchte ich jetzt nicht stecken! Hoffentlich ergeht es mir nicht genauso. Ach was, dann muss ich Mutsch eben die ganze Geschichte erzählen. Und Mutsch kann schweigen wie ein Grab, das weiß ich.

Zirkuspferd bleibt Zirkuspferd

Herr Lohmeier hielt sein Versprechen.

Als Bille am nächsten Morgen nach dem Stalldienst zum Frühstück nach Hause radeln wollte, verabschiedete er sich gerade an der Haustür von seiner Frau, um ins Büro hinüberzugehen. Er sah erstaunlich frisch und rosig aus und war heiterster Stimmung.

»Guten Morgen, junge Dame, gut geschlafen?«, rief er Bille zu.

Frau Lohmeiers Gesicht wurde frostig.

»Guten Morgen, Herr Lohmeier – guten Morgen, Frau Lohmeier«, fügte sie rasch hinzu, »danke, ich habe prima geschlafen, und Sie?« Bille sprang vom Rad und kam abwartend näher.

Herr Lohmeier zwinkerte ihr zu.

Dann wandte er sich an seine Frau. »Ist sie nicht ein

Prachtkerl?«, fragte er. »Steht jeden Morgen um fünf Uhr auf, um im Stall zu arbeiten. Und mit Pferden kann sie umgehen, wirklich, da kann man nur staunen! Ihr Pferd ist das gepflegteste im ganzen Stall.«

»Ihr Pferd? Das ist wohl etwas übertrieben, das Pferd gehört Herrn Tiedjen«, sagte Frau Lohmeier spitz.

»Der hat's ihr anvertraut. Und er hatte Recht damit.«

»Püh ...«, machte Frau Lohmeier nur.

»Ein intelligentes Kerlchen, dieser Zottel, und ein großartiger Charakter, da gibt's gar nichts ...«

Frau Lohmeier lief rot an und wollte etwas sagen, aber Herr Lohmeier ließ sie nicht zu Wort kommen.

»Und wegen des Streichs, den er uns da neulich gespielt hat, wollen wir ihm doch nicht böse sein. Der Verschluss an seiner Box hätte längst repariert werden müssen. Petersen hat mich schon vor Wochen darauf aufmerksam gemacht, und ich habe es glatt vergessen, dem Handwerker Bescheid zu sagen. Ich werde mich gleich darum kümmern. Also – Wiedersehen! Und grüß deine Mutter, Bille!«

»Ja, danke – wird gemacht, Herr Lohmeier!«

Als Bille außer Hörweite war, jubelte sie laut. Sie hätte sich nicht träumen lassen, dass Herr Lohmeier so energisch für sie Partei ergreifen würde. Das mit dem reparaturbedürftigen Riegel hatte er sicher erfunden, Petersen hatte Herrn Lohmeier bestimmt nichts davon gesagt.

Beim Frühstück hielt es Bille nicht mehr aus. Sie erzählte Mutsch haargenau die ganze Geschichte – Zottels Streich, ihre Ängste und vergeblichen Entschuldigungsversuche – und schließlich von dem glücklichen Zufall, der Zottel die Möglichkeit gab, alles wieder gutzumachen.

Mutsch lachte, bis ihr die Tränen kamen. Immer wieder musste Bille vormachen, wie Zottel vor Frau Lohmeier auf den Hinterbeinen gestanden hatte, und je mehr diese die Arme gen Himmel hob, desto höher stieg auch er.

»Nein, zu komisch«, lachte Mutsch, »er muss gedacht haben, sie wäre sein Zirkusdirektor und gäbe ihm Zeichen für sein Kunststück.«

»Mutsch – aber du versprichst mir, dass die Geschichte unter uns bleibt, ja? Vor allem das von gestern Abend!«, sagte Bille eindringlich.

»Aber natürlich. Deshalb bist du gestern also so spät nach Hause gekommen! Ich wollte schon mit Onkel Paul schimpfen. Was macht er eigentlich – man bekommt ihn überhaupt nicht mehr zu sehen?«

»Ach, er ist doch ständig drüben in Leesten. Der Spar-Markt muss wohl bald fertig sein, da ist er natürlich für nichts anderes mehr zu sprechen. Was meinst du, soll ich nicht einfach mal rüberfahren und schauen, wie weit sie sind?«

Es war, als rassele bei Mutsch eine Jalousie herunter. Ihr Gesicht nahm einen verschlossenen Ausdruck an.

»Wenn's dir Spaß macht, bitte«, sagte sie kühl. »Ich muss jetzt in den Laden.«

Sie stand auf, räumte ihr Gedeck in die Spüle und ließ heißes Wasser darüber laufen. Wie sie so dastand, vornübergebeugt, mit hängenden Schultern, sah sie alt und verlassen aus. Wie jung hatte sie vorhin gewirkt, als sie lachte! Warum war sie nur so schrecklich verbohrt, wenn es um den Spar-Markt ging!

Bille beschloss, auch darüber mit Onkel Paul zu reden.

Als Bille ihr Fahrrad von der Hauswand nahm, fiel ihr ein, dass sie doch ebenso gut nach Leesten hinüberreiten konnte, statt zu fahren. Sie musste ja nicht unbedingt die Chaussee nehmen, auf Feldwegen kam sie genauso gut hin. Also fuhr sie zum Stall hinüber, um Zottel zu satteln. Der freute sich, als er merkte, dass es statt eines strengen Trainings einen morgendlichen Vergnügungsritt gab.

Es war schwül, am Himmel zogen sich erste Wolkenberge zusammen und auf den Wiesen wurde in aller Eile das letzte Heu hereingeholt. Sicher würde es am Nachmittag ein Gewitter geben, aber noch schien die Sonne.

Bille überlegte, ob sie nicht gleich an die Ostsee weiterreiten sollte, um ein erfrischendes Bad zu nehmen. Außerdem musste es herrlich sein, am Strand entlangzugaloppieren! Aber von Leesten waren es noch fünf Kilometer bis zur See, und die Aussicht, auf dem Rückweg vielleicht von dem Gewitter überrascht zu werden, war nicht sehr angenehm. Also tröstete sie sich mit dem Gedanken an eine Dusche unter dem Gartenschlauch bei ihrer Heimkehr.

»He – Bille!«

Sie hatte gerade die ersten Häuser von Leesten erreicht, als Elli, Heike und Martina auf ihren Rädern neben ihr auftauchten.

»Hoch zu Ross – ich werd nicht wieder!«, sagte Heike, schwankend zwischen Bewunderung und Spott.

»Der sieht aus, als käm er aus dem Zirkus!«

»Wo hast'n den aufgegabelt?«

»Er gehört zum Stall von Herrn Tiedjen«, sagte Bille würdevoll. »Ich bin seine Pflegerin und darf mit ihm trainieren. War gar nicht so einfach, ein normales Reitpferd aus ihm zu machen, aber er hat sich großartig entwickelt.«

»Na, jetzt begreife ich, warum du nie mehr Zeit für uns hast. Bei solchen Pflichten! Da bist du natürlich voll ausgelastet«, meinte Heike ironisch.

»Wir haben schon befürchtet, du hättest die Pocken oder sonst eine Krankheit, weil du dich gar nicht mehr blicken lässt. Geschweige denn mit zum Baden kommst!«, warf Elli ihr vor.

»Ich möchte ja gern, aber ...« Bille spürte ein leises Bedauern in sich aufsteigen, unterdrückte es aber sofort. »Wisst ihr, bei Herrn Tiedjen persönlich Unterricht zu bekommen und seine Pferde betreuen zu dürfen, ist eine Chance, die man wahrnehmen muss. Da bleibt einfach keine Zeit mehr für andere Dinge.«

»Na ja, du warst ja immer schon ein Einzelgänger, dagegen ist wohl kein Kraut gewachsen«, sagte Martina achselzuckend. »Wenn du nur noch mit so bedeutenden Leuten zu tun hast, werden wir dich wohl bald auf den Titelseiten der Zeitungen sehen. ›Sibylle Abromeit siegte im Großen Preis von Deutschland‹ oder so.«

»Quatsch, so weit ist es ja nun wirklich noch nicht! Ich habe ja noch nicht mal mit dem Springen angefangen, Herr Tiedjen ist da sehr gründlich, der schickt einen nicht einfach so über die Hindernisse ...«

Zottel wurde unruhig und begann zu tänzeln. Ihn langweilte dieses Gespräch, vor allem weil er merkte, dass Billes Aufmerksamkeit von ihm abgelenkt war. Er warf heftig den Kopf hoch und scharrte ungeduldig mit dem Huf.

»Ich muss weiter«, sagte Bille schnell, »ich will Onkel Paul besuchen. Also – macht's gut!«

Sie trieb Zottel an und bog in die Dorfstraße ein, an deren Ende die Baustelle lag.

»Wir kommen mit!«, riefen die Mädchen hinter ihr her. »Als Ehrengarde!« Sie lachten.

Bille auf einem Zirkuspferd, den Anblick wollten sie sich so schnell nicht entgehen lassen. Auch andere Kinder wurden auf das auffallende Pferd aufmerksam und folgten, von Neugierde getrieben. Schon bereute Bille, dass sie geritten war – schließlich wollte sie hier keine Vorstellung geben.

»Darf man den streicheln?«

»Beißt der?«

»Frisst der auch Schokolade?«

»Darf ich auch mal reiten?«

So und ähnlich tönte es von allen Seiten.

Bille wurde der Aufzug immer unbehaglicher. Zum Glück war sie jetzt am Ziel.

»Wahnsinn!«, rief sie überrascht.

Dort, wo letztes Mal noch kahle Mauern ohne Dach gestanden hatten, erhob sich jetzt ein heller, moderner Bau, weiß und hellblau gestrichen, mit großen Fensterflächen und einem von Rosenrabatten gesäumten, runden Platz davor. Im geräumigen Verkaufsraum waren Handwerker dabei, Regale aufzurichten und Neonröhren zu installieren.

Bille sah sich um. Wo konnte sie Zottel festmachen, ohne dass er von Kindern geneckt wurde und vielleicht etwas anstellte? Sie war von einem dichten Kranz von Neugierigen umringt.

Da drüben waren Haken in die Mauer eingelassen, an denen man Hunde anbinden konnte, das war kaum das Richtige. Aber hinter dem Haus musste es ja einen Hof zum Abladen der Waren geben, der nicht für jedermann zugänglich war. Bille hoffte inständig, Onkel Paul möge sie entdecken und ihr zu Hilfe kommen. Aber von Onkel Paul war weit und breit nichts zu sehen.

Stattdessen erschien jetzt der Lautsprecherwagen der Gemeinde. Er bog in die Straße ein und hielt genau vor dem Spar-Markt – wohl erfreut, so viele Zuhörer auf einmal anzutreffen. Dann schaltete er seinen Lautsprecher ein. Über den Platz ergoss sich eine Woge von Walzermusik, die »Schöne blaue Donau« brandete an Zottels Ohren und ließ ihn in seliger Erinnerung erschauern. Bille merkte es und ahnte das Schlimmste.

Nach dieser Musik hatte Zottel früher im Zirkus den Höhepunkt seines Auftritts vorgeführt: einen Walzertanz.

Hmhmhmhm…, machte Zottel begeistert.

»Zottel, sei vernünftig!«, flehte Bille.

Aber es war schon zu spät. Zottel warf einmal kurz den Kopf in den Nacken und begann, sich in kleinen Galoppsprüngen um sich selbst zu drehen. Schallendes Gelächter übertönte die Musik und erfüllte Straße und Platz. Bille wurde knallrot. Immer mehr Leute liefen zusammen. Verzweifelt versuchte Bille, Zottel zum Stehen zu bringen – vergeblich! Ihm schien der Auftritt vor einem so dankbaren Publikum großartig zu gefallen. Und je mehr gelacht und applaudiert wurde, um so schwungvoller wurden seine Sprünge. Bille wurde bereits ganz schwindlig von der Dreherei.

»Schau sie an, die tolle Reiterin«, hörte sie Heike sagen, »sie kriegt ihr Pferd nicht zum Stehen!«

»Geschieht ihr ganz recht, was muss sie auch so angeben!«

»Wetten, dass sie gleich runterfliegt?«, stichelte Elli.

Den Spaß sollt ihr nicht haben!, dachte Bille wütend. Oben bleiben werde ich. Irgendwann muss die verdammte Musik ja mal zu Ende sein!

»Alle Achtung, du sitzt ja wie eine Eins!«, hörte Bille plötzlich Onkel Pauls Stimme durch den Lärm aus Musik und Gelächter hindurch.

»Fiete, dreh doch mal den Kasten ab«, rief er. Dann nahm er Zottel am Zügel, der erschöpft schnaubend stehen blieb. So lange hatte er noch nie Walzer getanzt.

»Donnerwetter, du hast wirklich viel gelernt bei Herrn Tiedjen – in der kurzen Zeit. Deine Haltung ist erstklassig!«

»Danke, Onkel Paul«, flüsterte Bille.

Sie bemühte sich, so elegant wie nie zuvor aus dem Sattel zu springen, was ihr zu ihrer Genugtuung auch gelang. Dann nahm sie Zottel am Zügel und stakste mit etwas steifen Beinen hinter Onkel Paul her.

»Komm, mein Deern, hinten im Hof kannst du deinen Zottel anbinden. Was zu trinken bekommt er auch. Und dann kannst du mir beim zweiten Frühstück Gesellschaft leisten, magst du?«

»Klar! Was meinst du, was ich schon wieder für einen Hunger habe!«

Onkel Paul war wirklich Gold wert. Auf dem Hof war es schattig und kühl und an der Einfahrt hing ein großes Schild

»Zutritt nur für Lieferanten«. Die gaffende Menge blieb auf dem Vorplatz zurück und zerstreute sich allmählich.

»Puh, das war der erste öffentliche Auftritt meines Lebens«, stöhnte Bille. »Ganz schön anstrengend.«

Sie nahm Zottel das Zaumzeug ab, streifte ihm das Halfter über, das sie vorsorglich eingesteckt hatte, und band ihn neben der Laderampe fest. Onkel Paul brachte ihr ein altes Handtuch, mit dem sie Zottel trockenreiben konnte. Als sie damit fertig war, bekam Zottel noch einen Eimer Wasser, und dann gingen sie in Onkel Pauls Büro.

»Ich habe gar nicht gewusst, dass der Spar-Markt schon fast fertig ist! Er ist toll geworden. Zeigst du mir nachher alles?«

Onkel Paul strahlte. Billes Lob freute ihn offensichtlich.

»Nicht wahr – ein schöner Bau! Die Besichtigung können wir ebenso gut gleich vornehmen. Komm – hier geht's lang.« Er öffnete Bille die Tür zum Verkaufsraum.

»Hier, gleich links, das ist die Theke, an der Wurst, Fleisch und Käse verkauft werden sollen. Die Tür hier rechts führt zu den Lagerräumen. Dahinter an der Längswand die Tiefkühltruhen und die Regale für Gemüse und Frischobst. Die Regale in der Mitte sind für Nährmittel und Konserven, die dort rechts für Wasch- und Putzmittel und Kosmetik ...«

»Und die Tiefkühltruhe hier vorne?«

»Für Molkereiprodukte, Milch, Butter, Sahne und so weiter.«

»Und das runde Regal da? Sieht aus wie eine Litfaßsäule.«

»Da kommen Kaffee, Tee und Schokolade hin. Komm, du hast die Kassen noch gar nicht gesehen. Vollautomatisch, mit Förderband und Geldrückgabe und allem Drum und Dran.«

»Echt super! Wenn ich denke, wie Mutsch oft alles noch auf dem Papier zusammenzählt, wenn unsere vorsintflutliche Kasse mal wieder den Geist aufgegeben hat…«

»Gefällt's dir?«

»Einmalig – vor allem die Farben, alles in Zitronengelb und Orangerot, meine Lieblingsfarben!«

»Ja, und weißt du, warum? Damit auch bei Regenwetter alles aussieht, als schiene die Sonne durchs Fenster. Das versetzt die Leute in gute Laune und…«

»… sie kaufen mehr, als sie wollten.«

Sie lachten.

»Ehrlich gesagt, Onkel Paul – so schön habe ich es mir gar nicht vorgestellt.«

»Warte erst mal, bis die Waren eingeräumt sind! Das wird ein Anblick – natürlich müssen zur Einweihung Blumen her, ein Meer von Blumen!«, sagte er verträumt. »Glaubst du, dass es deiner Mutter gefallen wird?«

Er war stolz wie ein kleiner Junge auf sein neues Spielzeug.

»Ach, Onkel Paul«, sagte Bille bedrückt, »vorläufig sieht sie schon rot, wenn sie nur das Wort ›Spar-Markt‹ hört. Was machen wir bloß mit ihr?«

»Tja – nun lass uns erst mal frühstücken.«

Sie setzten sich in Onkel Pauls Büro an den Schreibtisch und er holte aus einem kleinen Kühlschrank Wurst, Käse, Butter und eine Flasche Milch. Dann zauberte er aus einer Schublade Semmeln, Teller und Campingbestecke.

»Wird alles im Spar-Markt Leesten zu kaufen sein«,

sagte er augenzwinkernd. »So, jetzt wollen wir es uns richtig gemütlich machen. Bedien dich.«

Bille belegte sich eine Semmel dick mit Bauernwurst und Onkel Paul goss ihr einen Becher Milch ein.

»Weißt du, mir ist da eben so eine Idee gekommen, wegen der Eröffnung …«

»Für Mutsch?«

»Nein, für dich und deinen Zottel. Ihr könntet mir ein bisschen helfen, wenn du Lust hast. Zettel verteilen, Reklame machen, meine ich. Wir könnten euch beide ein bisschen zirkusmäßig verkleiden …«

»Ich könnte Luftballons und Bonbons verteilen …«

»Du könntest in die umliegenden Orte reiten …«

»… vielleicht Kutschfahrten für Kinder veranstalten.«

»Es wäre eine tolle Werbung für uns.«

»… oder Zottel vor einen Eiswagen spannen und Eis verkaufen!«

Onkel Paul grinste. »Ich sehe, du bist ein erstklassiger Mitarbeiter, voller Ideen und Aktivität. Ich weiß auch, von wem du das hast.« Er seufzte. »Wenn sie sich doch bloß nicht so verkrochen hätte nach dem Tode deines Vaters. Sie kommt mir manchmal vor wie Dornröschen im Turm. Dringend Zeit, dass sie einer wachküsst. Ist doch noch 'ne junge Frau …«

»Vielleicht können wir sie überlisten?«, fragte Bille.

»Darüber zerbreche ich mir ja die ganze Zeit den Kopf.«

»Und wenn du sie entführst?«

»Hm – hier, probier mal den Käse.«

»Du lenkst ab! Wie war überhaupt dein Gespräch mit Inge?«

»So lala – sie hatte wenig Zeit, musste zu einer Verabredung. Ich glaube, sie hat mir gar nicht richtig zugehört, hat nur gesagt, sie wolle sich die Sache mal durch den Kopf gehen lassen, da spielten auch noch andere Überlegungen eine Rolle. Weiß der Teufel, was sie damit gemeint hat.«

»Onkel Paul, wir müssen Inge zu unserer Verbündeten machen! Lade sie hierher ein. Ich bin sicher, wenn sie den Laden hier sieht, ist sie Feuer und Flamme! Was Besseres kann sie Mutsch doch gar nicht wünschen! Hast du ihr wenigstens gesagt, dass du Mutsch heiraten möchtest?«

Onkel Paul wurde verlegen.

»Ich – äh – ich hatte es vor, aber dann habe ich mich nicht getraut. Es war nicht so der richtige Moment, weißt du …«

»Oh, Onkel Paul!«, sagte Bille verzweifelt. »Wenn du solche Hemmungen hast, wirst du dich nie trauen, Mutsch zu fragen! Am Ende muss ich das noch für dich tun.«

»Wär vielleicht gar keine schlechte Idee.«

Zottel als Hilfspolizist

In den nächsten Tagen schlug das Wetter um. Bille war nach ihrem Besuch bei Onkel Paul gerade noch mit Zottel in den Stall gekommen, bevor ein schweres Gewitter losbrach. Danach blieb das Wetter regnerisch und kühl.

Bille nutzte die Gelegenheit, um Mutsch mehr als sonst im Haus und Garten zu helfen. Helga leistete ihr dabei oft

Gesellschaft, und wenn Helga da war, ließ Karlchen nicht lange auf sich warten.

Nachdem Bille und Karlchen morgens ihren Stalldienst absolviert hatten und Bille eine Stunde geritten war, pflockten sie ihn im Garten unter dem großen Apfelbaum an oder suchten für ihn eine Stelle, wo er ihnen durch seinen ungeheuren Appetit das Mähen ersparte.

Dann nahmen sie gemeinsam Äpfel und Sommerbirnen ab oder halfen beim Einkochen. Hatten sie in der Küche zu tun, steckte Zottel den Kopf durchs Fenster und wartete, bis für ihn ein Leckerbissen abfiel. Einmal war es ihm sogar gelungen, sich loszureißen und in die Küche zu marschieren, wo er an Töpfen und Schubladen schnupperte und genau studierte, wo es hier etwas zu holen gab. Dann wollte er in den Laden, wo Mutsch gerade neu eingetroffene Ware auspackte, die Bille und Helga in die Regale räumten.

»Das könnte dir so passen! Ab mit dir in den Garten, Bürschchen!«, kommandierte Mutsch. An der Art, wie sie ihm zärtlich aufs Hinterteil klopfte, sah Bille, dass auch sie Zottel lieb gewonnen hatte.

Der Gedanke an Mutsch und Onkel Paul ließ Bille nicht mehr los. Bis jetzt hatte sie den Freunden noch nichts von Onkel Pauls Plänen erzählt, es sollte ja auch ein Geheimnis bleiben. Aber dieses Geheimnis mit sich herumzuschleppen, wurde ihr immer schwerer.

»Was tut dein Vater eigentlich, wenn er bei deiner Mutter etwas durchsetzen will, was sie nicht möchte?«, fragte sie Karlchen eines Tages, als sie gemeinsam den Stall ausfegten.

»Das gibt's gar nicht«, brummte Karlchen.

»Wieso nicht?«

»Höchstens umgekehrt – dass meine Mutter mal bei meinem Vater etwas erreichen will.«

»Und?«

»Was heißt ›und‹?«

»Wie macht sie das?«

»Sie stellt ihn vor vollendete Tatsachen. Sie richtet es irgendwie so ein, dass er dann gar nicht mehr zurückkann.«

»Hm...«

Sie waren allein im Stall, Hubert und Petersen waren schon gegangen, nachdem Karlchen und Bille versprochen hatten, den Stall ordnungsgemäß fertig zu machen.

Karlchen stützte sich auf seinen Besen und sah Bille von der Seite an.

»Sag mal«, fragte er zögernd, »würde es dir was ausmachen, wenn ich jetzt schon gehe?«

»Nö, warum?«

»Ich hab nämlich noch 'ne Verabredung. Dann zisch ich gleich los, ja?«

»Klar, ich mach das hier schon. Hau ab – und viel Spaß!«

»Danke!« Karlchen flitzte davon, als brenne ihm der Hosenboden.

Bille fegte die letzten Strohhalme zusammen und räumte die Geräte weg. Sie liebte es, allein im Stall zu sein – verantwortlich für Herrn Tiedjens Pferde. So reinigte sie anschließend noch den Geräteschrank, stieg auf einen Schemel, um von der Lampe Fliegendreck und Staub zu entfernen, und überlegte, was sie sonst noch tun könnte, um ein bisschen länger in der Nähe ihrer Lieblinge zu bleiben. Warum sollte sie nicht mal die Fenster putzen? Petersen würde staunen, wenn er morgen früh in den Stall käme!

Als sie mit dem ersten Fenster fertig war, begannen ihre Arme, lahm zu werden, und sie bereute ihren Entschluss ein bisschen. Aber das zweite Fenster schmutzig lassen? Das kam nicht infrage, da hatte sie auch ihren Stolz. Schlimm genug, dass sie an diejenigen Fenster, die hoch über den Boxen waren, nicht herankam. Die sahen schon aus wie Milchglasscheiben! Aber dazu hätte sie eine Leiter benötigt, das musste sie sich für einen anderen Tag aufheben. Außerdem wurde es allmählich dunkel, und im diffusen Zwielicht polierte sie die Scheiben wieder und wieder, damit das Werk auch vor Petersens Augen bestehen konnte.

Todmüde legte sie schließlich Lappen und Schwamm weg und stellte den Eimer an seinen Platz. Heute hatte sie wirklich einen langen Arbeitstag hinter sich. Bille war sehr zufrieden mit sich. Sie trat zu Zottel in die Box, um ihm Gute Nacht zu sagen, und legte ihr Gesicht zärtlich an seinen Hals.

»Gute Nacht, mein Dicker, schlaf gut. Uuaach… am liebsten würde ich mich gleich neben dich legen, so müde bin ich. Na denn, tschüs – bis morgen.«

Gähnend verließ sie die Box und wollte den Riegel schließen. Ein nagelneuer Riegel war angebracht worden. Er saß noch so stramm, dass sie all ihre Kraft brauchte, um ihn zu bewegen.

»Verdammt, der klemmt schon wieder! Zu blöd, dass Hubert nicht mehr hier ist, ich hätte dran denken sollen, dass ich es allein nicht schaffe!«

Bille lief auf den Hof hinaus, um sich nach Hilfe umzusehen.

Auf dem Hof war alles still, die Arbeiter hatten längst Feierabend gemacht und auch Frau Beck, die Sekretärin, war nach Hause gegangen. Bille überlegte, ob sie bei Herrn Lohmeier klingeln sollte, verwarf diesen Gedanken aber sofort. Nach einem Gespräch mit der giftigen Frau Lohmeier war ihr gar nicht zumute.

Ratlos kehrte sie in den Stall zurück. Was sollte sie tun? Es wurde höchste Zeit für sie, nach Hause zu gehen, Mutsch wartete sicher schon. Noch einmal versuchte Bille, den Riegel zu bewegen. Vergeblich. Zottel hatte sich bereits niedergelegt und schaute kaum auf, als sie sich an der Tür zu schaffen machte. Ob er bis morgen früh durchschlafen würde? Warum nicht – er schlief oft noch, wenn sie morgens in den Stall kam. Und außerdem wusste er ja nicht, dass der Riegel nicht fest verschlossen war.

Als Bille aus dem Stall trat, sah sie drüben an der Garage Herrn Lohmeier, der gerade nach Hause gekommen war und seinen Wagen abschloss.

»Herr Lohmeier, ein Glück, dass ich Sie treffe!«, rief Bille schon von weitem. »Ich bin noch ein bisschen im Stall geblieben, um die Fenster zu putzen, ich wollte Herrn Petersen morgen damit überraschen«, sprudelte sie hervor, »und jetzt bekomme ich den neuen Riegel an Zottels Box nicht richtig zu. Würden Sie mir helfen?«

»In Ordnung, Mädchen, das werden wir gleich haben. Ich muss nur schnell einmal ins Haus …«

»Wird es lange dauern? Ich bin verdammt spät dran, Mutsch wird schon böse sein.«

»Weißt du was? Fahr du nur schon nach Hause, ich kümmere mich gleich darum.«

»Danke, Herr Lohmeier!«

Leider hielt Herr Lohmeier sein Versprechen nicht. Als er ins Haus trat, lief im Fernsehen gerade sein Lieblingskrimi. Eine Weile stand er – die Türklinke in der Hand, den Hut auf dem Kopf – im Zimmer und starrte auf die Mattscheibe, dann setzte er sich, magisch angezogen von dem Geschehen auf dem Bildschirm, in seinen Fernsehsessel. Schließlich nahm er den Hut ab, und als seine Frau ihm sein allabendliches Bier brachte, waren Zottel, der offene Riegel und die weit offen stehende Stalltür vergessen.

Weder Bille noch Herr Lohmeier ahnten zu dieser Stunde, dass das Unheil bereits vor der Tür stand.

Nicht vor der Stalltür. Das Unheil wartete wenige Meter von der abromeitschen Ladentür entfernt in Gestalt von Kalle Ungeheuer, wegen schweren Raubes zu acht Jahren Gefängnis verurteilt und heute Morgen aus der Haftanstalt entflohen. Als blinder Passagier verschiedener Lastwagen war er bis nach Wedenbruck gelangt, wo er erst einmal eine Pause einlegte, um sich Verpflegung und neue Kleidung zu organisieren.

Er hatte sich in einen Schlupfwinkel oben im Dach der Scheune zurückgezogen, die dem Laden schräg gegenüberlag. Von hier aus konnte er genau beobachten, was auf der Straße vor sich ging, ohne selbst gesehen zu werden. Außerdem konnte er ausgezeichnet studieren, wo im Laden die Dinge zu finden waren, die er für seine Flucht benötigte.

Als es im Dorf still wurde, rüstete sich Kalle Ungeheuer

zum Aufbruch. Genauer gesagt: zum Einbruch. Er stieg aus seinem Versteck hinunter und überquerte die Straße.

Für einen Profi wie ihn war das Schloss an Frau Abromeits Ladentür ein Kinderspiel. Kalle Ungeheuer lauschte einen Augenblick, ob jemand das leise »Klack-klock« gehört hatte, als er die Tür öffnete. Alles blieb still.

Jetzt galt es, sich flach wie eine Flunder zu machen. Er hatte am Tag beobachtet, dass die Ladenglocke erst zu läuten begann, wenn die Tür schon halb geöffnet war.

So – geschafft. Jetzt konnte er sich erst mal eine Pause gönnen. Dann würde er sich systematisch mit allem ausrüsten, was er für die Weiterreise benötigte.

Zottel hatte seine erste Runde Schlaf beendet und erwachte, weil ihm ein ungewohnter Luftzug um die Nase wehte und ihm das runde Hinterteil über Gebühr kühlte. Er erhob sich und steckte die Nase zwischen die Gitterstäbe seiner Tür. Knirsch machte es und der nur ganz knapp vorgeschobene Riegel sprang auf. Die Tür öffnete sich mit einem unmelodischen Quietschen weit auf die Stallgasse hinaus. Ihr folgte Zottel, die Nase immer noch zwischen den Gitterstäben, wie ein Schlafwandler. Zottel zog den Kopf heraus und marschierte zur Futterkiste.

Die aber war verschlossen.

Was war nahe liegender, als sich auf den Weg zu machen, um anderswo seinen Appetit zu stillen? Zottel trabte zum Stall hinaus, um Bille und Mutsch einen nächtlichen Höflichkeitsbesuch abzustatten und dafür vielleicht mit ein paar Leckerbissen belohnt zu werden.

Die Nacht duftete nach Klee und reifem Korn, ein leichter Wind trieb Regenwolken über den Himmel, ab und zu kam der Mond zum Vorschein. Bei Abromeits warteten Äpfel am Baum und eine Menge Essbares in Küche und Laden. Zottel legte einen flotten Trab vor.

Kalle Ungeheuer hatte zunächst einmal sein altes Hemd gegen ein neues vertauscht, ebenso die Socken. Andere Kleidungsstücke führte Frau Abromeit leider nicht. Dafür fand er Feldflasche und Brotbeutel, sogar einen Jägerrucksack – einen uralten Ladenhüter. Nun kam der Lebensmittelvorrat dran, zuletzt das Bargeld. Er hatte keine Eile, er fühlte sich sicher.

Dem Pulverkaffee folgten Zucker, ein Brot, eine Salami und zwei Packungen Käse. Ein paar Konserven konnten auch nichts schaden. Und zwei Flaschen Schnaps für die kühlen Nächte.

Kalle Ungeheuer hockte gerade vor dem Regal, in dem sich die Kosmetikartikel befanden, um seinem Vorrat ein Stück Seife und eine Zahnbürste anzufügen (schließlich war er ein reinlicher Mensch), als ihn ein heißer Hauch im Nacken traf und zur Salzsäule erstarren ließ. Der Hauch wurde von einem böse schnarchenden Räuspern begleitet, »Höhöhöhö«, Kalle Ungeheuer hatte einen solchen Ton noch nie in seinem Leben gehört. Vorsichtig duckte er sich und warf sich dann blitzschnell auf die Seite.

Leider hatte er übersehen, dass an dieser Stelle das Fass mit Frau Abromeits selbst eingelegten Gurken stand. Das Fass stürzte krachend um und eine kühl-saure Brühe ergoss sich über den erschreckten Einbrecher.

Doch nicht genug damit. Was ihn mit seinem feurigen Hauch eben von hinten getroffen hatte, richtete sich jetzt steil über ihm auf, wuchs ins Riesenhafte und stürzte, begleitet von Scherbengeklirr und sprühenden Funken, auf ihn nieder. Kalle Ungeheuer spürte einen stechenden Schmerz in Knie und Magen, er war einer Ohnmacht nahe und schnappte verzweifelt nach Luft.

Er war bei Gott noch nie ein Feigling gewesen. In einer zünftigen Prügelei nahm er es mit fünfen zugleich auf. Aber der Begegnung mit dem Übersinnlichen war er nicht gewachsen.

»Gott steh mir bei, der Teufel persönlich«, ächzte er, und »Hilfe!!! Hilfe!!« schrie er mit allen Kräften, die er noch aufzubringen vermochte.

Dessen hätte es gar nicht bedurft, längst war Mutsch auf die Geräusche im Laden aufmerksam geworden und hatte vorsichtshalber bei Polizist Bode angerufen. Der hatte sich in aller Eile die Uniformjacke über den Schlafanzug gezogen. Auf die Stiefel verzichtete er, denn barfuß war er immer noch am schnellsten. Die Pistole zog er sicherheitshalber schon im Laufen aus dem Koppel. Ein Einbruch in Wedenbruck, das war doch wenigstens mal was.

Im Windschatten des Zweizentnermannes Bode betrat Mutsch die Küche und schaltete das Licht ein. Polizist Bode stürzte vorwärts in den Laden.

»Stehen bleiben, oder ich schieße!«, brüllte er mit Donnerstimme.

Hmhmhmhm…, machte Zottel ärgerlich.

Er hatte gerade begonnen, sich über den Inhalt des von ihm zertrümmerten Bonbonglases herzumachen, und fühlte sich gestört.

Polizist Bode starrte Zottel verwirrt und ungläubig an.

Erst ein klägliches Wimmern auf dem Fußboden machte ihn auf den wirklichen Missetäter aufmerksam. Umkränzt von sauren Gurken, mit Sahnebonbons garniert, lag da der gar nicht mehr fürchterliche Einbrecher, der nun seinerseits ungläubig auf das rot gesprenkelte Pferd stierte, das er für den Satan persönlich gehalten hatte.

Einen Augenblick herrschte Totenstille, dann brach Mutsch in schallendes Gelächter aus, und Polizist Bode prustete unter Lachen hervor: »Stehen Sie auf, Mann, Sie sind verhaftet!«

Bille, die einen gesegneten Schlaf hatte, taumelte durch die Küche und erschien mit halb geschlossenen Augen im Türrahmen.

»Was soll denn dieser blödsinnige Lärm mitten in der Nacht«, brachte sie gähnend hervor, »was ist hier eigentlich los?«

Mutsch betrachtete ihre im Stehen schlafende Tochter mit gutmütigem Spott.

»Nichts«, sagte sie trocken. »Zottel hat nur einen Einbrecher überwältigt. Geh nur wieder ins Bett.«

»Ach so«, murmelte Bille, »dann ist es ja gut. Ich dachte schon, es wäre was passiert.« Wie eine Schlafwandlerin stieg sie wieder die Treppe hinauf.

Polizist Bode und Frau Abromeit sahen ihr verblüfft nach.

Dann wurde der Polizist wieder dienstlich.

»Los, Mann, stehen Sie endlich auf!«

»Ich kann nicht!«, jammerte der Einbrecher. »Das Biest hat mir ein Bein zertrümmert!«

Polizist Bode band das Koppel über der rutschenden

Schlafanzughose fester, dann bückte er sich, warf sich den stöhnenden Einbrecher über die Schulter und ging zur Tür.

»Na, denn gute Nacht, Olga«, sagte er und verschwand mit seiner Last in der Dunkelheit.

»Und du kannst für den Rest der Nacht im Schuppen schlafen. Der ist zwar nicht so komfortabel wie deine Box, aber wenigstens trocken«, sagte Mutsch, zu Zottel gewandt. »Komm, Herr Hilfspolizist.«

Aber Zottel hörte nicht. Der machte gerade eine neue Erfahrung: Dass es Bonbons gibt, die einen daran hindern, die Zähne auseinander zu bekommen.

Geheimnisvolle Briefe

Als Bille und Karlchen am nächsten Morgen Zottel wie einen Sieger zurück in den Stall führten, steckte Petersen Bille einen blauen Briefumschlag zu.

Während Karlchen in leuchtenden Farben Zottels nächtliche Heldentat schilderte, als hätte er danebengestanden, hockte sich Bille auf einen umgestülpten Tränkeimer und riss den Umschlag auf. Er enthielt nichts weiter als einen kleinen Zettel, auf dem in Onkel Pauls steiler Handschrift stand:

»Komm unbedingt heute Nachmittag gegen vier Uhr in mein Büro! Eine Überraschung wartet – Gruß O. P.«

»Herr Petersen«, sagte Bille aufgeregt, »heute Nachmittag kann ich leider nicht kommen. Es handelt sich um eine sehr wichtige Verabredung!«

Petersen war gerade dabei, Nathan das Fell auf Hochglanz zu polieren.

»Ist doch klar, mein Deern«, rief er, »bist doch sowieso ein freiwilliger Helfer hier und kannst kommen und gehen, wie du magst, wenn du deinen Zottel versorgt hast. Außerdem hast du ja gestern für eine ganze Woche vorgearbeitet – die Fenster sind so blank, dass man glaubt, 's wär gar kein Glas drin.«

»Frau Saubermann persönlich, was?«, keuchte Hubert unter Lohengrins Bauch hervor, wo er gerade den fünften vergeblichen Versuch machte, den linken Vorderhuf des Wallachs auszukratzen. Lohengrin pflegte sich dieser Prozedur zu entziehen, indem er sein ganzes Gewicht auf das Bein legte, das gerade dran war. »Karlchen!«, brüllte Hubert ärgerlich. »Ich geb dir das Geld nicht, damit du hier rumstehst und quatschst! Hilf mir mal!«

Bille begann mit Zottels Morgentoilette. Die Zähne hatte sie ihm mit Mutschs Hilfe schon zu Hause gereinigt, um die Reste der Sahnebonbons zu entfernen. Ihr war nicht sehr wohl bei dem Gedanken an seinen ungewöhnlichen Imbiss.

»Was mache ich eigentlich, wenn Zottel mal 'ne Kolik bekommt?«, rief sie zu Petersen hinüber.

»Gib ihm Rizinus!«, quakte Karlchen.

Petersen beachtete ihn nicht. »Am besten, du rufst gleich den Tierarzt. Und bis der kommt, sorg dafür, dass er ständig in Bewegung bleibt. Leg ihm 'ne Decke über und lass ihn tüchtig laufen.«

»Dass der mal 'ne Kolik bekommt, glaube ich nie im Leben!«, mischte sich Hubert ein. »Der hat doch 'nen Magen aus Eisen!«

»Kann Zottel heute nicht mal mit den Zweijährigen auf die Koppel?«, fragte Bille. »Ich möchte, dass er sich richtig austobt.«

»Nachtigall, ick hör dir trapsen«, brummte Hubert. »Was hat er denn wieder angestellt, unser kleiner Liebling, hä?«

Diesmal fuhr sie doch lieber mit dem Fahrrad nach Leesten. Zottel durfte sich inzwischen mit den Zweijährigen auf der Waldkoppel tummeln. Um Punkt vier Uhr betrat Bille Onkel Pauls Büro.

Das Büro war leer. Bille ging zu dem kleinen Glasfenster hinüber, durch das man in den Verkaufsraum sehen konnte. Dort drüben stand er – und neben ihm eine junge Dame im hellblauen Kleid.

»Inge!«, rief Bille und riss die Tür auf. »Menschenskind, Inge, du bist also die große Überraschung! Hat Onkel Paul dir schon alles gezeigt?«

Inge nickte vergnügt. »Ja, und er hat mich völlig überzeugt. War auch nicht besonders schwer«, sie sah sich um und zwinkerte Onkel Paul zu, »bei so guten Argumenten! Jetzt brauchen wir nur noch den Schlachtplan zu entwerfen – nicht wahr, Väterchen?«

»Bist du verrückt?« Onkel Paul rollte entsetzt mit den Augen und suchte nach Holz. Da er aber um sich herum nur Kunststoff fand, klopfte er an seinen eigenen Kopf. »Verruf es bloß nicht, nachher sagt sie doch noch Nein!«

Er schob die beiden Schwestern vor sich her in sein Büro. »So, jetzt ziehen wir uns zur Beratung zurück. Wie wär's mit einem Eis?«

»Au ja, super!«

»Das wird uns sicher beflügeln.«

Onkel Paul holte aus seiner Kühltruhe eine große Packung Eistorte und Inge und Bille machten es sich in der Sitzecke bequem.

»Habt ihr schon einen Plan?«, fragte Bille.

»Ja, hör zu«, begann Inge eifrig. »Ich werde Mutsch sagen, ich hätte nun endlich den Traumjob für sie gefunden. Das Gehalt, das Onkel Paul ihr bietet, wird sie bestimmt locken. Ich werd sie fragen, ob ich den Vertrag für sie vorbereiten darf, werde etwas von einem guten Freund sagen, der mir das Angebot für sie gemacht hat. Mir wird schon was einfallen. Dann hole ich sie am Eröffnungstag ab und bringe sie her.«

»Oje, hoffentlich geht das gut. Aber Karlchen sagt ja auch ...«

»Was?«

»Karlchen sagt, wenn seine Mutter was bei seinem Vater erreichen will, dann stellt sie ihn vor vollendete Tatsachen. Also gut, und was soll ich dabei tun?«

»Nun, wir haben uns gedacht, du spannst Zottel vor eine geschmückte Kutsche und verteilst Werbegeschenke. Und wenn's dann so weit ist, macht Onkel Paul mit Mutsch in der Kutsche eine Ehrenrundfahrt und – na ja, den Rest muss er besorgen.«

»Ja, aber was wird aus unserem Laden?«

»Der wird geschlossen. Ich habe schon einen Interessenten für unser Haus. Einen jungen Kunstschmied, der sich auf dem Lande eine Werkstatt einrichten möchte.«

Warum wurde Inge rot?

»Dann müssen wir also aus unserem Haus raus? Schade«, sagte Bille enttäuscht.

Die Röte in Inges Gesicht vertiefte sich noch ein wenig.

»Och – na ja, wie man's nimmt…«

Onkel Paul grinste.

»Da mach dir man keine Sorgen, meine Lütte, es wird wohl in der Familie bleiben.«

Wie zur Bestätigung wurde auf dem Hof dreimal kurz gehupt. Bald darauf erschien ein hünenhafter junger Mann mit roten Haaren und einem Rauschebart in der Tür.

»Das ist Thorsten«, sagte Inge, immer noch ein wenig verlegen. »Thorsten, das ist meine kleine Schwester Bille. So, wir müssen leider weg. Leb wohl, Onkel Paul, bis nächste Woche! Ich halte dich telefonisch auf dem Laufenden. Tschüs, Kleines, und verplapper dich nicht bei Mutsch!«

Ehe Bille noch etwas fragen konnte, waren Inge und Thorsten verschwunden.

Auch Onkel Paul schien nicht die Absicht zu haben, weitere Erklärungen abzugeben.

»So, mein Deern, jetzt wird's ernst, ich habe eine Menge Arbeit für dich. Hier sind die Werbezettel. Und hier ist eine Liste der Dörfer, in denen du sie verteilen sollst. Wir werden deinen Zottel ein bisschen ausstaffieren und er bekommt zwei Satteltaschen, eine für die Zettel und eine für die Luftballons und Süßigkeiten. Du brauchst nichts weiter zu tun, als dich mit ihm dort aufzustellen, wo am meisten Betrieb ist, und einen Zettel dann den Leuten in die Hand zu drücken. Vielleicht findest du noch ein paar Freundinnen, die mitmachen wollen?«

»Das wird eine arbeitsreiche Woche«, sagte Bille, die aufmerksam die Liste der Dörfer und Höfe studierte. »Aber ich freu mich drauf! Mal sehen, wer mir helfen kann – ich glaube, es ist besser, wenn ich jetzt gleich nach Hause fahre und mich darum kümmere, Onkel Paul. Außerdem will ich Mutsch noch ein bisschen im Haushalt zur Hand gehen. In den nächsten Tagen werde ich kaum dazu kommen.«

»Ist gut, mein Deern, tu das. Ich erwarte dich morgen um neun Uhr hier, in Ordnung?«

»Okay. Tschüs, Onkel Paul!«

Natürlich wäre sie jetzt viel lieber nach Groß-Willmsdorf gefahren, um den Rest des Tages bei den Pferden zuzubringen. Aber eine große Sache war große Opfer wert und sie musste Mutsch bei guter Laune halten.

Nun – wenigstens Zottel Gute Nacht sagen wollte sie noch, deshalb bog sie von der Chaussee auf den Feldweg ein, der zur Waldkoppel hinüberführte, ein besonders schönes Stück Weideland, das an drei Seiten von Laubwald umgeben war.

Der Weg war holprig und glitschig von den vielen Regenfällen in letzter Zeit. Bille musste sich ganz darauf konzentrieren, nicht auszurutschen. Außerdem verfolgten die Schnaken, die an diesem schwülen Nachmittag besonders angriffslustig waren, unbarmherzig ihre nackten Arme und Beine. So kam es, dass sie erst im letzten Augenblick zwei lange Beine in ausgebleichten Jeans auf ihrem Weg sah und so scharf bremste, dass sie seitwärts in eine Pfütze rutschte und sich ein schmutziger Wasserschwall auf ebendiese Hosenbeine ergoss.

»He, spinnst du? Die habe ich frisch angezogen!«

»Karlchen!«, rief Bille erschrocken. »Was machst du denn hier? Oh, entschuldige bitte!« Sie sprang vom Rad, suchte vergeblich nach einem Taschentuch und begann schließlich, mit der Hand, so gut es ging, die Dreckspritzer von Karlchens Jeans zu entfernen.

»Was ich hier mache? Blöde Frage – ich will die Pferde reinholen!«

»Allein? Und so schick angezogen? Wo ist denn Hubert?«

Karlchen sah sich um, er schien beunruhigt. »Hubert ist zur Stutenkoppel rübergegangen. Ich hab ihm gesagt, ich schaff das hier schon. Außerdem bist du ja da.«

Wieder sah er sich um.

»Ist irgendwas?«

»Nö, warum?«

»Weil du hier bist, auf der anderen Seite der Koppel – und nicht am Gatter. Wartest du auf jemanden?«

»Ich? Wie kommst du darauf?«

»Na, weil du dich dauernd umsiehst! Was ist denn los?«

»Ach nichts«, wehrte Karlchen ab und fuhr fort, suchend um sich zu schauen.

»Hast du was verloren? Kann ich dir helfen?«

»Ehem …«, brummte Karlchen unschlüssig.

»Also, was ist nun, kommst du?«

»Geh schon mal vor, ich komm gleich. Ich muss noch was …«

Karlchen bückte sich nach einem Stück Papier, hob es rasch auf, ließ es aber angewidert fallen, als er bemerkte, dass es sich um ein Stück fettiges Butterbrotpapier handelte.

»Nun sag schon, was los ist? Was suchst du eigentlich?«

»Och…«, sagte Karlchen und wurde rot. »Ich muss hier irgendwo den – meinen – nun ja, ich hatte einen Brief – von – von – ja, von meiner Mutter, ich sollte ihn in den Briefkasten werfen. Ich muss ihn hier irgendwo verloren haben.«

»Warum sagst du das nicht gleich? Komm, ich helf dir suchen! Deine Mutter wird ganz schön wütend werden, wenn sie hört, dass du ihn verloren hast. War es ein wichtiger Brief?«

»Ein was? Ach so – ja, nein, nicht so besonders wichtig.« Karlchen fühlte sich sichtlich nicht wohl in seiner Haut.

»Weißt du was? Du könntest mir einen Gefallen tun. Hol du doch die Pferde von der Koppel – dann kann ich weitersuchen. Ich meine, du weißt ja sowieso nicht, wo ich überall gewesen bin.« Er machte eine vage Handbewegung in Richtung der Koppel und zum Wald hin.

»Na schön, wie du willst. Aber dann musst du mein Rad nehmen, okay?«

»Okay, ich komm dann nach.«

Bille kroch durch den Koppelzaun, um den Weg zum Gatter abzukürzen. Da drüben hoben sich die braunen und fuchsroten Pferdekörper deutlich gegen das helle Grün der Buchen ab, nur eines schien zu fehlen: das rotweiß gesprenkelte Fell Zottels. Wo steckte der Bursche wieder? Er war doch mit draußen gewesen. Hatte er eine

Lücke im Zaun gefunden und sich selbstständig gemacht? Bille sah sich um.

Da – endlich entdeckte sie ihn, versteckt unter den herabhängenden Zweigen einer Buche. Aber warum kam er nicht? Er schien sehr intensiv mit etwas beschäftigt zu sein. Und wenn sie sich nicht täuschte, kaute er auf etwas. Was sonst hätte ihn auch vom Kommen abhalten können!

Bille stakste durch Disteln und Brennnesseln bis zu der Stelle, an der Zottel stand. Die Zweige der Buche reichten fast bis auf die Erde, sie bildeten eine gemütliche Höhle. Das musste auch jemand anders bemerkt haben, denn das Erste, was Bille sah, war ein roter Kugelschreiber, der unter dem Baum lag.

Zottel, den Kopf leicht gesenkt, die Ohren seitlich herabhängend, den Blick starr nach unten gerichtet, malmte wie ein Wiederkäuer. Aus den Mundwinkeln quoll ihm ein unansehnlicher grauer Brei. Kaugummi!, dachte Bille entsetzt.

»Zottel! Du schrecklicher Kerl! Was hast du denn jetzt wieder angestellt!«, stöhnte Bille.

Erst jetzt bemerkte Zottel seine Freundin. Sein Blick wurde lebendig und erwartungsvoll, und sein lebhaftes Ohrenspiel verriet, dass es ihm keineswegs schlecht ging und dass es sich bei seinem jammervollen Aussehen lediglich um einen Akt äußerster Konzentration gehandelt hatte.

Bille versuchte, ihm das Maul zu öffnen und den grauen Brei daraus zu entfernen. Dabei entdeckte sie etwas Weißes in seinen flaumigen Barthaaren, einen zusammengefalteten Papierschnitzel, der seiner Kauwut bisher entgangen war.

Frau Brodersens Brief!, dachte Bille entsetzt. Er muss ihn Karlchen aus der Hosentasche gezogen haben. Um sicherzugehen, faltete Bille das Schnipselchen auseinander und studierte es. Kaum fünf Worte waren noch zu erkennen:

»– an Helga!
– sanften Blicken
– und entrücken –«

»Ach, du packst es nicht!«, platzte Bille heraus. »Karlchen hat ein Gedicht geschrieben. Ein Gedicht für Helga! Na, jetzt wird mir einiges klar. Zottel! Du hast das Gemüt eines Nilpferds! Wie konntest du nur!«

Ein Festtag für Mutsch

»Nächsten Samstag musst du mal allein zurechtkommen«, sagte Mutsch am Dienstag beim Abendbrot. »Inge holt mich ab, wir haben etwas Wichtiges zu erledigen.«

Das kam so plötzlich, dass Bille, die gerade einen großen Schluck Milch genommen hatte, sich verschluckte und husten musste, bis sie knallrot anlief.

»Um Himmels willen, Kind, wie oft habe ich dir schon gesagt, du sollst nicht so hastig trinken!« Mutsch klopfte ihr halb ärgerlich, halb besorgt den Rücken. Gemerkt hatte sie nichts.

»Fein!«, sagte Bille, als sie wieder Luft bekam. »Vielleicht nehme ich mir ein Picknick mit und bleibe über Mittag in Groß-Willmsdorf. Oder ich fahr mal mit den anderen Mädchen zum Strand.«

»Das solltest du tun, du kümmerst dich in letzter Zeit ja überhaupt nicht mehr um deine Freundinnen!«

»Wenn sich nun mal keine für Pferde interessiert? Mal abgesehen von Helga, die habe ich schon angesteckt.«

Mutsch seufzte.

Sie hatte es längst aufgegeben, sich über Billes Pferdefimmel aufzuregen.

»Vielleicht finde ich eines Tages eine richtige Pferdefreundin«, sagte Bille tröstend.

»Ich fürchte nur, dass du bis dahin vergessen hast, dass es außer Pferden noch andere Dinge auf der Welt gibt.«

Bille hatte Helga und Heike als Hilfsgruppe für den Werbefeldzug gewinnen können, sie erklärten sich bereit, einen Teil der Orte zu übernehmen.

Da sie nicht einen so wirkungsvollen Begleiter wie den geschmückten Zottel hatten, verkleideten sie sich als Clowns. Sie banden sich Luftballons in die Haare und machten mit dem Lärm einer Kindertrompete und einer ausgedienten Trommel auf sich aufmerksam. Damit machten sie nicht weniger von sich reden als Bille in ihrem Cowboy-Dress auf Zottel.

Onkel Paul konnte zufrieden sein. Pfundweise hatten die Mädchen Bonbons verteilt, dazu dutzende von Luftballons mit der Aufschrift »Sparen mit dem Spar-Markt von Leesten«.

Als die drei Mädchen am Freitagnachmittag erschöpft

von ihrem letzten Einsatz zurückkehrten und sich ihrer Verkleidung entledigt hatten, wartete Onkel Paul mit einer Überraschung auf sie.

»Alle in einer Reihe aufstellen und Augen zu!«, kommandierte er.

»Und Mund auf?«, fragte Bille vorwitzig.

Onkel Paul antwortete nicht, er raschelte mit Seidenpapier und behängte sie mit etwas. Dann stülpte er ihnen noch etwas auf den Kopf.

»Augen auf!«, befahl Onkel Paul.

Bille, Helga und Heike sahen sich an. Jede von ihnen zierte ein schneeweißes T-Shirt mit den leuchtend orangeroten Buchstaben S M L, dazu eine freche Schirmmütze mit derselben Aufschrift, nur diesmal in den Farben Weiß auf Orangerot.

»So, jetzt darf sich jede von euch aus diesem Karton noch passende weiße Jeans heraussuchen, dann habt ihr eure Uniform zusammen. Natürlich sind die Buchstaben nur angeheftet, ihr sollt ja nicht ewig als Reklame herumlaufen.«

»Wir dürfen die Sachen behalten? Toll!«

»Echt stark! Danke schön!«

»Onkel Paul, du bist einfach super!« Bille fiel ihm um den Hals.

Helga betrachtete sich lachend im Spiegel.

»Man wird glauben, wir sind ein neuer Fußballklub.«

»Ja – Sportverein der Müden und Lahmen!« Heike hängte sich bei Helga ein und zog sie fast zu Boden.

»Ganz schön albern, der Verein! Nun kommt, Zottel wartet nicht gern auf sein Abendbrot.«

In der Tür – Helga und Heike waren vorausgegangen – hielt Onkel Paul Bille auf.

»Na, aufgeregt?«, fragte er, und sie bemerkte, dass seine Hände leicht zitterten.

»Ach, was, warum denn, Onkel Paul? Das schaffen wir doch mit links!«, sagte sie zuversichtlich.

Aber wenn sie ehrlich war, hatte sie vor dem morgigen Tag grässliches Lampenfieber. In ihrem Bauch kribbelte es wie in einem Ameisenhaufen.

Auf dem Heimweg sagte Helga plötzlich: »Du, Bille, darf ich Zottel auch mal reiten?«

Bille zögerte. Eigentlich war es ihr gar nicht recht, jemand anderen an ihren Liebling heranzulassen. Aber dann fiel ihr ein, wie sehr sie sich gewünscht hatte, eine Freundin zu haben, die ihre Pferdeleidenschaft teilte, und sprang ab.

»Na klar, am besten gleich! Vielleicht bringt dich das auf den Geschmack.«

Bille half Helga in den Sattel und erklärte ihr den richtigen Sitz. Dann nahm sie Zottel sicherheitshalber am Zügel.

Helga biss sich vor Anspannung auf die Lippen, sie war eifrig bemüht, alles genau so zu machen, wie Bille es ihr gesagt hatte. Aber allmählich löste sich ihre Verkrampfung und sie sah Bille strahlend an.

»Meinst du, Herr Tiedjen würde mir auch Unterricht geben?«

»Ich weiß nicht. Im Moment hat er nicht einmal mehr Zeit für mich. Die vielen Turniere, weißt du …«

Bille wurde schmerzlich bewusst, wie sehr ihr der Unterricht bei ihm fehlte. Wenn er wirklich mal in Groß-Willmsdorf war, beachtete er sie kaum, und nach Zottel hatte er sich schon lange nicht mehr erkundigt.

»Vielleicht im Herbst. Oder im Winter – wenn die Turniersaison vorbei und wieder Ruhe eingekehrt ist. Ich werde ihn auf jeden Fall fragen, wäre schön, wenn du mitmachen könntest!«

Dabei war sie sich gar nicht so sicher, ob Herr Tiedjen sich für sie selbst noch einmal Zeit nehmen würde.

»Jetzt will ich aber auch mal!«, mischte sich Heike energisch ein.

Helga stieg ab und machte ein paar unsichere Schritte, wie ein Seemann, der nach monatelanger Fahrt zum ersten Mal wieder festen Boden unter den Füßen hat.

Heike hatte sich vorgenommen, alles besser zu machen als Helga. Sie nahm so viel Schwung beim Aufsteigen, dass sie um ein Haar auf der anderen Seite wieder heruntergefallen wäre, hätte Bille sie nicht am Bein festgehalten. Zottel schlug unwillig mit dem Kopf.

»Du brauchst ihn nicht zu führen, das schaff ich schon allein!«, sagte Heike siegessicher, als sie schließlich richtig im Sattel saß. »Hü! Hüa!!«

Zottel fand diese Art der Anrede ausgesprochen ordinär. Ein kräftiger Ruck mit dem Kopf, und die Zügel schossen nach vorn und glitten Heike aus den Händen.

Zottel wandte sich zum Straßengraben und begann, friedlich zu grasen.

»Hüa! Wirst du wohl, du dummes Vieh, was soll denn das!«

Zottel tat, als sei Heike Luft. Heike lehnte sich nach vorn und angelte nach den Zügeln, vergeblich.

»Na, nun nimm doch schon den Kopf hoch!« Heike trommelte mit den Fäusten gegen Zottels Hals.

Zottel riss den Kopf so plötzlich nach oben, dass Heike sich die Nase stieß, dann machte er ein paar kurze Bocksprünge und senkte den Kopf ebenso schnell, um sich erneut dem Klee zuzuwenden. Heike wurde ein paarmal hin und her geworfen wie auf einem schlingernden Schiff bei Windstärke zehn und landete schließlich sanft im Gras.

Bille und Helga grinsten.

»Soso, du schaffst das allein ...«

»Ich glaube eher, er hat dich geschafft. Na, mach dir nichts draus, jeder Reiter fällt mal runter«, tröstete Bille sie.

»So ein Idiot!«, schimpfte Heike hinter Zottel her, der friedlich grasend am Straßengraben entlangspazierte, als wäre er allein auf der Welt. »Also ehrlich: Das ist doch nur ein Beweis dafür, dass Pferde die dümmsten Tiere der Welt sind!«

»Weil er die Ehre nicht zu schätzen wusste, dich tragen zu dürfen?«, spöttelte Helga.

Bille nahm Zottel zärtlich am Zügel und führte ihn auf die Straße zurück. Dann saß sie auf.

»Du hast eben von Pferden keine Ahnung!«, sagte sie mitleidig zu Heike, die sich immer noch abwechselnd Nase und Po rieb. »Lernen lässt sich das nicht. Man hat es oder man hat es nicht.«

Am nächsten Morgen – die Sonne strahlte vom Himmel, wie es sich für solch einen Festtag gehörte – putzten Karlchen und Bille Zottel für seine Galavorstellung, bis er kaum mehr wieder zu erkennen war. In die Mähne hatten sie bunte Schleifchen gebunden und auch der Schweif war in zahlreiche kleine Zöpfe geflochten, deren Enden bunte Bänder zierten. Zottel ließ alles geduldig mit sich geschehen, als ahnte er, was auf dem Spiel stand.

»Wollen wir ihm auch die Hufe lackieren, so richtig glänzend schwarz – als hätte er Lackschuhe an?«, fragte Karlchen.

»Unsinn, mit was denn? Bis wir hinkommen, ist er sowieso wieder dreckig. Nimm lieber ein paar Lappen mit, damit wir ihn noch mal aufpolieren können«, sagte Bille. »Und jetzt komm – je eher wir da sind, desto besser!«

»Wann soll's denn losgehen?«

»Um zehn Uhr – aber bis dahin haben wir noch eine Menge zu tun.«

Onkel Paul hatte eine kleine Kutsche für Zottel besorgen lassen und sie über und über mit Blumengirlanden geschmückt.

»Hier habt ihr noch einen Korb voller Blumen für sein Zaumzeug«, sagte Onkel Paul, als Bille und Karlchen mit Zottel den Hof betraten.

»Gut, aber das machen wir zuallerletzt, sonst hat er bis dahin alles aufgefressen«, entschied Bille. »Was können wir sonst noch tun?«

»Helga und Heike stellen gerade vorn die Sonnenschirme und Tische für den Begrüßungstrunk auf. Sie können euch sagen, was noch alles zu tun ist.«

Bille band Zottel im Hof an – weit weg von allem, was ihn als Extrafrühstück hätte reizen können – und ging mit Karlchen durch den Laden nach vorn.

Helga und Heike waren fleißig gewesen, das Portal war mit bunten Fähnchen geschmückt und überall standen Körbe und Vasen voller Sommerblumensträuße.

»Na endlich!«, stöhnte Heike. »Wir haben geglaubt, ihr kämt überhaupt nicht mehr. Habt ihr eurem Liebling noch Dauerwellen gemacht?«

»Ja – so könnte man's nennen«, sagte Bille ungerührt.

»Also, an die Arbeit – holt mal die Gläser und Getränke aus dem Lager. Wir machen inzwischen hier weiter«, kommandierte Heike und breitete weiße Tischtücher auf die Tische.

Bille führte Karlchen ins Lager. Dort standen Kartons mit Gläsern bereit und mehrere Kühlboxen mit Sekt, Orangensaft und Cola.

»Gibt's das wirklich umsonst?«, fragte Karlchen und schaute sehnsüchtig auf die Colaflaschen.

»Klar – an so einem großen Feiertag. Aber du wirst schon noch ein bisschen warten müssen. Hier, fass an!«

Zu zweit schleppten sie die Kühlboxen nach draußen. Auf halbem Weg setzte Bille ihre Last plötzlich hart auf den Boden. Es klirrte bedenklich.

»Was ist los, kannst du nicht mehr?«

»Mensch, Karlchen, ich bin so aufgeregt – mir ist ganz schlecht!«

Karlchen legte den Kopf schief und betrachtete Bille eingehend. »Du siehst aus wie ein Harzer Käse. Na los, scher dich zu deinem Zottel, ich mach das hier schon.«

Vor dem Eingang versammelten sich immer mehr Neugierige, die die Vorbereitungen für den großen Augenblick mit Interesse verfolgten. Kurz vor zehn Uhr bog Bille mit Zottel vor der geschmückten Kutsche um die Ecke. Ein lautes »Ah!!!« und prasselnder Applaus empfingen sie. Bille wurde rot vor Stolz und Zottel dankte artig mit einer Verbeugung. Er sah aus wie eine lebende Erntekrone auf vier Beinen, überall steckten Sträußchen aus Sommerblumen und Ähren.

Karlchen kam herüber, um ein wenig an Zottels Ruhm teilzuhaben, und gemeinsam begannen sie, an die Kinder Luftballons, Fähnchen und Süßigkeiten zu verteilen. Aus den Lautsprechern drang beschwingte Tanzmusik – Onkel Paul hatte streng darauf geachtet, dass kein Stück darunter war, das Zottel in alte Zirkusseligkeit versetzen würde.

Jetzt erschien auch Onkel Paul, er nahm mit dem großen Schlüsselbund in der Hand seinen Platz vor dem Portal ein, bleich, aber gefasst. Er duftete nach einem teuren Kölnischwasser und das nagelneue Hemd weichte unter kleinen Schweißbächen vor sich hin. Aber das sah niemand. Eine erwartungsvolle Menschenmenge scharte sich um Onkel Paul.

Eine Minute nach zehn. Bille musste sich auf Zottel stützen, sie hatte das Gefühl, ihre Knie bestünden aus nasser Watte. Zottel scharrte ungeduldig mit dem Huf. Die Leute begannen, ihre Uhren zu vergleichen, sie tuschelten und steckten die Köpfe zusammen. Drei Minuten nach zehn. Onkel Paul räusperte sich nervös.

Da – endlich! – bog Inges alter VW um die Ecke und hielt genau vor dem Portal. Bille sah Mutschs ratloses Gesicht und ihren Versuch, sich zu sträuben. Aber Onkel Paul war schon bei ihr, riss die Autotür auf und bot ihr den Arm. Die Leute kamen neugierig näher. Mutsch blieb gar nichts anderes übrig, als den dargebotenen Arm zu nehmen und an Onkel Pauls Seite wie eine Braut zum Eingang des Spar-Marktes zu schreiten.

»Sieht sie nicht wunderhübsch aus?«, flüsterte Bille Karlchen zu.

Karlchen nickte. Mutsch trug ein weit schwingendes, geblümtes Sommerkleid, sie war beim Frisör gewesen und sogar ein wenig Make-up hatte sie aufgelegt, das war sicher Inges Verdienst.

»Nachdem …« Onkel Paul räusperte sich. »Nachdem …«, brüllte er jetzt mit fester Stimme über die Köpfe der Menge hinweg, »unsere Hauptperson, die künftige Leiterin unserer Filiale, Frau Olga Abromeit, eingetroffen ist, habe ich die Ehre und das Vergnügen, den Spar-Markt Leesten feierlich zu eröffnen!«

Aus dem Lautsprecher kam ein Tusch, donnernder Applaus antwortete.

Onkel Paul übergab Mutsch die Schlüssel. Zwei Angestellte öffneten auf ein Zeichen von Onkel Paul das Portal, einige offizielle Herren schüttelten Mutsch und Onkel Paul die Hände, Helga, Heike und Karlchen begannen, Sekt auszuschenken. Die Leute drängten sich um die Stände, um einen Gratistrunk zu erwischen.

»Bravo, Frau Abromeit! Ja so eine Überraschung! Herzlichen Glückwunsch!« Mutsch war von gratulierenden Bekannten umringt. Sie lächelte verwirrt nach allen Seiten und brachte kein Wort heraus.

Onkel Paul ließ sie nicht aus den Augen. Schließlich nahm er sie am Arm, führte sie zur Kutsche und rief laut: »Und jetzt möchte ich unsere neue Chefin zu einer Ehrenrundfahrt einladen!«

Bille übergab Onkel Paul die Zügel und führte Zottel durch die Menge bis auf die Straße. Dort flüsterte sie ihm ins Ohr: »Entschuldige, mein Kleiner, ich mach's nachher wieder gut!« Damit kniff sie ihm einmal kräftig in den Bauch.

Zottel machte einen Satz und jagte in wilden Galoppsprüngen die Straße hinunter. Bille sah nur noch, dass Mutsch Onkel Paul die Zügel aus der Hand nahm, dann waren sie in einer Staubwolke verschwunden.

»Bille! Komm, du musst uns helfen!«, rief Helga verzweifelt. »Wir brauchen Nachschub, schnell!«

Bille wusste nicht, wie sie die nächsten zwei Stunden verbracht hatte. Wie eine Schlafwandlerin rannte sie zwischen Lager und Vorplatz hin und her, holte Flaschen, spülte Gläser, schenkte aus – rannte wieder ins Lager, um Gläser und Flaschen zu holen. Hin und wieder drang ein Satz in ihr Bewusstsein, wenn Heike flüsterte: »Gib dem nichts mehr, der war schon sechsmal da!«, oder Helga zu Karlchen sagte: »He, du bist nicht zum Trinken, sondern zum Helfen hier!« Aber meistens drehten sich ihre Gedanken um Zottel, Mutsch und Onkel Paul.

Warum blieben sie so lange weg? Hatten sie sich so viel zu sagen? Machte Mutsch am Ende doch Schwierigkeiten? War Zottel etwa durchgegangen – und sie hatten einen Unfall gehabt?

»Wir brauchen frische Gläser, willst du gehen oder soll ich?«, fragte Heike.

»Lass nur, ich mach das schon!« Bille nahm das Tablett mit den schmutzigen Gläsern und schob sich durch den inzwischen überfüllten Laden ins Lager. Ein Dutzend Mal war sie heute schon zum Wasserhahn gelaufen, hatte Gläser gespült und abgetrocknet. Aber diesmal war etwas anders – ein Geräusch, das vorher noch nicht da gewesen war. Bille sah sich um. Das Lager schien so ruhig wie – halt, dahinten! Hinter den Obstkisten! Bille stellte das Glas aufs Tablett zurück und lief zwischen Kisten und Kartons zum anderen Ende des Raumes.

»Um Himmels willen, Zottel!«

Da stand er, noch im Geschirr, die eine Deichsel baumelte abgebrochen in der Lederschlaufe an seiner Seite. Zottel verzehrte Äpfel und frischen Salat.

Bille wurde blass. Also doch ein Unfall! Wo war der Wagen? Sie lief zur Laderampe. Ja, da hing er, Zottel hatte versucht, mit dem Wagen ins Lager zu marschieren, und dabei war die Deichsel gebrochen. Aber wo waren Mutsch und Onkel Paul – lagen sie am Ende irgendwo draußen, mit gebrochenen Gliedmaßen? Sie musste sofort Karlchen holen.

In der Tür stieß sie mit Helga zusammen. »Wo bleibst du denn mit den Gläsern? Schnèll!«

»Keine Zeit«, stammelte Bille und stürzte an ihr vorbei.

Vor dem Regal mit den Spirituosen musste sie eine Vollbremsung machen, dort versperrten zwei Gestalten in weißen Mänteln ihr den Weg.

»Das Angebot an Schnäpsen ist viel zu reichlich, das

werden wir reduzieren. Und an Babynahrung hast du gar nicht gedacht!«, hörte Bille sagen. Sie richtete sich auf.

»Mutsch, Onkel Paul – Gott sei Dank! Ich dachte schon …«

Bille seufzte erleichtert. Dann lächelte sie verschmitzt. »Es hat nicht zufällig einer von euch daran gedacht, Zottel anzubinden?«

Das Erntedankfest

Die Felder waren abgeerntet, im Park von Groß-Willmsdorf begannen die Bäume, sich bunt zu färben. Die Ferien lagen lange zurück. Seit Wochen herrschte wieder der Schulalltag über Billes Leben.

Noch wohnten sie in dem windschiefen, gemütlichen Häuschen, aber das Schaufenster war leer und an der Ladentür hing ein Schild mit der Aufschrift: »Wegen Geschäftsaufgabe geschlossen«.

Mutsch fuhr jeden Morgen nach Leesten hinüber und kam erst abends wieder zurück. Und Onkel Paul kümmerte sich inzwischen um eine neue Baustelle: Sein eigenes Haus wurde umgebaut und erweitert, denn Weihnachten wollten Mutsch und er heiraten. Dann würden sie umziehen, und Inge und Thorsten wollten damit beginnen, den Laden in eine Kunstschmiedewerkstatt umzugestalten.

Die ganze Familie schien Kopf zu stehen: Wo immer zwei von ihnen zusammen waren, wurden Baupläne studiert, Möbel, Farben und Stoffe besprochen, Preise verglichen und Pläne für die Hochzeit gemacht. Bille kam sich bei diesem Rummel höchst überflüssig vor.

Mutsch hatte weniger Zeit für sie denn je. Mittags aß Bille das, was Mutsch am Abend vorgekocht hatte, dann verbrachte sie den Nachmittag bei den Pferden, und abends, wenn Mutsch und Onkel Paul zusammenhockten und über die gemeinsame Zukunft sprachen, verkroch sie sich hinter ihre Schulbücher oder ging zu Karlchen hinüber.

Manchmal kam Helga mit nach Groß-Willmsdorf und Bille ließ sie auf Zottel reiten. An anderen Tagen half sie dafür Helga, die in einigen Fächern Schwierigkeiten hatte, bei den Hausaufgaben.

An zwei Tagen in der Woche lud Onkel Paul Bille zum Mittagessen in den *Krug* ein. Dann ließ er sich von ihren Schulerlebnissen und von Zottel erzählen. Aber Bille wurde das Gefühl nicht los, dass seine Gedanken ständig bei Mutsch waren, und es kam vor, dass sie sich nach der Zeit zurücksehnte, in der sie Mutsch ganz für sich allein gehabt hatte.

Im Reiten machte sie große Fortschritte.

Petersen, dem es immer beschwerlicher wurde, ein Pferd zu besteigen, nahm diejenigen seiner Schützlinge, die bewegt werden mussten, nur noch an die Longe.

Eines Tages – er führte gerade Patrick heraus – fragte er Bille: »Na, mein Deern, wie wär's – hast du Mut?«

»Sie meinen, ich soll Patrick reiten? Ob das Herr Tiedjen erlaubt?«

»Das verantworte ich schon. Wird Zeit, dass wir eine zweite Kraft bekommen, die in Herrn Tiedjens Abwesenheit mit den Pferden arbeitet. Schläft ja sonst alles ein hier. Ich kann's nicht mehr – also sieh zu, dass du fix was lernst.«

»Sie meinen, das könnte ich?«

»Mit der Zeit – warum nicht? Das liegt ganz bei dir. Also? Denn man zu!«

»Ohne Steigbügel?«

»Ehrensache.«

Bille wurde ein bisschen mulmig, aber sie ließ es sich nicht anmerken. Petersen nahm sie an die Longe, nachdem sie mit seiner Hilfe etwas ungeschickt auf Patricks Rücken gelandet war. Aber ohne Steigbügel – daran musste man sich erst mal gewöhnen.

Patrick war ein ganzes Stück größer als Zottel. Das war schon ein anderes Gefühl, der Boden schien plötzlich weit entfernt und Patricks Temperament ließ auch nichts zu wünschen übrig. Außerdem waren seine Bewegungen viel schwungvoller. Bille musste sich erst auf seine kraftvollen, weit ausgreifenden Schritte und Sprünge einstellen.

»Arme über den Kopf!«, kommandierte Petersen oder: »Arme seitwärts!« Seine Zurufe knallten wie Schüsse über den Platz, Bille hätte dem stillen, gütigen Mann nie so viel Kraft und Energie zugetraut.

»Du bist steif wie ein Besenstiel, komm in die Mitte, jetzt wird erst mal ein bisschen Gymnastik gemacht.«

Er ließ sie den Oberkörper abwechselnd nach beiden Seiten schwingen, dann die Beine nach hinten, wobei sie über dem Pferderücken die Hacken zusammenschlagen musste, danach die Beine vorn über den Pferdehals und schließlich musste sie sich noch zwanzigmal nach hinten legen und wieder aufrichten.

»So – jetzt können wir anfangen, jetzt bist du ein bisschen warm geworden.«

»Das ist ja wie beim Militär!«, stöhnte Bille. »Richtiger Drill!«

Petersen lachte.

»Siehst du – wird höchste Zeit, dass man dich mal ein bisschen in die Zange nimmt. Bist mächtig träge geworden in den langen Ferienwochen. Aber jetzt geht's ran: Arme seitwärts und leicht traben.«

Unmöglich, sich auf dem Pferderücken zu heben ohne die helfende Stütze der Steigbügel!

»Das kann ich nicht!«, jammerte Bille.

Aber Petersen lachte nur.

Nach dieser Reitstunde hatte Bille seit langer Zeit einmal wieder einen kräftigen Muskelkater. Trotzdem freute sie sich schon auf den nächsten Unterricht bei Petersen.

War er früher einmal Reitlehrer gewesen? Niemand im Dorf wusste etwas über Petersens Vergangenheit. Nur dass er nach jahrelanger Gefangenschaft wegen seiner hervorragenden Pferdekenntnisse auf Groß-Willmsdorf Unterschlupf gefunden hatte, war allgemein bekannt. Gemunkelt wurde natürlich alles Mögliche, aber da er sehr zurückgezogen lebte und niemanden störte, kümmerte sich keiner um seine Vergangenheit.

Diesmal hatte sich Petersen für Bille etwas Besonderes ausgedacht.

»Zieh morgen eine Jogginghose und Turnschuhe an«, hatte er ihr gesagt, »wir wollen mal was für deine Gelenkigkeit tun.«

Zu ihrem Erstaunen hatte er sie Zottel nicht satteln lassen, sondern ihm einen Bauchgurt mit Haltegriffen angelegt. Und nun übte er mit ihr bereits seit einer halben Stunde das Aufspringen auf ein galoppierendes Pferd und ließ sie auf dem Pferderücken aufstehen und Balanceübungen machen. Zwischendurch zeigte er ihr immer wieder, wie man fällt, ohne sich zu verletzen. Das war auch nötig, denn ohne Stürze ging es diesmal nicht ab. Bille kam sich vor wie ein Mehlsack, sie hätte nie geglaubt, dass es so schwer wäre, sich im Stand auf einem Pferderücken zu halten! Dagegen war das Aufspringen ein Kinderspiel.

»Na, du kriegst den Trick schon raus. Immer schön federn!«, sagte er, als sie gerade ein inständiges Stoßgebet zum Himmel sandte, es möchten der Luft doch Balken wachsen!

»Donnerwetter! Wird hier für den Zirkus trainiert?«, kam eine Stimme aus dem Hintergrund.

Herr Lohmeier war unbemerkt herangetreten und sah sich amüsiert Billes Kämpfe mit dem Gleichgewicht an. Petersen hielt Zottel an und Bille rutschte aufatmend auf den Pferderücken hinunter.

»Ich habe was mit dir zu besprechen, Bille, hast du einen Augenblick Zeit?«

Bille nickte. Ihre Kehle fühlte sich trocken und rau an wie ein Reibeisen, dafür war sie am ganzen Körper klitschnass.

»Machen wir Schluss für heute«, sagte Petersen, »zieh dir was über, sonst erkältest du dich. Bis später dann.«

Er hängte ihr fürsorglich ihre Jacke über die Schultern und ging mit Zottel zum Stall hinüber. Bille hockte sich oben auf das Gatter und sah erwartungsvoll auf Herrn Lohmeier hinunter.

»Es geht um unser Erntefest.« Herr Lohmeier blinzelte zu ihr hinauf. »Du weißt schon, es soll nächsten Samstag stattfinden. Ich wollte dich fragen, ob du uns bei den Vorbereitungen helfen willst. Meine Frau und die beiden Mädchen vom benachbarten Hof schaffen es nicht allein. Hast du Lust? Karlchen hat seine Hilfe schon angeboten.«

»Na klar, gern, was soll ich tun?«

»Weißt du, es kommen diesmal auch Gäste von den benachbarten Höfen. Vor allem die aus Peershof mit ihren Jungs. Deshalb wollen wir uns was Besonderes ausdenken, ein paar Wettspiele, vielleicht auch Ringstechen, was meinst du? Hinten im Park auf der großen Wiese. Die Tanzdiele und die Tische bauen wir in der Scheune auf wie immer. Und bei gutem Wetter machen wir im Hof ein Feuer und grillen Hähnchen und Würste.«

»Toll, ich freu mich schon! Wird Herr Tiedjen auch hier sein?«

»Eigentlich hat er es ja versprochen, aber – ich fürchte, er wird es nicht schaffen. Es ist schon ein Jammer, dass er sich so wenig um den Hof kümmern kann. Tja – der Ruhm, da kann man nichts machen. Also – bis Samstag. Und sag deiner Mutter und dem Onkel Paul, sie wären herzlich eingeladen.«

»Wird gemacht!« Bille sprang von ihrem Sitz. »Bis Samstag – gleich nach dem Stalldienst melde ich mich zur Stelle!«

Im Stall war es dunkel. Nur durch die Fenster drang ein Schimmer vom Flackern des Feuers auf dem Hof und von den bunten Laternen, die in den Parkbäumen aufgehängt waren. Die große Scheune war erfüllt von Tanzmusik und Gelächter, der Lärm rollte wie eine Brandung heran, überschlug sich in lautem »Hoch! Hurra! Prosit!« und schwoll dann wieder ab.

Bille hockte neben Zottel im Stroh und kraulte seine Mähne. Zottel hatte es sich bequem gemacht, er schlief. Leichter Bierdunst stieg von ihm auf, er hatte der Versuchung nicht widerstehen können, aus der Tropfschale des Bierfasses zu trinken, nachdem ihn die vielen Leckereien, die man ihm zugesteckt hatte, durstig gemacht hatten. Jetzt schnarchte er selig vor sich hin.

»Dummer, dummer Kerl!«, flüsterte Bille zärtlich. Sie wusste nicht, ob sie lachen oder weinen sollte. Eine merkwürdige Traurigkeit erfüllte sie – warum? Sie konnte keinen Grund finden.

»Hoch solln sie leben, hoch solln sie leben –«, sangen die da drüben in der Scheune, sicher tanzten Mutsch und Onkel Paul einen Ehrenwalzer. Mutsch – alle starrten sie an, so hübsch war sie geworden, seit das Eis zwischen ihr und Onkel Paul gebrochen war …

Zottel tat einen tiefen Seufzer im Traum. Bille musste lachen.

»Schlaf nur, mein Liebling, hast es verdient. Du warst sehr tüchtig heute!«

Nein, an ihm hatte es wirklich nicht gelegen, wenn Bille das Ringstechen nicht gewonnen hatte. Geritten war sie wie der Teufel, nur mit dem Zielen hatte es nicht geklappt, immer wieder war ihr der schwere Stab, der als Lanze diente, seitlich weggerutscht. Ein einziges Mal hatte sie den Ring getroffen und vielleicht wäre sie damit sogar Sieger geworden, denn die Burschen aus dem Dorf, vom Bier schon leicht benebelt, hatten auch nicht mehr geschafft. Aber da waren diese Peershofer-Jungens, drei Brüder von siebzehn, fünfzehn und dreizehn, gegen die hatte Bille keine Chance gehabt.

Na wenn schon. Reiten konnten sie alle drei super, wenn sie nur nicht so laut und selbstbewusst wären. Wenn Bille eins nicht leiden konnte, dann waren es diese »Hoppla jetzt komm ich«-Typen, die in ihrer Wohlerzogenheit noch arrogant wirkten. Natürlich hatten sie Bille überhaupt nicht beachtet, sie hatten sie behandelt wie ein kleines Kind.

Sollten sie doch. Was gingen Bille die Peershofer an.

Mit Herrn Tiedjen war das schon anders. Er war kurz erschienen, gerade von der Reise zurück, hatte ein paar Begrüßungsworte gesprochen, etwas zerstreut den Applaus entgegengenommen und das Bierfass angestochen. Dann hatte er einen Ehrentanz mit Frau Lohmeier getanzt und sich für den Rest des Abends entschuldigt. Er sei todmüde von der letzten Reise und vom letzten Turnier. Bille hatte er nicht einmal angesehen.

Nun ja, er hatte eine lange und anstrengende Saison hinter sich, auf den bedeutendsten Turnieren der ganzen Welt war er gestartet, da musste man doch verstehen, dass er erschöpft war.

Warum also sollte sie traurig sein? Alles, was sie sich noch vor einem halben Jahr so sehnlich gewünscht hatte, war in Erfüllung gegangen. Sie hatte ein Pflegepferd, durfte reiten, wann immer sie wollte – und Mutsch heiratete Onkel Paul.

Was war es dann? Bille streichelte Zottel noch einmal und stand auf. Leise verließ sie die Box.

Es wird Zeit für dich, ins Bett zu gehen, Kleines, hatte Mutsch gemahnt. War es das? Dass sie sich nicht mehr wie ein Kind fühlte und doch von den Erwachsenen noch nicht für voll genommen wurde? Dass sie arbeiten konnte wie ein Erwachsener, hatte sie allen bewiesen. Aber wenn Onkel Paul ihr einen Schluck Bier anbot, hieß es gleich: »Verdirb mir das Kind nicht!«

Drei Boxen weiter stand Donau mit ihrem hübschen Stutenfohlen Donata, sie verabreichte der Kleinen gerade die letzte Mahlzeit.

Bille sah undeutlich die Umrisse ihres Körpers.

»Na, mein kleiner Helfer? Was machst du denn hier noch so spät?«

Bille fuhr herum.

»Herr Tiedjen?«

»Ja –« Er saß auf der Futterkiste, mit angezogenen Beinen, genau wie sie es sonst tat.

Bille trat zu ihm.

»Ich – ach, ich finde es so schön nachts im Stall. Am liebsten würde ich bei Zottel schlafen, im Stroh …«

»Es ist der einzige Platz, wo wir uns richtig zu Hause fühlen, stimmt's?«

»Ja.«

»Komm her, Reiterlein, hock dich neben mich. Warum bist du nicht bei den anderen und feierst?«

»Och – ich weiß nicht – ich gehör doch nicht richtig dazu.« – noch nicht, hatte sie eigentlich sagen wollen.

»Traurig?«

»Ein bisschen.«

»Ich habe mich auch immer in den Pferdestall geflüchtet, wenn ich mit mir nicht ins Reine kam. Schon als kleiner Junge.«

»Und heute?«

»Heute ist das genauso.«

Sie schwiegen. Gegenüber ließ sich Donau ächzend neben ihrer kleinen Tochter ins Stroh plumpsen. Nur Nathan stand noch aufrecht und wachte über den Schlaf der anderen. Bille sah die Silhouette seines Kopfes gegen das helle Fenster.

»Man ist ständig rund um die Welt unterwegs, man siegt oder unterliegt – man fordert das Äußerste von sich und seinen Pferden. Und dann steht man plötzlich da und fragt sich: Warum tust du das eigentlich? Du liebst dein Tier doch, warum verlangst du das von ihm? Hat das alles einen Sinn?«

Er hatte zu sich selbst gesprochen, und Bille war es unheimlich, den bewunderten und verehrten Lehrer in solchen Zweifeln zu erleben.

»Sie denken an das letzte Stechen, nicht wahr?«, fragte sie zögernd. »Ich habe es im Fernsehen angeschaut.«

»Ja. Auch an das letzte Stechen. Kein schöner Sieg, glaub mir. Aber hingehen und sagen: Ich mute meinem Pferd diese weitere Anstrengung nicht zu! Wer tut das schon – man will es – und macht es dann doch nicht. Siehst du, Reiterlein, so feige sind die Erwachsenen.«

Bille schwieg betroffen.

Von dieser Seite hatte sie das Turnierreiten noch nie betrachtet. Ein Sieg im Preis der Nationen war ihr immer als das höchste Glück erschienen.

»Und dann kommt man nach Hause«, fuhr Herr Tiedjen fort, »und ist ein Fremder geworden. Die Felder sind abgeerntet und man hat sie nicht reifen sehen. Fohlen sind geboren worden und man hat sich an ihren ersten Lebenswochen gar nicht freuen können ...«

»Aber nun sind Sie doch wieder hier und ...«, Bille brach ab. Was konnte sie einem Mann wie Herrn Tiedjen schon sagen!

Herr Tiedjen schwieg eine Weile. Dann richtete er sich auf und legte Bille den Arm um die Schulter.

»Du hast Recht, Mädchen. Jetzt bin ich wieder hier, und es ist immer noch Zeit, alles besser zu machen. Weißt du, was wir jetzt tun werden? Wir gehen hinüber in die Scheune und legen eine Polka aufs Parkett, dass alle anderen von der Tanzfläche gefegt werden. Einverstanden?«

»Einverstanden!«

Christiane Gohl

Ein Pflegepferd für Julia

Inhalt

Ein Tag für einen Ausritt

»Hacken runter, da auf dem Corsar! Und gerade sitzen, Kreuz anspannen, Schultern zurück! Wie oft soll ich das noch sagen!«

Aufgeschreckt von der Stimme des Reitlehrers, setzte Julia sich im Sattel zurecht und begann erneut mit ihren aussichtslosen Bemühungen, gleichzeitig das Kreuz anzuspannen, locker zu sitzen und richtig zu treiben. Das Schulpferd Corsar, ein gewaltiger Dunkelbrauner, machte ihr das nicht gerade leicht. Lustlos schleppte es sich durch die Halle und nahm von seiner Reiterin eigentlich nur Notiz, wenn sie, allen Anweisungen zum Trotz, die Hacken hochzog und sie ihm schwungvoll in die Seiten stieß.

Streng genommen konnte Julia ihm seine Faulheit nicht verdenken. Es war mehr als langweilig, stundenlang durch die Reithalle zu traben, während draußen die Sonne schien. An Regentagen mochte Dressur ja noch angehen, aber heute war Julia durch den ersten richtigen Frühlingssonnenschein zum Reitstall geradelt. Ein frischer Wind hatte die Regenwolken der letzten Tage weggeweht und prompt wurden die Grasspitzen grün und die ersten Schneeglöckchen und Krokusse brachten Farbe in die Vorgärten. Ein fantastischer Tag für einen Ausritt!

Herr Holthoff, der Reitlehrer, sah das leider ganz anders. Sein Unterricht fand in der Reithalle statt, bei jedem

Wetter und zu jeder Jahreszeit. Allenfalls sehr fortgeschrittene Schüler durften im Hochsommer mal auf den Außenplatz. Aber zu den sehr fortgeschrittenen Schülern gehörte die zwölfjährige Julia mit ihren dreißig Reitstunden noch lange nicht…

»Durch die ganze Bahn wechseln!« Corsar tappte hinter den anderen Pferden her und schnitt dabei die Ecke. Julia bemerkte es gar nicht. In Gedanken lenkte sie ihr Pferd hinaus aus der Halle auf einen langen, weichen Waldweg. Die Sonne mogelte sich zwischen den Kronen der Bäume hindurch und malte goldene Zeichen auf den Weg… eine geschwungene Brücke führte über einen Bach… Corsar trabte an Feldern und Wiesen entlang, wartete nur auf ein Schnalzen von Julia, um in Galopp überzugehen…

Plötzlich ertönte ein lautes Quietschen und riss Julia brutal aus ihren Träumen. Irgendjemand schob das Hallentor einen Spaltbreit auf und direkt vor Corsars Hufen fiel ein Sonnenstrahl auf den Reithallenboden. Das große braune Pferd verharrte einen Sekundenbruchteil, schnaubte entsetzt und warf sich dann auf der Hinterhand herum. Julia fühlte sich unsanft nach vorn geschleudert und klammerte sich an Corsars Mähne fest. Nur nicht herunterfallen! Ohne ihre Führung entfernte sich der sonst so phlegmatische Braune mit riesigen Sprüngen von der vermeintlichen Gefahrenquelle. Die Pferde hinter ihm taten es ihm nach. Die Stute Skarlett schoss an Corsar vorbei und das Pony Bobby legte auch noch ein paar Buckler hin.

»Nicht nach vorn fallen! Tief reinsetzen, Mädchen! Und

nicht die Zügel wegschmeißen! Himmelsakrament noch mal, wofür predige ich euch das eigentlich dauernd!« Reitlehrer Holthoff brüllte auf seine Schülerinnen ein, erzielte damit aber keinen Erfolg. Bobby tänzelte, seiner Reiterin inzwischen ledig, vergnügt durch die Reitbahn. Skarlett trat nach ihm aus, woraufhin ihre Reiterin Karin hysterisch zu schreien anfing, und Corsar trabte mit lebhaft aufgestellten Ohren und ungewohntem Schwung in der Runde. Immerhin hatte sich Julia inzwischen vom ersten Schrecken erholt und versuchte, zu einem halbwegs sicheren Sitz zurückzufinden. An sich fand sie es gar nicht so schlecht, dass ihr Pferd endlich mal Temperament zeigte. Nachdem sie die Steigbügel wieder gefunden hatte, nahm sie die Zügel an und gab Corsar entschlossen die Hilfe zum Anhalten. Mit einem letzten Schnauben kam er zum Stehen. Auch Skarlett hatte ein Einsehen mit ihrer schluchzenden Reiterin und ging in den Schritt über. Bobby ließ sich von Herrn Holthoff einfangen.

»Ich will hier runter!«, jammerte Karin, aber der Reitlehrer nahm keine Notiz von ihr, sondern setzte sofort zu einem Vortrag an. Worte wie »aufpassen«, »unberechenbar«, »Knieschluss«, »Zügelkontakt« wogten an den Schülerinnen vorüber. Julia nickte schuldbewusst. Natürlich hätte sie nicht träumen dürfen, und selbstverständlich wäre Corsar nicht durchgegangen, wenn …

… sich die Tür nicht so plötzlich geöffnet hätte! Julia linste zum Ausgang und erkannte ihre Klassenkameradin Petra. Das große blonde Mädchen stand grinsend an der Bande und betrachtete das Durcheinander, das es mit dem Aufschieben des Tores ausgelöst hatte. Sehr lange würde sie ihre Schadenfreude allerdings nicht mehr genießen können, denn jetzt traf sie der strenge Blick von Herrn Holthoff.

»Ich wollte nur gucken, ob die Halle frei ist«, versuchte Petra, sich zu entschuldigen, aber da polterte der Reitlehrer auch schon los.

»Ob die Halle frei ist? Zwischen drei und vier? Was hast du denn gedacht, wo ich meinen Unterricht abhalte, im Reiterstübchen? Verschwinde bloß, bevor ich mich vollends vergesse!« Mit Herrn Holthoff war heute nicht mehr zu spaßen und so riss Petra blitzschnell das Tor auf und schlüpfte nach draußen. Corsar nahm das Quietschen zum Anlass für einen erneuten Seitensprung, aber nun war Julia darauf gefasst und brachte ihn schnell wieder unter Kontrolle. Auch Bobbys Reiterin stieg wieder auf und Karin beruhigte sich. Der Rest der Reitstunde verlief wie gewohnt.

»Bei dem Wetter macht es keinen Spaß in der Halle. Da müsste man ausreiten«, sagte Julia zu Karin, als die Mädchen ihre Pferde in den Stall führten.

»Ausreiten?«, mischte Petra sich ein. »Du kannst den Corsar doch schon in der Halle nicht halten!«

Petra stand in der Stallgasse und putzte ihr Pferd. Im Reitstall pflegte sie Julia stets sehr von oben herab zu behandeln. Schließlich ritt Julia hier nur Schulpferde, während Petra ein Privatpferd zur Verfügung stand. Dabei gehörte die elegante Fuchsstute Finessa ihr gar nicht wirklich. Sie war das Pferd ihrer Tante und Petra durfte sie nur ein- oder zweimal in der Woche reiten.

Julia versuchte, Petras Worte zu ignorieren, aber sie ärgerte sich doch. Warum musste Corsar auch ausgerechnet in Petras Beisein seine wilden fünf Minuten kriegen?

»Corsar hätte nie gescheut, wenn du nicht die Tür aufgemacht hättest«, nahm Karin ihre Mitreiterin in Schutz. »Du hattest überhaupt keinen Grund, plötzlich in die Halle zu stürzen.«

»Ach, jetzt soll ich auch noch schuld sein! Ein guter Reiter muss sein Pferd jederzeit in der Hand haben, ob die Tür quietscht oder nicht. Merkt euch das!« Petra verschwand in der Sattelkammer.

»Ja, Mutti!« Die Mädchen kicherten.

»Sie benimmt sich, als hätte sie das Reiten erfunden«, sagte Karin.

»Du solltest sie mal in der Schule erleben. Wenn das Thema auf Pferde kommt, zieht sie alle Register. Dabei ist sie gar nicht so toll. Wenn sie Finessa nicht hätte, sähe sie auch nicht besser aus als wir!« Julia genoss es, über Petra herzuziehen.

»Gehst du mit, ’ne Cola trinken?«, fragte Karin, als die Mädchen die Pferde abgesattelt und getränkt hatten.

»Nein, danke. Ich seh noch ein bisschen beim Reiten zu. Die Privatpferdeleute sind alle auf dem Außenplatz.« Julia hatte keine Lust, sich jetzt schon ins Reiterstübchen zurückzuziehen. Das Wetter war immer noch herrlich und der Reitplatz mit seiner weißen Umzäunung und den bunten Hindernissen zog sie unwiderstehlich an. Wenn sie nur ein eigenes Pferd hätte …

Julia sah sich mit einem hinreißenden weißen Pony über das Billard galoppieren und lässig auf einen Oxer zureiten. Sie gab ihrem Pferd die Zügel frei und stellte sich in die Bügel … ein leichtes Schnalzen, und sie flogen über das Hindernis … Das Pony …

»Pass doch auf! Beinahe wärst du in mein Pferd reingerannt!«

Das war nicht ganz zutreffend. Tatsächlich war es eher die tänzelnde Finessa, die Julias Weg gekreuzt hatte. Petra versuchte soeben aufzusteigen, aber Finessa dauerte das zu lange. Sie ging seitwärts, schnaubte und machte Anstalten zu steigen, als Petra ungeduldig am Zügel zog.

»Soll ich sie festhalten?«, bot Julia sich an.

»Unsinn!« Mit einer letzten Anstrengung schwang sich Petra in den Sattel. Finessa machte einen Hupfer, aber Petra saß fest. Sie lenkte die Stute in Richtung Reitplatz und wartete, bis Julia ihr das Tor aufhielt. Als Reiterin eines Privatpferdes nahm sie solche kleinen Dienstleistungen der Schulpferdereiter ganz selbstverständlich hin.

Auf dem Außenplatz waren noch zwei weitere Reiter: eine junge Frau mit einem Schimmel und ein Mann auf einem sehr nervösen Braunen. Alle versuchten, ihre Pferde an den Zügel zu reiten, aber die Pferde zeigten wenig Lust dazu. Das schöne Wetter wirkte ausgesprochen anregend auf sie, und sie wären wohl lieber frei auf der Weide herumgesprungen, statt sich brav dem Reiter unterzuordnen. Finessa machte da keine Ausnahme. Ungezogen schlug sie mit dem Schweif und nutzte jede Gelegenheit zum Scheuen. Ein Hindernis, ein Baum, schließlich sogar der Anblick der zuschauenden Julia reichten als Grund für einen Seitensprung.

»Du machst sie nervös, wenn du da rumstehst!« Petras Zorn auf ihr Pferd entlud sich über Julia.

»Aber ein guter Reiter hat sein Pferd doch immer unter Kontrolle«, gab Julia mit sanftem Lächeln zurück. Petra enthielt sich einer Antwort.

»Das ist der Frühling, der fährt den Pferden in die Knochen«, lachte die Frau auf dem Schimmel. »Da wollen sie den Winter rausbuckeln!«

Die hatte gut reden! Ihr Schimmel war sehr viel friedlicher als Finessa und der Braune.

»Am besten lässt man sie vorm Reiten auf die Weide. Dann ist die erste Luft raus, wenn man aufsteigt!«

Petra hatte Finessa inzwischen angetrabt, aber die Stute wurde nicht ruhiger. Selbst die noch unerfahrene Julia sah, dass ihre Klassenkameradin ein Pulverfass unter sich hatte. Immerhin saß Petra Finessas Hupfer gekonnt aus. Von dem Mann auf dem Braunen konnte man das nicht sagen. Er geriet jedes Mal stark in Raumnot, wenn sein Pferd scheute. Trotzdem wollte er jetzt springen.

»Komm mal rein, Mädchen, und mach mir das Hindernis höher!«, rief er Julia zu, die sofort gehorchte. Sie half gern beim Aufbauen von Sprüngen, aber heute fiel es ihr schwer, die eingerostete Stangenhalterung am Hindernisständer zu bewegen. Zunächst schien es gar nicht zu klappen, aber dann löste sich der Metallbügel mit einem gewaltigen Ruck. Er brachte den Hindernisständer ins Schwanken und ließ Julia fast hintenüberfallen.

Unglücklicherweise trabte in ebendiesem Moment Finessa vorbei. Bisher hatte Petra die nervöse Stute noch kontrollieren können, aber der Anblick des wackelnden Hindernisständers gab Finessa den Rest. Sie warf den Kopf hoch, entzog sich dem Zügel und galoppierte davon, wobei sie gleich nach den ersten zwei Sprüngen vor einem Hindernis landete. Ein neuer Grund zum Scheuen! Finessa warf sich auf der Hinterhand herum und brachte Petra dabei aus dem Sattel. Und dann buckelte die Füchsin sich den Winter aus den Knochen, was das Zeug hielt! Fasziniert beobachtete Julia die Sprünge der sonst so disziplinierten Stute, während Petra sich schimpfend aufrappelte.

Schließlich blieb Finessa zufrieden schnaubend in einer Ecke stehen und machte sich auf die Suche nach den ersten Grashälmchen.

»Blödes Pferd!«, murmelte Petra und hinkte los, um sie einzufangen. Aber Julia war schneller. Freundlich sprach sie Finessa an, näherte sich ihr ruhig und griff nach den Zügeln.

»Ich bin wenigstens nicht runtergefallen«, sagte sie grinsend, als sie Petra die Stute zurückgab.

Julia wünscht sich ein Pony

Wie immer, wenn Julia vom Reiten kam, fuhr sie bei ihrer Klassenkameradin Gabi vorbei und warf einen Blick auf Stormy. Stormy war das hübscheste Pony, das Julia je gesehen hatte: ein zierlicher kohlrabenschwarzer Hengst mit dicker, verwegen flatternder Mähne, temperamentsprühenden Augen und einer weißen Flocke auf der Stirn. Gabi hatte ihn im letzten Jahr zum Geburtstag bekommen. Ein Pony, einfach so, als Überraschung! Dabei hatte

Gabi sich vorher gar nicht so sehr für Pferde interessiert. Jedenfalls hatte sie keine Reitstunden genommen.

Julia war vor Neid fast geplatzt, besonders als sie Stormy dann zum ersten Mal sah. Das Pony bewohnte einen Schuppen und eine kleine Weide auf dem Grundstück von Gabis Eltern, und Gabis Opa half, es zu versorgen. Es musste herrlich sein, sein Pony so nah am Haus zu haben und reiten zu können, wann man wollte!

Gabi war im Garten neben der Weide und betrachtete fasziniert ein paar Krokusse und frisch gesprossene Tulpen.

»Selbst gepflanzt«, erläuterte sie Julia, die neugierig über den Zaun spähte. »Es gibt ein rundes Beet: innen blau und gelb und außenrum rote Tulpen.«

»Schön«, sagte Julia ohne größere Begeisterung. Sie fand Blumen ja recht hübsch, konnte Gartenarbeit jedoch nur wenig abgewinnen. Und wenn sie die Wahl zwischen Reiten und Blumenpflanzen gehabt hätte wie Gabi …

»Bist du ausgeritten?«, fragte sie. »Ich wäre so gern rausgegangen bei dem Wetter, aber wir müssen ja immer in der Halle reiten.«

»Ach, heut nicht …«, wehrte Gabi ab. »Stormy macht sich immer so dreckig, bis ich den geputzt hab, ist der halbe Nachmittag um. Vielleicht morgen …«

Julia wunderte sich. Pferde putzen machte doch Spaß! Sie mochte Gabi aber auch nicht widersprechen.

»Wenn es vor eurem Stall nicht so matschig wäre, sähe er sicher besser aus«, überlegte sie stattdessen. »Dabei war's letztes Jahr eine so schöne Wiese!«

»Der Stormy zertrampelt ja alles.«

Die Mädchen lehnten jetzt am Koppelzaun, und Stormy, der Abwechslung liebte, trabte sofort auf sie zu. Genüsslich ließ er sich von Julia die Stirn kraulen. »Das hat er gern, nicht?«

»Ja, ja, wenn's nach dem ginge, würde man dauernd mit ihm rummachen, und wenn er genug hat, kneift er einen.« Gabi hielt auffallend viel Abstand zu ihrem Pony. »Sag mal, hast du schon Mathe gemacht?«

Julia schüttelte den Kopf. »Nö, mach ich gleich. Ist sowieso nicht schwer. Wie reitet er sich eigentlich? Ist er schnell?«

»Wer? Stormy? Na ja, mal so, mal so…« Gabi erzählte nie viel über ihre Ausritte mit Stormy. Wahrscheinlich wollte sie nicht angeben. »Findest du Mathe echt nicht schwer? Ich hab's eben versucht, aber ich blick da nicht durch. Überhaupt, so 'n Quatsch, wenn ich 'ne Torte auf drei Leute verteilen soll, nehm ich 'n Messer und schneid sie durch. Da brauch ich keine Bruchrechnung. Und auf drei viertel Leute verteil ich sowieso nie was.«

»Da darfst du einfach nicht so viel drüber nachdenken«, sagte Julia ohne größeres Interesse. »Du nimmst die Dinger mit ihrem Kehrwert mal und das war's dann. Wenn man sich fragt, wozu das gut ist, kommt man nur durcheinander. Guck mal, jetzt will er mich zurückkraulen! Nein, ist der goldig!« Für Julia war Stormy weitaus fesselnder als alle Bruchrechnungen der Welt.

»Wenn ich erst mal wüsste, was ein Kehrwert ist«, seufzte Gabi. »Kann ich die Sachen morgen bei dir abschreiben?«

Erst jetzt erkannte Julia die Dringlichkeit in Gabis

Stimme. Im Gegensatz zu ihr war Gabi keine gute Schülerin. Tatsächlich balancierte sie immer am Rand der Versetzungsgefahr. Bestimmt kein angenehmes Gefühl.

»Wir können's ja eben zusammen machen«, sagte Julia großzügig, wenn auch nicht ganz ohne Hintergedanken. Vielleicht würde Gabi sie ja mal auf Stormy reiten lassen, wenn sie ihr einen Gefallen tat!

Leider machte Gabi keine Anstalten dazu.

Als Julia schließlich nach Hause fuhr, hatte Gabi sich dreimal für die Hilfe bei den Hausaufgaben bedankt, aber das Wort »Stormy« war nicht gefallen. Julia seufzte. Wie gern hätte sie all ihre guten Noten und ihr Wissen über Bruchrechnung gegen ein Pony wie Stormy eingetauscht!

»Warum kriege ich nicht endlich ein Pony?« Julia beschloss, es noch einmal mit einem Sturmangriff auf das Arbeitszimmer ihrer Mutter zu versuchen.

Nicht schon wieder! Seufzend blickte Annette Wiegand von der Tastatur ihres Schreibcomputers auf. Immerhin, sie war vorbereitet.

»Aus drei Gründen. Erstens... wir haben keinen Platz, zweitens: Wir haben kein Geld. Und drittens... von mir kriegt keiner ein Auto, solange er keinen Führerschein hat...«

»Wirklich, Mutti, was du immer hast. Für ein Pferd braucht man doch keinen Führerschein! Und ein Auto will ich ja gar nicht.« Julia warf sich auf den flauschigen Teppich vor dem Computertisch und machte ihrer Mutter damit ihre Absicht deutlich, die Sache auszudiskutieren.

Resigniert drückte Frau Wiegand die Speichertaste und wandte sich vom Bildschirm ab.

»Schau, Juli, du bist doch ein vernünftiges Mädchen. Selbst angenommen, wir brächten das Geld für ein Pony auf…«

Julia wollte etwas einwerfen, aber ihre Mutter brachte sie mit einer Handbewegung zum Schweigen.

»Ja, ja, ich weiß schon, Ponys sind gar nicht so teuer, Gabis Eltern haben für ihres letztes Jahr nur vierhundert Mark bezahlt. – Da wird auch ein Haken dran sein, wenn du mich fragst, aber das nur nebenbei… – Also, selbst wenn wir so ein Pferd kaufen könnten, das Pony muss doch auch jeden Tag fressen. Es wird mal krank, muss geimpft werden – du weißt doch, was das allein für die Katze kostet. Und wie gesagt, selbst wenn wir das Geld dafür hätten, bliebe immer noch das Problem, dass ich keine Ahnung von Ponys habe und du auch nicht.«

»Aber ich kann reiten! Und putzen… und…«

»Wirklich? In dem halben Jahr Reitstunden hast du so viel gelernt, dass du ganz allein mit einem Pony zurechtkämst? Soweit ich weiß, hast du bisher noch nicht mal an Ausritten teilgenommen. Von Turnieren, Reitabzeichen oder sonst was gar nicht zu reden. Gib dir keine Mühe, Juli, ich habe mit Margot gesprochen, als ich neulich in Hannover war. Sie sagt, dass Reiten ein schwerer Sport ist. Es dauert Jahre, bis man's einigermaßen kann. Und ein Pferd in eigener Regie halten, das ist eine Wissenschaft für sich!«

»Wir könnten es in den Reitstall stellen«, murmelte Julia.

»Und wer bezahlt das? Die Pension im Reitstall kostet 350 Mark im Monat.«

Geschlagen ließ Julia den Kopf hängen.

Frau Wiegand wollte sich wieder ihrer Arbeit zuwenden, aber die traurige Miene ihrer Tochter ließ sie zögern.

»Schau, Julia, ich sehe ja ein, dass du keine Lust hast, immer in der Halle zu reiten. Margot sagt auch, dass der übliche Unterricht in den Reitvereinen oft langweilig ist und dass man zu langsam vorwärts kommt. Es ist schade, dass sie so weit weg wohnt, sonst könntest du bei ihr reiten. Aber so wie es aussieht, ist die Reitschule vorerst deine einzige Möglichkeit. Es sei denn, du findest selbst etwas anderes. Hier muss es doch auch Leute wie Margot geben, die sich als Hobby ein paar Pferde halten. Vielleicht lässt dich da jemand ein bisschen mithelfen und mitreiten. Guck dich doch mal um!«

Julia nickte, aber ihre ganze Haltung drückte tiefste Hoffnungslosigkeit aus. Immerhin wandte sie sich noch einmal um, bevor sie das Zimmer ihrer Mutter verließ.

»Soll ich Spagetti kochen?«

Frau Wiegand lächelte. Wenn Julia wieder ans Essen dachte, war wohl das Schlimmste vorbei.

»Nein, lass mal, ich mach's gleich. Geh du lieber duschen! Aber bevor wir essen, muss ich sowieso noch diesen Text fertig übersetzen. Ihr habt doch jetzt auch Französisch … kennst du zufällig die Vokabel für ›umweltfreundlicher Fixierflüssigkeits-Aufbereitungsapparat‹?«

Vom Rand des Arbeitsblattes aus trabte das graue Pony mit der langen schwarzen Mähne auf die Übungssätze zu, die Julia eben vervollständigt hatte. Sie zeichnete ihm einen schönen geraden Weg dazu und eine grüne Wiese mit Apfelbäumen. Das Pony sah aus, als ob es »Smokey« hieße. Julia setzte den Namen in Schönschrift unter die Zeichnung. Sie war wirklich gut gelungen…

»Ein Satz im Futur I… Julia!« Die Englischlehrerin Frau Merkel bemerkte Julias verklärtes Lächeln und beschloss, sie aus ihren Träumen zu holen.

Julia sah auf. »I will become a pony«, murmelte sie.

»Unwahrscheinlich, Julia, sehr unwahrscheinlich!« Frau Merkel lachte. »Auch wenn du bereits einen Pferdeschwanz trägst, glaube ich nicht, dass du dich in absehbarer Zeit in ein Pony verwandeln wirst! Merk dir endlich den Unterschied zwischen ›become‹ – ›werden‹ und ›get‹ – ›bekommen‹! Außerdem heißt es: ›I shall!‹«

Julia wurde rot.

»I shall get a pony«, verbesserte sie sich rasch, aber Frau Merkel hätte jetzt sowieso von ihr abgelassen, denn soeben wurde die Tür aufgerissen. Susanne, Julias beste Freundin, stürzte herein.

»Bitte entschuldigen Sie, ich, ich hab den Bus verpasst!« Noch ganz außer Atem, plumpste Susanne neben Julia.

»Die total tollen Neuigkeiten«, raunte sie ihr zu. »Ich…«

»Jetzt reicht's aber, Susanne!«, tadelte Frau Merkel. »Schlimm genug, dass du zu spät kommst – und das gleich zwanzig Minuten! Nun lenk mir nicht noch die anderen vom Unterricht ab! Du kannst Julia deine weltbewegenden Neuigkeiten auch noch in der Pause erzählen!«

Zerknirscht holte Susanne ihre Sachen raus und die

Mädchen heuchelten einige Minuten lang gespannte Aufmerksamkeit. Dann aber hielt Susanne es nicht mehr aus.

»Ich hab ein Pflegepferd!!!«, kritzelte sie auf den Rand ihres Arbeitsblattes und schob es zu Julia hinüber.

Das Schreiben zeigte die gewünschte Wirkung. Julia zog ihre letzte Konzentration vom Unterricht ab. Susanne? Ein Pflegepferd? Susanne hatte nicht einmal Reitstunden, sondern ging nur gelegentlich zum Ponyreiten auf einen Hof in ihrer Gegend. Wie hatte sie das bloß gemacht?

Die Englischstunde verging quälend langsam, aber endlich klingelte es doch. Frau Merkel verließ den Klassenraum.

»Ein Pflegepferd? Was für eins? Wo? Wie bist du drangekommen?« Julia stotterte fast vor Aufregung.

»Bei Schecker, bei uns fast gegenüber, na ja, drei Straßen weiter. Es kam ganz überraschend, also ... ich glaub, ich muss das mal von vorne erzählen ...« Susanne sonnte sich in ihrer Wichtigkeit, denn bei der Erwähnung des Wortes »Pflegepferd« hatten sich neben Julia noch drei weitere Zuhörerinnen eingefunden. »Also der Schecker, das ist so ein alter Mann bei uns in der Gegend, der ist total pferdeverrückt. Er hat einen Stall in der Jähnstraße und dadrin sechs Ponys ...«

»Sechs Ponys?«, fragte Julia. »Was macht er denn damit?«

»Nichts. Nur so haben. Der mag eben Ponys. Na ja, er vermietet sie auch, also, man kann da Pony reiten. Sonst könnte er sich das auch nicht leisten, kostet ja viel Geld und er hat nur 'ne kleine Rente. Auf jeden Fall dürfen die Kinder aus der Nachbarschaft bei den Ponys helfen, sie füttern und putzen und rumführen. Und jedes Pony hat ein Pflegemädchen. Das ist besonders dafür verantwortlich. Man kümmert sich um sein Pony und dafür darf man es reiten.«

»Immer? Wann man will?« Julia fand, dass sich das Ganze paradiesisch anhörte.

»Na ja, nicht immer. Aber oft. Zum Beispiel, wenn man es auf die Wiese bringt. Deshalb bin ich heut Morgen zu spät gekommen. Ich hab mich mit der Zeit verschätzt. Aber es hat sich gelohnt!«

»Also, alle Kinder dürfen helfen, aber nur sechs haben Pflegepferde«, fasste Petra Susannes Erzählung zusammen. »Und wieso kommt dieser Schecker dann gerade auf dich? Du hast doch noch nie was mit Pferden zu tun gehabt.«

»Das macht es ja gerade so aufregend! Es war einfach Glück! Ich war zur richtigen Zeit am richtigen Ort. Wisst ihr, ich war in den letzten Wochen ein paarmal da… einoder zweimal reiten – bei Schecker kostet die Stunde nur sechs Mark! – und dann auch mal Ponys versorgen. Und gestern hab ich gehört, dass man morgens helfen kann, die Pferde auf die Weide zu reiten. Also bin ich heute Morgen früher aufgestanden und vor der Schule zu Schecker gegangen. Die verteilten da gerade die Pferde und Schecker war total sauer auf die Claudia, das Pflegemädchen von der Vivi. Claudia wäre jetzt schon zweimal morgens nicht gekommen und so ginge das ja nicht, und man muss eben was tun, wenn man ein Pflegepferd haben will… der war am Schimpfen, da wurde einem angst und bange! Also meinte die Carolyn – die ist da so was wie die Chefin, wenn's um die Pflegepferde geht –, sie wird dann eben ein anderes Pflegemädchen für die Vivi finden. Aber Schecker war jetzt auch sauer auf Carolyn – warum, weiß ich nicht – und meinte, das könne er wohl noch ganz gut alleine, ein Pflegemädchen aussuchen. Na ja, und dann hat er mich gefragt! Mich! Und jetzt hab ich die Vivi!«

Julia war hin und her gerissen zwischen Neid und Begeisterung. Einerseits gönnte sie ihrer Freundin den Erfolg, aber andererseits empfand sie das Ganze als ungerecht. Sie strampelte sich ab, mit Reitstunden und Schulaufgabenhilfe für Gabi, und Susanne spazierte nur einmal um die Ecke und hatte auch schon ein Pflegepferd!

»Ich hab die Vivi dann gleich auf die Weide geritten. Die ist so süß, das kannst du dir gar nicht vorstellen! Ganz schwarz und knuddelig. Und so lieb … wirklich …«

Das Eintreten von Deutschlehrer Wiemann stoppte Susannes Redefluss. Es gelang ihm aber nicht, die Aufmerksamkeit der Mädchen auf seinen Unterrichtsstoff zu lenken. Insbesondere Julia dachte fieberhaft nach. Susanne war ihre Freundin. Ob die sie einmal in Scheckers Pferdeparadies mitnehmen würde? Vielleicht könnte sie sich ja nützlich machen. Sie linste zu Susanne hinüber, die gerade ein dickes schwarzes Shetlandpony auf den Rand ihres Lesebuches zeichnete und »Vivi« darunter schrieb.

»Kann ich heute Nachmittag mit zu Schecker?«, fragte sie leise, während Wiemann Arbeitsblätter verteilte.

»Klar!« Susanne nickte. »Vielleicht kriegst du ja auch mal ein Pflegepferd!«

»Ich komme gleich!« Susannes Stimme klang aus der Gegensprechanlage. Julia nutzte die Zeit, die Susanne für die sechs Stockwerke brauchte, zum Atemholen. Sie war die drei Kilometer hinaus in die Waldstadt in Rekordgeschwindigkeit geradelt.

»Waldstadt« – wer mochte die Hochhaussiedlung, in der Susanne wohnte, wohl so genannt haben? Nach Julias Empfindungen gab es hier weit und breit nichts, was an Wald erinnerte. Selbst die paar verkrüppelten Bäumchen bei den Parkplätzen schienen sich unwohl zu fühlen. Na ja, vor 15 Jahren, als die Siedlung hier aus dem Boden gestampft worden war, hatte es vielleicht noch Wald gegeben. Ein oder zwei Kilometer weiter begann heute noch das »Naherholungsgebiet Rauforst«, auch »Stadtwald« genannt. In dem sollte es sogar Reitwege geben …

Susanne riss die Tür auf.

»Bist du mit dem Fahrrad da? Du kannst es hier lassen, wir gehen zu Fuß.«

Die Mädchen brachten Julias Rad in den Hausflur und machten sich auf den Weg. Susanne führte ihre Freundin auf engen Plattenwegen zwischen den Hochhäusern durch, vorbei an ein paar verwahrlosten Rasenstücken und einer Schrebergartenanlage.

»Dahinten!«, sagte sie dann.

Tatsächlich. Auf einer Grasfläche zwischen der Umgehungsstraße und der Rückseite der Schrebergartensiedlung grasten Ponys. Auch niedrige Stallgebäude und Ausläufe waren zu sehen. Das Ganze hatte allerdings nur wenig gemein mit dem freundlichen, gepflegten Ponyhof, den Julia sich bei Susannes Schilderungen vorgestellt hatte. Eher machte es den Eindruck eines Abenteuerspielplatzes. So sahen zum Beispiel die Zäune ganz anders aus als die hübschen weißen Koppelzäune in Julias Pferdebüchern. Scheckers Einfriedungen boten ein wildes Durcheinander von Dachlatten, Paletten, Spanplatten und Draht. Auch die Ställe wirkten gestückelt. Es waren verwegene Holz- und Wellblechkonstruktionen… offenbar verbaute man hier jedes Material, dessen man habhaft werden konnte.

Das alles vergaß Julia jedoch sofort, als sie die Ponys sah. Die sechs Pferdchen – zwei Braune, ein Rappe, ein Schimmel, ein Schecke und ein Fuchs – wirkten wohlgenährt und schienen sich um die triste Atmosphäre nicht zu kümmern. Als Susanne mit einer Plastiktüte knisterte, kamen alle an den Zaun und bettelten um Brot.

»Nazir, Pandur, Teddy, Bella, Max und Vivi«, stellte Susanne vor. Julia war entzückt. Besonders Nazir, ein graziler Brauner mit edlen Araberzügen, gefiel ihr. Auch was Vivi anging, hatte Susanne nicht zu viel versprochen. Sie war ausnehmend niedlich mit ihrem Ponykopf und der langen Mähne, die fast bis auf den Boden reichte. Allerdings war sie sehr klein, kaum einen Meter zehn Stockmaß. Ein Reitpferd für Susanne oder gar für sich selbst hatte Julia sich doch etwas größer vorgestellt.

»Komm, gehen wir rein und holen ein Halfter. Dann putzen wir sie.«

Susanne führte Julia durch ein windschiefes Tor auf den Hof vor den Ställen, wo bereits einige Kinder darauf warteten, die Ponys putzen zu dürfen. Allerdings trauten sie sich nicht in die Sattelkammer, denn daheraus drangen ärgerliche Stimmen.

»Das ist überhaupt nicht wahr, dass ich Vivi vernachlässigt habe! Ich habe dir vorher gesagt, dass ich nicht komme!« Ein zierliches, dunkelhaariges Mädchen, in dem Julia sofort die Claudia aus Susannes Erzählung vermutete, stand, bebend vor Zorn, einer untersetzten Blonden gegenüber. »Ich habe dir gesagt, dass ich morgens nie kommen kann, wenn ich um acht Uhr Schule habe! Ich bin nun mal in der Waldorfschule und der Bus fährt um fünf nach sieben los! Kannst du mir mal sagen, wie ich da um Viertel nach sieben helfen soll, die Ponys wegzubringen? Und nachmittags ...«

»Wie oft soll ich dir noch sagen, dass ich damit nichts zu tun habe!«, brüllte die andere, offenbar ein älteres Mädchen, zurück. »Das war allein Herrn Scheckers Entscheidung! Von mir aus hättste die Vivi gern behalten können. Ich weiß sowieso nicht, was der Krach heute Morgen sollte, waren doch genug Leute da, um die Ponys wegzubringen. Aber du weißt, dass er manchmal schlechte Laune hat ... ich glaub, das hängt mit seinem Rheuma zusammen. Dann will er sich über irgendwen oder irgendwas aufregen.«

»Und du hast es wohl kaum für nötig befunden, ihn zu besänftigen!«, schnaubte Claudia. »Warst wohl froh, dass es sich nicht über dir entlud. Eine schöne Freundin bist du!« Claudias Stimme wurde leiser, und Julia meinte, ein Schluchzen zu vernehmen. »Wem hat er Vivi denn jetzt gegeben?«

»So ’ner Neuen, Susanne Sowieso. Ich glaub nicht, dass die lange bleibt. Vielleicht kannst du die Vivi dann ja wiederkriegen. Oder den Max. Die Tina spricht ja dauernd davon, dass sie ein eigenes Pony kriegt.«

»Ja, ja, wenn Weihnachten und Ostern auf einen Tag fallen! Und überhaupt will ich auch gar nicht mehr! Hergeben, wegnehmen, wiederkriegen. Ihr könnt mich doch alle mal!« Claudia drehte sich auf dem Absatz um und stürmte hinaus.

Julia hatte das Gefühl, als ob Susanne neben ihr aufatmete. Klar, die hatte um ihr Pflegepferd gefürchtet. Aber jetzt war ja wohl alles entschieden. Trotzdem, ein bisschen tat Claudia ihr Leid. Die Entschuldigung für ihr Ausbleiben hatte schließlich logisch geklungen ... na ja, Julia ging das nichts an. Vielleicht hatte Claudia sich mit der Pflege des Ponys ja doch übernommen. Pech für Claudia, Glück für Susi. Julia schüttelte das ungute Gefühl ab und folgte ihrer Freundin in die Sattelkammer. Von innen wirkte der Raum genauso gestückelt wie von außen, aber nicht ganz so verwahrlost. An den Wänden hingen Zäumungen und Sättel und dazwischen hatten die Pferdemädchen Zeichnungen, Linolschnitte und Kartoffeldrucke angebracht. Ein Foto zeigte einen alten Herrn, vermutlich Herrn Schecker, auf einem Wagen hinter dem Schimmelpony Max.

Susanne ging auf das blonde Mädchen zu, das eben mit Claudia gestritten hatte.

»Carolyn, ich wollte Vivi jetzt putzen«, sagte sie schüchtern. »Das ist meine Freundin Julia. Sie möchte auch gern bei den Ponys helfen.«

Carolyn warf Julia einen abschätzenden Blick zu.

»Schon mal mit Pferden zu tun gehabt?« Das Mädchen war tatsächlich älter als die anderen hier. Sie mochte mindestens vierzehn, vielleicht sogar schon fünfzehn oder sechzehn Jahre alt sein.

»Ich kann reiten!«, antwortete Julia.

»Das stimmt«, pflichtete Susanne ihr bei. »Sie geht in den Reitstall. Schon ganz lange.«

Carolyn nickte.

»Sie kann Nazir für mich fertig machen!«, sagte sie und wandte sich ab. »Aber seht zu, dass ihr bis halb vier so weit seid, ich habe Reitanmeldungen!«

Die beiden Mädchen nahmen sich die Halfter von Nazir und Vivi und liefen hinaus.

»Ganz schön eingebildet«, murmelte Julia, als sie die Weide betraten.

»Das kann ich dir flüstern! Aber sie hat hier voll das Sagen. Nazir ist ihr Pflegepferd, das schönste Pony von allen. Aber meistens lässt sie ihn von anderen putzen und fertig machen und reitet dann nur. Sie gibt auch Unterricht.«

Susanne streifte Vivi das Halfter über.

Nazir machte es Julia nicht so leicht. Er drehte ihr die Hinterfront zu und machte Anstalten fortzulaufen. Julia folgte ihm, um es noch einmal zu versuchen, aber das Spiel schien ihm Spaß zu machen. Immer wenn sie sich ihm näherte, trabte er ein Stück weg und sah sich triumphierend nach ihr um. Nach der dritten Runde um die Wiese sah Julia, dass Carolyn grinsend am Zaun stand und ihr zusah. Es musste einen Trick geben! Alle anderen Kinder hatten ihre Ponys inzwischen gefangen und warteten am Ausgang. Julias Gehirn arbeitete fieberhaft. Was stand in den vielen Ponybüchern nur immer über dieses Thema? Schließlich fiel es ihr ein.

»Geht schon mal vor!«, rief sie Susanne und den anderen Kindern zu, die daraufhin das Tor zum Hof öffneten und ihre Ponys hinausführten. Auch Julia ging zum Tor – und kam gerade richtig, um Nazir abzufangen. Der hatte sich nämlich blitzschnell in Richtung Ausgang in Bewegung gesetzt, nachdem das letzte Pony draußen war. Allein bleiben wollte er schließlich auch nicht!

Julia gab ihm ein Stück Brot und legte ihm das Halfter an. Dann brachte sie ihn auf den Hof.

»Das hast du gut gemacht!«, sagte eine Stimme hinter ihr. Herr Schecker, der Besitzer der Ponys, musste die Szene beobachtet haben und wandte sich jetzt an Carolyn. »Viel Pferdeverstand, die Kleine, viel Pferdeverstand…«

Carolyn nickte missmutig. In der hatte Julia sich keine Freundin geschaffen!

Während Julia am Abend nach Hause radelte, dachte sie darüber nach, wie viel von den Geschehnissen des Nachmittags sie ihrer Mutter erzählen sollte und was sie besser für sich behielt. Bestimmt freute Annette sich mit ihr über das Lob von Herrn Schecker. Aber die Zustände in dem neuen Reitstall – von den verwahrlosten Ställen über das Regiment der hinterhältigen Carolyn bis hin zur Lage der Reitwiese direkt neben der stark befahrenen Umgehungsstraße –, das alles würde kaum ihren Beifall finden. Julia wusste ja selbst nicht so recht, ob es ihr gefiel… der Hof ganz bestimmt nicht und auch nicht der eintönige Job auf der Reitwiese. Es machte keinen Spaß, die Kinder der Nachbarschaft stundenlang auf den Ponys herumzuführen. Aber andererseits, Herr Schecker war nett zu ihr gewesen, und auch ein paar der anderen Mädchen… und dann die Ponys! Vivi war so süß und Max war umwerfend komisch, wenn er Reiter, die es ohne Führerin versuchen wollten, unsanft zurück auf den Boden katapultierte! Na ja, und Nazir war überhaupt das Höchste. Wie leicht er sich bewegte und wie folgsam er war, wenn man ihn erst einmal eingefangen hatte. Sie hatte ihn ganz allein putzen und satteln dürfen… und auch ein paarmal herumführen auf der Ponywiese. Freilich, hingeritten hatte ihn Carolyn. Schließlich war er ja ihr Pflegepferd. Aber morgen konnte sie vielleicht ihr Taschengeld mitnehmen und ihn für eine halbe Stunde mieten. Schecker ließ sie gewiss allein reiten.

Julia beschloss, dass der Nachmittag ihr gefallen hatte. Sie würde Annette erzählen, wie fabelhaft es bei den Ponys sei und dass sie versuchen würde, es bei Schecker zu einem Pflegepferd zu bringen!

Dieser Entschluss, das merkte Julia in den nächsten Wochen, war leichter gefasst als in die Tat umgesetzt. Wer auf Scheckers Ponyhof ein Pflegepferd haben wollte, der musste sich sehen lassen, möglichst jeden Tag und stundenlang, bei schönem und bei schlechtem Wetter. Regelmäßig zum Helfen zu kommen, war schon deshalb ratsam, weil man dann die besten Chancen hatte, zur richtigen Zeit am richtigen Ort zu sein. Die Pflegemädchen der Ponys wechselten nämlich relativ häufig – mal weil die Arbeit mit den Pferden ihnen lästig wurde, mal weil die Eltern einen

Riegel vorschoben und sehr oft weil Carolyn oder Herr Schecker sich über sie geärgert hatten. Dann wurde immer sofort ein neues Pflegemädchen ernannt, und zwar eines, das gerade zur Stelle war. Carolyn und Herr Schecker führten keine Anwesenheits- oder gar Wartelisten. Wer gerade da war und sich als Erste meldete, bekam das Pony zugeteilt. Allenfalls auf Carolyns Entscheidungen konnte man mitunter Einfluss nehmen. Wenn es einem gelang, sie für sich einzunehmen, schob sie einem manchmal ein Pflegepferd zu. Diese Möglichkeit verbot sich allerdings für Julia. Erstens hasste sie es, sich bei jemandem einzuschmeicheln, und zweitens waren Carolyn und sie sich vom ersten Augenblick an so unsympathisch, dass da auch die größten Anstrengungen nichts gebracht hätten. Carolyn machte Julia bei Schecker schlecht, wo sie nur konnte, aber ihr Einfluss auf den alten Mann war zum Glück begrenzt. So verwies er sie auch sofort in ihre Schranken, als sie ihm an Julias zweitem Tag bei den Ponys weismachen wollte, Nazir hätte einen Satteldruck.

»Das neue Mädchen hat ihn schlampig gesattelt«, erklärte sie und wies auf eine kleine Schwellung auf Nazirs Rücken. »So kann er heute nicht mitgehen!«

Schecker fuhr mit geübtem Griff über den Rücken des Pferdes und drückte ein bisschen an der Schwellung herum.

»Satteldruck. Blödsinn! Das ist ein Fliegenstich. Hat nichts zu tun mit dem Sattel. Aber lass ihn heute mal ohne gehen. Die Neue will ihn ’ne halbe Stunde haben.«

»Aber nur auf der Reitwiese, Herr Schecker, nicht? Sie darf doch nur auf der Reitwiese?«

»Wenn sie reiten kann, kann sie auch ausreiten«, sagte Schecker ungeduldig. »Und jetzt komm, es wird spät!«

Voller Herzklopfen ergriff Julia die Zügel des hübschen Nazir. Ausreiten! Und das ganz allein! Das hätte sie in ihren kühnsten Träumen nicht erhofft. Ohne Sattel würde es natürlich ganz schön ungewohnt sein. Aber sie konnte ja reiten!

Kurz entschlossen fasste Julia in Nazirs Mähne, sprang hoch und warf ihren Oberkörper über den Rücken des Ponys. Nazir deutete das als Aufforderung zum Antreten, und so war er schon fast im Trab, als es Julia gelang, ihr rechtes Bein über seinen Rücken zu hieven und sich damit halbwegs als Reiterin zu fühlen. Sie klammerte sich mit den Unterschenkeln an das Pony. Als es daraufhin versuchte, noch schneller zu werden, zog sie an den Zügeln. Nazir tänzelte, ließ sich aber halten.

»Jetzt kann's losgehen«, sagte Julia zu Susanne, die bewundernd zu ihr aufschaute. »Wo kann ich denn hinreiten?«

»Am besten drehst du 'ne Runde um die Schrebergärten. Auf der anderen Seite sind ein paar Felder. Dann kommst du an der Reitwiese wieder raus!«

Julia winkte ihrer Freundin zu und trieb das Pony an. Nazir trabte sofort los, und sie musste höllisch aufpassen, um nicht ins Rutschen zu geraten. Von hinten kam zudem ein Auto. Aber Nazir war zum Glück vollständig straßensicher. Er gehorchte sofort, als Julia ihn in den Schritt zurückholte. Sie hatte die anderen Kinder und Ponys jetzt weit hinter sich gelassen und genoss es, allein zu sein. So musste es sich anfühlen, ein eigenes Pony zu haben. Hinreiten können, wohin man wollte, so schnell man wollte …

Ob sie es mit einem Galopp versuchte? In ihren Büchern stand, dass man auf Asphalt nur Schritt reiten dürfte, aber Carolyn war gestern bis zur Reitwiese galoppiert. Sie konnte ja warten, bis sie den Kiesweg zwischen den Schrebergärten erreichte.

Nazir nahm ihre Galopphilfe sofort an, obwohl sie, streng genommen, nicht sehr korrekt gegeben worden war. Er schoss den Kiesweg entlang und Julia hörte den Ruf eines Gärtners »Hier ist Reiten verboten, Mädchen!« nur von fern an sich vorbeirauschen. Im Galopp war das ungesattelte Pony auch leichter zu sitzen als im Trab. Es war einfach himmlisch, zwischen den gepflegten Gärten entlangzugaloppieren. In Gedanken versetzte Julia sich und ihr Pony in eine der Parkanlagen, durch die die Leute in den Fernsehserien immer ritten. Da grüßten die Gärtner allerdings, statt zu schimpfen …

Nur ungern parierte Julia durch, als sie wieder auf eine Straße stießen. Auch Nazir mochte keinen Schritt gehen. Schließlich trabte er rasch zwischen zwei Autos über die Straße. Einer der Fahrer hupte. Julia fand das frech. Der sah doch, dass sie auf einem Pferd saß!

Auf der anderen Seite ging es gleich im Galopp weiter, zwischen zwei Feldern hindurch. Julia stellte sich vor, durch die Steppe zu galoppieren. Nazir war ein Mongolenpony und sie eine verfolgte Prinzessin. Leider endete der Traum sehr plötzlich an einer weiteren Asphaltstraße. Wenn sie hier links abbog, kam sie zur Reitwiese. Das war auch Nazir bekannt. Er ließ sich jetzt kaum noch halten. Julia versuchte es mit Knieschluss, dem Lieblingsbegriff von Herrn Holthoff. Aber nach den zwanzig Minuten Galopp ohne Sattel fühlten sich ihre Knie bereits an wie Wackelpudding. Verzweifelt zog sie am rechten Zügel. Nazir drehte sich ein paarmal um sich selbst, aber zum Glück kam gerade kein Auto. Vielleicht sollte sie ruckartig ziehen? Tatsächlich wurde Nazir langsamer, nachdem sie zweimal mit Schwung an den Zügeln gerissen hatte. Dahinten war die Reitwiese. Mit aller Kraft hielt Julia ihr Pony zurück, bis es die Hufe aufs Gras setzte. Dann ließ sie es los. Nazir galoppierte nicht an, er explodierte! Julia fühlte sich wie auf einem Rennpferd. In ihrer Fantasie verwandelte sich Nazir in ein Vollblut und Scheckers Reitwiese in die Rennbahn von Ascot. Leider war die Strecke viel zu kurz. Als Nazir die anderen Ponys erreichte, stoppte er abrupt, und Julia wäre fast heruntergefallen.

»Na, war's schön?«, fragte Herr Schecker.

Julia strahlte ihn an.

»Es war traumhaft«, hauchte sie. »Es war einfach traumhaft.«

Viel Spaß und viel Arbeit

»Musst du jetzt eigentlich jeden Tag zu deinen Ponys?«, fragte Frau Wiegand genervt, als Julia wieder einmal zum Fahrradschlüssel griff, nachdem sie ihr Mittagessen hastig hinuntergeschlungen hatte. »Ich hab den Liebesroman endlich vom Tisch und wollte eigentlich mit dir in die Stadt und feiern!«

»Den mit dem Typen, der ständig vor seiner Freundin auf die Knie fällt und sie ›mein kleiner Kohlkopf‹ nennt?«, fragte Julia.

Frau Wiegand lachte.

»Richtig. Aber ich hab's mit ›Liebling‹ übersetzt. In Frankreich mag ›petit chou‹ ja schmeichelhaft klingen, aber hier könnte man's doch falsch verstehen. Also wie ist es, gehen wir zur Feier des Tages einkaufen?«

Seit Frau Wiegand sich von Julias Vater getrennt und ihren Beruf wieder aufgenommen hatte, fand sie selten Zeit, etwas mit ihrer Tochter zu unternehmen. Wenn sie aber einen Nachmittag für sich hatten, genossen Mutter und Tochter das gleichermaßen.

Unschlüssig trat Julia von einem Fuß auf den anderen.

»Nicht heute. Ich kann nicht. Herr Schecker will die Zäune reparieren, solange das Wetter so schön ist, und ich hab versprochen, dass ich helfen komme.«

»Der Mann braucht dich, um seine Zäune zu reparieren? Ist das nicht ein bisschen zu schwer für ein Mädchen von zwölf Jahren?«

»Ach, die anderen helfen ja auch. Bitte, Mutti, ich kann heute nicht wegbleiben. Sonst sagt Carolyn, ich wäre auch so eine, die nur zum Reiten käme!«

Frau Wiegand seufzte.

»Na schön. Dann lad ich dich eben heut Abend zu 'ner Pizza ein!«

Sie sah zu, wie ihre Tochter Brotreste in die Taschen stopfte und anschließend aus der Tür stürmte. Ob sie wohl auch noch an die Hausaufgaben dachte? Frau Wiegand machte sich da keine großen Sorgen. Bisher hatte sich

Julia immer als sehr zuverlässig erwiesen, und die Energie, mit der sie sich in die Beschäftigung mit den Ponys stürzte, sprach ja eigentlich nur für sie. Trotzdem, dieser Schecker schien seine Pferdemädchen ganz schön zu vereinnahmen. Sie beschloss, sich den Ponyhof bei Gelegenheit einmal anzusehen.

Julia setzte ihr ganzes Gewicht ein, um den Stacheldraht richtig zu spannen, aber sosehr sie sich auch anstrengte, mit dem ordentlichen Drahtzaun, der die Schrebergartenanlage umgab, hatte das Ergebnis ihrer Bemühungen wenig gemeinsam. Zudem haute Susanne beim Einschlagen der Krampen dauernd daneben oder brachte sie nicht tief genug in das Holz, sodass man immer Gefahr lief, beim Loslassen die Drahtrolle um die Ohren zu bekommen. Julias Finger waren schon zerkratzt. Immerhin sah es drüben, bei Tina und Carolyn, auch nicht viel besser aus. Herr Schecker hatte ihnen nur kurz gezeigt, wie es ging, und war dann mit den anderen Kindern und den Ponys auf die Reitwiese gezogen. Sicher würde er mit ihrer Arbeit alles andere als zufrieden sein.

»Glaubst du, dass es wenigstens hält?«, fragte Susanne frustriert, als sie schließlich ihr windschiefes Werk betrachteten. »Ich meine, wie es aussieht, ist ja eigentlich egal.«

»Es muss halten!«, sagte Julia. »Wenn der Tiemann vom Schrebergartenverein die Ponys morgens noch mal auf seinem Grillplatz findet, holt er die Polizei, hat er gesagt. Der ist sowieso noch sauer, weil Tina neulich über seine frisch eingesäte Wiese geritten ist.«

»Der stellt sich aber auch was an! Wenn ich eine Wiese hätte, wäre ich froh, wenn mal einer drüberritte.«

»Na, ich weiß nicht! Meine Mutter wär, glaub ich, auch nicht so begeistert, wenn sie jeden Tag eine Horde Ponys im Garten fände. Jedenfalls ist es besser, wenn die Zäune jetzt in Ordnung sind.«

»Auf jeden Fall«, bestätigte Susanne. »Schon damit ich morgens mal wieder den Schulbus kriege! In den letzten Tagen hab ich ihn dreimal verpasst, weil wir immer erst die Ponys suchen mussten. Die Merkel hat schon gedroht, meine Eltern anzurufen! Guck, da kommt Schecker. Hoffentlich schimpft er nicht, weil der Draht so durchhängt.«

Herr Schecker nahm die Arbeit der Mädchen ohne große Kommentare hin. Auch ihm schien das Äußere seiner Haltungsanlage ziemlich egal zu sein. Schließlich nickte er sogar anerkennend.

»Ihr könnt euch die Ponys nehmen und ein bisschen in den Wald reiten«, sagte er. »Heut ist sowieso nicht viel los auf der Reitwiese.«

Julia, Susanne, Tina und Carolyn ließen den Draht und das Werkzeug fallen und stürmten in Richtung Wiese. Schecker blieb zurück und schimpfte ein bisschen, weil niemand aufgeräumt hatte. Er selbst machte aber auch keine Anstalten, die Sachen wegzuräumen, sondern brachte lediglich den Stacheldraht in den Stall. Die Werkzeuge, die die Mädchen von zu Hause mitgebracht hatten, kümmerten ihn nicht.

Die vier Zaunarbeiterinnen holten sich die größeren Ponys, Nazir, Pandur, Teddy und Bella, für ihren Ausritt. Julia bekam Teddy, einen niedlichen Fuchs mit heller Mähne.

Wenn man ihn allein ritt, war Teddy entsetzlich faul, aber in der Gruppe ging er gut mit. Julia mochte seine weichen Bewegungen. Da die Kinder fast ausschließlich ohne Sattel ritten, hatte ein Pony mit angenehmen Gängen seine Vorteile. Carolyn führte die Gruppe auf Nazir an. Sie lenkte ihn ein Stück an der Umgehungsstraße entlang und durch eine Unterführung darunter durch. Es war derselbe Weg, über den die Mädchen die Ponys am Morgen auf die Weide brachten und mittags wieder abholten. Früher, so erzählte Tina, hätten sie sie auch nachts auf der Weide gelassen. Die Zäune der Koppel zeigten sich aber nicht wesentlich stabiler als die auf Scheckers Hof und so hatte es oft Ärger mit den Anwohnern gegeben. Ein paarmal waren die Ponys wohl auch über die Straße gelaufen. Auf jeden Fall ging Schecker jetzt kein Risiko mehr ein und ließ die Tiere nur morgens einige Stunden auf der Wiese.

Von Scheckers Weide aus war es nicht mehr weit zum Rauforst. Julia freute sich auf den Ritt durch den Wald. Bisher war sie noch nie dort gewesen, für mehr als eine halbe Stunde auf Nazir hatte ihr Geld nie gereicht.

»Los! Wer zuletzt am Kreuzweg ist, muss ein Eis spendieren!«, schrie Carolyn und trieb Nazir im selben Moment an. Sie konnte sich die Herausforderung leisten, denn sie saß auf dem schnellsten Pony. Andererseits war sie ganz schön schwer, was wiederum ein Handicap bedeutete. Julia schrie auch und stieß Teddy die Fersen in die Flanken. Das Pony flog über den Asphalt. Aber der ging zum Glück gleich darauf in einen Kiesweg und dann in einen Sandweg über. Frohlockend sah Julia das blaue Schild, das ihn als Reitweg auswies. Auch Tina trieb Pandur nach Kräften an. Lediglich Susanne, die immer noch wenig Reiterfahrung hatte, klammerte sich ängstlich an Bellas Mähne.

Teddy war jetzt ganz knapp hinter Nazir.

»Lass uns vorbei!«, rief Julia, aber Carolyn machte keine Anstalten, sich überholen zu lassen. Na warte! Entschlossen lenkte Julia ihr Pony nach rechts, wo ein Fußgängerweg verlief. Sie hörte einen Schrei und sah ein paar Leute in die Büsche springen, aber das war ihr jetzt egal! Teddy galoppierte an Nazir vorbei und ließ sich brav wieder auf den Reitweg lenken. Jetzt blockierte er den Weg.

»Erste!« Strahlend erreichte Julia die Kreuzung. Carolyn zog einen Flunsch.

»Das gilt nicht, über 'n Wanderweg reiten gilt nicht!«

»Da hast du eben nichts von gesagt. Gib zu, dass du verloren hast! Guck, Tina ist Dritte. Und Susanne haben wir ganz abgehängt.«

Susanne erschien erst ein paar Minuten später und berichtete, dass die Spaziergänger, die Julia vom Weg gefegt hatte, entsetzlich geschimpft hätten.

»Und voll Dreck gespritzt hast du sie auch«, erklärte sie vorwurfsvoll. »Sie meinten, sie zeigen uns an, wenn sie uns erwischen!«

»Na wennschon, wir sind schneller!«, sagte Carolyn und lenkte ihr Pony auf einen Seitenweg. »Wir können durch den Bach reiten.«

Ein Ritt durchs Wasser… wie oft hatte Julia davon geträumt! Carolyn führte ihre Gruppe zu einem breiten, flachen Bachlauf, in den man hineinreiten konnte. Teddy plantschte ungestüm mit seinen Vorderbeinen darin herum, und alle lachten, als Pandur sich plötzlich mit seiner Reiterin hinlegte.

Wie ein Reiterdenkmal, das zusammenkracht, dachte Julia.

Tina war klatschnass, aber zum Glück war es warm und so machte sie sich nicht viel daraus. Überhaupt zeigte sich der Frühling in diesem Jahr ungemein freundlich. Fast jeden Tag schien die Sonne und der Rauforst glich mit seinen hellgrünen Blättern, rauschenden Bächen und verschlungenen Reitwegen fast Julias Traumwald.

Die Kinder ließen die Ponys über eine Brücke traben und freuten sich über das Hufgetrappel, sie galoppierten einen langen Grasweg entlang und lenkten die Pferde zur Krönung über einen Baumstamm. Für Julia und Susanne war es der erste Sprung, und Susanne fiel dabei herunter, aber das konnte ihre Begeisterung für das Unternehmen nicht abschwächen.

Es war wunderbar, einfach wunderbar!, dachte Julia, als sie schließlich wieder auf Scheckers Hof eintrafen. Carolyn und Tina planten gleich, die Tour am nächsten Sonntag zu wiederholen. Die Mädchen, die hier ein Pflegepferd hatten, unternahmen öfter solche Ausritte. Julia seufzte. Sie musste es unbedingt schaffen, in diesen exklusiven Klub aufgenommen zu werden! Sie beschloss, in Zukunft auch jeden Morgen in die Waldstadt zu kommen und die Ponys zur Weide zu bringen.

Wilde Reiter GmbH

»Verdammt, zwei sind einfach zu wenig!« Ausnahmsweise war es ein regnerischer Morgen und außer Julia und Susanne hatte keins von Scheckers Pferdemädchen rechtzeitig aus dem Bett gefunden. Selbst Carolyn fehlte.

»Faule Bande«, schimpfte Schecker vor sich hin. »Keine Disziplin, kein Pflichtbewusstsein. Na ja, müsst ihr eben zweimal gehen!«

Susanne biss sich auf die Lippen.

»Herr Schecker, das können wir nicht! Wenn wir jetzt zweimal bis zur Wiese gehen, kommen wir zu spät zur Schule.« Julia hätte es zwar mit ihrem Fahrrad schaffen können, aber Susanne war auf den Schulbus angewiesen. In der letzten Zeit kam sie mindestens zweimal in der Woche zu spät.

»Zu spät, zu spät... hättet ihr eben früher anfangen müssen! Jetzt seht zu, wie ihr die Ponys rüberbringt. Oder soll ich sie etwa reiten?« Missgelaunt wandte Schecker sich ab.

In Julia brannte der Zorn. Er war ungerecht! Schließlich waren es seine Ponys, und er war dafür verantwortlich, dass sie auf die Wiese kamen!

»Können wir nicht eben Heu füttern?«, schlug Susanne schüchtern vor.

»Heu, Heu... wisst ihr, was mich das kostet? Ich hab kein Heu über, was da ist, brauch ich für den Winter. Und jetzt macht, dass ihr wegkommt, umso schneller seid ihr wieder da!«

Ratlos sahen Julia und Susanne sich an.

Schließlich hatte Julia eine Idee.

»Handpferde! Wir reiten jeder mit zwei Handpferden. Das geht leicht und wir brauchen nur einmal zu gehen. Pass auf, du nimmst Teddy, Max und Vivi und ich nehme Nazir, Pandur und Bella.« Entschlossen nahm sie Nazirs Zügel auf und brachte Bella auf seine rechte und Pandur auf seine linke Seite. Dann schwang sie sich wie üblich auf seinen ungesattelten Rücken.

Nazir lief sofort ein paar Schritte vorwärts. Auch Pandur stürmte los, während Bella stehen blieb und wie ein Anker wirkte. Julias rechter Arm schien immer länger zu werden, aber dann gelang es ihr doch noch, die beiden Wallache anzuhalten, bevor sie Bella loslassen musste. Auch Susanne hatte Teddy inzwischen erklettert. Ihre Handpferde schienen verständiger zu sein als Julias und traten erst an, als sie sie dazu aufforderte.

»Na also! Geht doch prima!« Zufrieden lenkte Julia ihr Gespann vom Hof. Die Umgehungsstraße war mal wieder rappelvoll, und ein paar der Autofahrer hupten, als sich die Mädchen, jeweils mit drei Pferden nebeneinander, in den Verkehr eingliederten. Pandur, der links neben Julia lief, tänzelte nervös. Zudem begann Nazir zu pullen. Er wollte immer ganz vorn gehen und befürchtete nun wohl, dass Pandur ihn überholen könnte. Julia ritt mit äußerster Konzentration. Vorhin hatte sie in ihrem dünnen Anorak gefroren, aber jetzt war ihr warm vor Aufregung.

Susanne klammerte sich an Teddys Zügel und in seiner Mähne fest. Hier an der Straße hatte sie immer etwas Angst, und das wilde Durcheinander von Zügeln, das sie heute in der Hand hatte, machte es nicht besser. Zudem wurden Julias Pferde immer schneller und auch Teddy ließ sich nicht lumpen. Die Mädchen atmeten auf, als sie die Unterführung erreichten. Noch ein paar hundert Meter, dann war es geschafft.

Julia wollte sich gerade etwas entspannen, als auf der Straße über ihnen ein Laster vorbeiratterte. Und gleich danach bremste auch noch ein Auto mit durchdringendem Kreischen. Pandur erschrak und machte einen Sprung nach vorn. Julia zog ruckartig an Nazirs Zügeln und das Pony stieg erschreckt. Ins Rutschen geraten, verlor Julia nun gänzlich die Kontrolle. Pandur und Nazir jagten los, aber Bella rammte die Beine in den Boden. Erst als Susanne und ihr Gespann aufritten, setzte sie sich doch noch gnädig in Gang. Julia hatte ihren Führstrick aber schon verloren. Verzweifelt versuchte sie, wenigstens die beiden großen Ponys zum Stehen zu bringen. Inzwischen hatte die kleine Vivi der Ehrgeiz gepackt. Sie zog der entsetzten Susanne ihren Strick aus der Hand und jagte hinter Pandur und Nazir her. Max biss Teddy in den Hals und die beiden nahmen die Verfolgung der anderen auf. Susanne schrie. Sie wäre am liebsten abgesprungen, ließ es dann aber, da ihr der Sturz aus dem rasenden Galopp noch gefährlicher schien als das Ausharren auf dem durchgehenden Pony. Julia und ihre Pferde erreichten inzwischen die Weide.

»Lass das Tor offen sein, bitte!« Julia sandte ein Stoßgebet gen Himmel.

Das Tor war tatsächlich offen. Pandur und Nazir galoppierten hinein und sofort war der Spuk zu Ende. Nach Ponymanier senkten die beiden Durchgänger in aller Ruhe die Köpfe zum Grasen: Schön schnell war das heute gegangen! Wenn es nach ihnen ging, konnte man den Weg zur Weide immer im Galopp zurücklegen!

Mit zitternden Knien stieg Julia ab und kam gerade zurecht, um Vivi in Empfang zu nehmen. Auch die kleine Schwarze nahm elegant die Kurve zur Weide und ließ dort zufrieden den Kopf sinken. Nicht so Bella. Die Scheckstute war ein ausgesprochenes Faultier, das nur selten in Lauflaune geriet. Heute jedoch hatte man sie aus der Reserve gelockt! Mit rundem Hals und aufgestelltem Schweif schwebte sie am Weidetor vorbei. Fantastisch sah das aus! Beinahe wäre Julia in Bewunderung versunken, aber da sah sie auch schon Teddy und Max um die Ecke kommen. Susanne hockte immer noch auf Teddy, hatte aber keinerlei Einfluss mehr. Max lief längst frei und zog seinen Führstrick hinter sich her. Das Pony galoppierte seltsam schräg und buckelte bei jedem zweiten Galoppsprung, als wollte es dem Strick ausweichen. Tatsächlich, es fürchtete sich vor der langen roten »Schlange«, die es da so offensichtlich verfolgte! Max war in Panik. Er nahm das Weidetor gar nicht wahr. Zum Glück schlüpfte wenigstens Teddy herein. Schluchzend ließ Susanne sich von seinem Rücken fallen.

»Ist ja gut«, beruhigte Julia. »Ist ja nichts passiert. Wir müssen bloß noch diese blöden Ponys kriegen!«

Das war leichter gesagt als getan. Bella war immer noch in Schwung und Max spielte mit. Die beiden jagten an der Weide entlang, auf den Wald zu … aber dann machten sie kehrt.

Julia stockte der Atem, als Bella sich in Richtung Heimat wandte. Wenn die Ponys allein nach Hause galoppierten … die Umgehungsstraße …

Julia rannte. Obwohl sie natürlich wusste, dass sie die Ponys niemals würde einholen können, jagte sie hinter ihnen her und brüllte ihre Namen. Vergeblich. Bella und Max schienen fest entschlossen, zum Stall zurückzukehren. Julia lief ihnen nach, bis sie außer Sicht waren. Dann konnte sie nicht mehr. Schluchzend und keuchend ließ sie sich auf den Weg fallen.

»Sind das deine Pferde?« Eine ruhige Stimme riss Julia wieder hoch. Sie sah auf.

Auf einem kleinen dunkelbraunen Pferd, das am langen Zügel in gemessenem Schritt auf Julia zukam, saß eine junge Frau im grünen Reiterregenmantel. Ihr Pferd blieb vollkommen ruhig, obwohl seine Reiterin den keuchenden und tobenden Max am Führstrick hielt. Lediglich wenn der kleine Schimmel Anstalten machte, es zu beißen, wich es mit angewidertem Gesichtsausdruck zur Seite aus. Ein paar Meter hinter dem Gespann folgte Bella, deren Renneifer endlich verflogen war. Ganz allein wollte sie schließlich auch nicht nach Hause.

»Wie … wie haben Sie sie gekriegt?«, fragte Julia ungläubig. Sie konnte das Wunder ihrer Rettung kaum fassen.

»Oh, das ist weniger mein Verdienst. Der junge Mann in dem Auto, das ihr fast gerammt hättet, hat eure Ponys weglaufen sehen. Er besaß so viel Geistesgegenwart, seine Kiste vor der Unterführung quer zu stellen! Als ich zufällig vorbeikam, machte er mich an, wegen Verkehrsgefährdung, und während ich ihm noch erklärte, dass ich mit euch nichts zu tun habe, kamen auch schon die Ponys angerannt. Der Kleine hier war so in Panik, dass er Danny fast umgemacht hätte, und dabei konnte ich den Strick packen. Willst du jetzt vielleicht mal das andere Pferd greifen, oder gedenkst du, mich den ganzen Tag anzustarren?«

Julia murmelte eine Entschuldigung und lief zu Bella, die sich jetzt sofort einfangen ließ.

»Okay, den Kleinen behalte ich, damit er dir nicht wieder wegläuft. Wo wolltet ihr überhaupt hin mit den vielen Ponys?« Durch eine unmerkliche Hilfe veranlasste die Reiterin ihr Pferd dazu, wieder anzutreten. Julia ging mit Bella neben ihr her.

»Es sind sechs. Sechs Ponys, drei für jede. Und wir wollten sie auf die Weide bringen. Wir hätten's auch fast geschafft, aber dann hat Pandur gescheut.«

»Jedenfalls bodenloser Leichtsinn, im Berufsverkehr mit zwei Handpferden und ohne Sattel! Wie seid ihr nur auf so eine Idee gekommen?«

»Wir waren nur zu zweit… von den anderen Mädchen war niemand da, und wenn wir rechtzeitig in die Schule kommen wollten, konnten wir nicht zweimal gehen. Na ja, jetzt wird das natürlich auch nichts mehr.« Resigniert schaute Julia auf die Uhr. Den Schulbus konnte Susanne vergessen. »Sehen Sie, da ist unsere Weide.«

Julia zeigte auf die Wiese, wo Susanne inzwischen die Ponys abgehalfert und die Halfter über den Zaun gehängt hatte.

»Diese Wiese?«, fragte die junge Frau. »Das ist doch die Koppel von diesem Schecker, nicht wahr? Da gehört ihr zu?«

Julia nickte.

»Na, dann wird mir einiges klar! Weißt du, ich wohn ja noch nicht so lange hier, aber die Wilde Reiter GmbH von eurem Schecker, da hab ich schon einiges von gehört. Hallo! Machst du uns mal das Tor auf, damit wir eure Ausreißer reinbringen können?« Die Frau wandte sich an Susanne, die sie fast ebenso verblüfft ansah wie Julia vorhin.

»Wo, wo kommt die denn her?«, fragte sie Julia, während die Mädchen zusahen, wie ihre neue Bekannte auf die Weide ritt, Max' Halfter löste und dann die Koppel wieder verließ. Auch das Tor, das Julia für sie offen gelassen hatte, schloss sie vom Pferd aus.

»Weiß ich nicht, aber sie hat Max gefangen«, antwortete Julia. »Und sie reitet toll! – Steigen Sie eigentlich nie ab?«, fragte sie bewundernd, während die Reiterin nun auch noch Max' Halfter an den Zaun hängte, ohne den Sattel zu verlassen.

Die Frau lachte.

»Nein, ich muss gestehen, dass ich faul bin! So, ihr zwei, nun seht zu, dass ihr in die Schule kommt! Und macht bloß nicht noch mal solchen Unsinn!« Sie hob leicht grüßend die Hand und ließ ihr Pferd gleichzeitig auf der Hinterhand wenden. Die Bewegung sah ganz leicht und spielerisch aus.

»Danke!«, rief Julia ihr nach. »Sie … Sie haben ein tolles Pferd!«

Die Reiterin wandte sich noch einmal um.

»Ich weiß«, sagte sie. »Er heißt übrigens Danny!«

Endlich ein Pflegepferd!

»Willst du mit zum Elternsprechtag oder hast du wieder irgendwelche weltbewegenden Dinge bei den Ponys zu tun?«, fragte Frau Wiegand und bemühte sich mit Haarlack und Bürste, ihrer Frisur den letzten Schliff zu geben. Im Allgemeinen nahm sie ihr Äußeres nicht so wichtig, aber ihr lag viel daran, bei den Lehrern ihrer Tochter einen guten Eindruck zu machen. Wenn sie ehrlich sein sollte, so begab sie sich höchst ungern in die Höhle des Löwen. Sie hasste es, sich mit Leuten wie Frau Merkel über die angeblichen Stärken und Schwächen ihrer Tochter zu unterhalten. Andererseits war ihr Pflichtgefühl zu ausgeprägt, um den Elternsprechtag einfach zu schwänzen. Schließlich sollten die Lehrer nicht denken, die schulische Laufbahn ihrer Tochter sei ihr egal.

»Ich würd schon lieber zu den Ponys ...« Julia steckte in einer Zwickmühle. Einerseits hatte sie Herrn Schecker fest versprochen, heute Vormittag zu kommen und beim Stallstreichen zu helfen. Andererseits kannte sie den Widerwillen ihrer Mutter gegen den Sprechtag und wusste, dass diese sie gern dabeihätte. Auch sie selbst hörte sich eigentlich lieber persönlich an, was die Lehrer zu sagen hatten. Wenn man daneben saß, fielen ihre Urteile meist nicht gar so streng aus.

»Morgens zu den Ponys, nachmittags zu den Ponys ... Wird dir das nicht zu viel?«

Tapfer schüttelte Julia den Kopf.

»Ich mach das gern«, behauptete sie, obwohl das nur

noch zum Teil stimmte. Zwar fuhr sie morgens gern in die Waldstadt und ritt die Ponys auf die Wiese. Am Nachmittag hätte sie aber oft lieber etwas anderes getan, als Scheckers kleine Reitgäste stundenlang auf der Reitwiese hin und her zu führen. Nur ein Ritt in den Rauforst oder die Aussicht auf ein Pflegepferd hielten sie dann doch wieder bei der Stange.

Frau Wiegand seufzte.

»Na schön, geh ich eben allein zu deinen Lehrern. Wie hieß noch mal dieser Mathe-Mensch, der gesagt hat, du hättest kein logisches Denkvermögen?«

Julia versah ihre Mutter mit allen nötigen Informationen und verzog sich dann in Richtung Ponys. Der Vater eines Mädchens hatte Herrn Schecker einen großen Eimer Farbe gespendet und heute sollten die Ställe gestrichen werden. Julia stellte sich das eigentlich ganz lustig vor, aber als es Mittag wurde, fühlte ihr rechter Arm sich an, als werde er gleich abfallen. Ihr war schwindelig von den Dämpfen und ihre Jeans waren über und über bekleckst. Sie beschloss, nach Hause zu fahren, zu duschen und sich umzuziehen.

Ihre Mutter bereitete ihr alles andere als einen freundlichen Empfang.

»Wie siehst du denn aus? Die Flecken kriegt man doch nie wieder raus aus der Hose! Und es ist auch noch die neue! Wirklich, Julia... Na ja, da ist nichts mehr dran zu ändern. Aber wenn du dich umgezogen hast, muss ich mit dir reden!«

Julia ahnte Böses. So streng war ihre Mutter selten.

»War was in der Schule?«, fragte sie und setzte sich zu ihr.

»Das kann man wohl sagen!« Frau Wiegand trommelte mit den Fingern auf der Tischplatte herum. »Deine Lehrer haben mir durchweg erzählt, dass deine Leistungen nachgelassen haben. ›Erdrutschartig‹, wie Frau Merkel das ausdrückte. Und Herr Wiemann hat mir verständnisvoll zu verstehen gegeben, dass so was ganz normal wäre, nach einer Scheidung der Eltern. Aber ich weiß es besser, Julia. Das hat nichts mit meiner Scheidung zu tun, sondern mit Herrn Scheckers Ponys!«

Schuldbewusst kaute Julia auf ihrer Unterlippe.

»Tut mir Leid«, murmelte sie.

»Das kann dir auch Leid tun! Ich hab mich immer auf dich verlassen können, Julia. Muss ich jetzt, wo du schon bald erwachsen bist, anfangen, deine Schulaufgaben zu kontrollieren?«

»Ich werd mich bessern …«

»Das hoffe ich! Denn wenn das so weitergeht, muss ich dir die Ponys leider verbieten. Julia, können wir uns nicht darauf einigen, deine Besuche bei Schecker einzuschränken? Wenn du, sagen wir, zweimal in der Woche hinfährst und am Wochenende, das würde doch reichen!«

»Aber dann kriege ich nie ein Pflegepferd!«, jammerte Julia. »Das kannst du mir nicht antun! Jetzt habe ich mich so angestrengt, die ganze Zeit, und jetzt willst du mir verbieten …« Sie schniefte.

»Vorerst will ich dir gar nichts verbieten! Ich meine nur, dass das Ganze einfach zu viel für dich wird. Schon die Fahrradfahrerei bei jedem Wetter …«

Julia hätte ihrer Mutter gern erzählt, dass die Radfahrt im Verhältnis zu der Arbeit, die sie bei Schecker tat, eine wahre Erholung war, aber sie konnte sich gerade noch zurückhalten. Wenn ihre Mutter wüsste, dass sie Ställe mistete, Zäune reparierte und in halsbrecherischer Höhe Wände strich, hätte sie der Sache bestimmt einen Riegel vorgeschoben. So versicherte Julia ihr nur, dass alles nicht so schlimm sei, und versprach ihr nochmals, sich in der Schule mehr anzustrengen. Außerdem begannen in einer Woche die Osterferien. Da konnte sie die Hausaufgaben gar nicht vernachlässigen!

»Kann ich jetzt gehen?«, fragte sie schließlich.

»Doch nicht schon wieder zu den Ponys?« Frau Wiegand sah sie ungläubig an.

»Ich bin mit Susanne verabredet.«

»Okay, okay ... aber vielleicht macht ihr ja mal was anderes, als bei Schecker rumzulungern. Wie wär's zum Beispiel mit den Hausaufgaben?«

Julia radelte direkt zu Schecker, aber Susanne war noch nicht da. Erst zehn Minuten nach der verabredeten Zeit kam sie langsam durch das Tor, und Julia erkannte sofort, dass sie geweint hatte. »Ist was los?«, fragte sie mitfühlend. »Ach ja, ich kann's mir schon denken! Der Elternsprechtag. Die Merkel hat dich verpfiffen!«

Susanne nickte. »Die und der Wiemann auch ... dabei kann ich doch nichts dafür, dass der Schulbus immer so früh fährt.«

»Er kann ja wohl kaum auf dich warten«, gab Julia zu bedenken. »Du solltest zusehen, dass du ein Fahrrad kriegst. Dann ist das alles halb so schlimm. Hat dein Vater sich sehr aufgeregt?«

»Er tobt!« Susanne schluchzte schon wieder. »Und er, er…«

»Ach, der regt sich auch wieder ab«, tröstete Julia.

Susanne schüttelte heftig den Kopf.

»Es ist viel schlimmer. Er… er… er sagt, ich muss Vivi abgeben!«

Entsetzt blickte Julia sie an.

»Das kann doch nicht sein Ernst sein!«

»Doch! Das Pferd lässt mir nicht genug Zeit für die Schule, sagt er, und die Schule sei wichtiger. So fürs Leben… den ganzen Quatsch! Wenn ich Vivi nicht mehr habe, will ich sowieso nicht mehr leben!« Susanne weinte herzzerreißend.

»Soll ich noch mal mit ihm reden?«, fragte Julia.

»Ach, das nützt doch nichts…« Susanne war untröstlich.

Inzwischen waren Herr Schecker und die anderen Mädchen dazugekommen und hatten von Susannes Kummer gehört.

»Du willst die Vivi abgeben?«, fragte Schecker. »Schade, da hat man mal 'ne ganz Zuverlässige und dann steckt die auch auf. Na, da brauchen wir ja jemand Neues für die Vivi. Julia, wie wär's mit dir?«

»Wer, ich?« Julia riss sich von Susannes Kummer los und sah Herrn Schecker sprachlos an. Wie konnte er nur so schnell und herzlos über Susannes Schmerz hinweggehen? Aber andererseits… hatte er da nicht gerade sie zu Vivis Pflegerin ernannt? Sie, Julia? Ein Pflegepferd! Sie hatte ein Pflegepferd! Immerhin regte sich in ihr noch ein leises Schuldgefühl. Baute sie da nicht ihr Glück auf Susannes Unglück auf?

»Ich weiß nicht… Susanne…?«

»Ist schon gut!«, schluchzte Susanne. »Ich bin ja froh, wenn du sie nimmst.«

»Schön, dann ist das ja geklärt«, meinte Schecker. »Macht die Ponys fertig! Wir sind spät dran!«

»Willst du mir noch helfen, sie fertig zu machen?«, fragte Julia ihre Freundin, aber Susanne schüttelte nur den Kopf. Julia sah ihr nach, als sie traurig davonschlich. Susanne tat ihr Leid, aber andererseits war Julia auch glücklich. Ein Pflegepferd, sie hatte endlich ein Pflegepferd!

Während sie Vivi noch putzte, kam Carolyn und wurde von Schecker über die Neuigkeiten informiert.

»Julia, die Vivi?«, fragte sie grantig. »Die ist doch viel zu klein für sie. Die Vivi hab ich Svende versprochen!«

»Aber ich hab sie Julia gegeben. Schluss. Aus«, sagte Schecker.

»Aber die passen doch gar nicht zusammen. Kann die Julia nicht den Max nehmen?«

»Den Max?«, fragte Julia aufgeregt. Bisher hatte sie ja so getan, als ob sie bei der Unterhaltung nicht mithörte, aber nun wurde es interessant. »Hört Tina denn auch auf?«

»Ja, Tina sagt, dass es ihr reicht. Sie wolle nicht jeden Tag hier schuften, hat sie gesagt. Sie spielt jetzt Badminton!«

Badminton! Julia schüttelte den Kopf.

»Dann soll doch die Svende den Max nehmen. Oder mit Julia tauschen. Macht das unter euch aus!« Schecker verlor immer schnell die Geduld, wenn die Mädchen sich stritten.

»Ich nehm lieber den Max!«, rief Julia. Max war zwar auch nur ein Shetlandpony, aber doch ein ganzes Stück größer als Vivi. Man konnte ihn richtig reiten – jedenfalls theoretisch. Praktisch bemühte er sich immer mal wieder, seinen Reiter herunterzubuckeln. Aber Julia traute sich zu, damit fertig zu werden. Unendlich glücklich ging sie zu dem pfiffigen, kleinen Schimmel und begann, ihn zu putzen. Ihr Pflegepferd! Die Mädchen in der Schule würden Augen machen!

»Mutti, kaufst du mir Sporen?« Julia hatte soeben eine Zwei in der Deutscharbeit erhalten und hoffte nun auf ein offenes Ohr und vor allem ein offenes Portmonee.

»Sporen? Wozu brauchst du die denn?« Das klang nicht sehr begeistert. Im Grunde genommen, konnte Frau Wiegand alles, was mit Pferden zusammenhing, nicht mehr hören.

»Na, für Max! Er ist faul, er geht nicht vorwärts. Und Carolyn meint, da braucht man Sporen.« Julia erklärte geduldig.

»Wenn Carolyn das meint, muss es wohl stimmen«, seufzte Frau Wiegand. »Obwohl du doch sonst immer herumnölst, wie das Mädchen sich aufspielt und dass es noch nie eine Reithalle von innen gesehen hat.«

»Aber diesmal hat sie Recht. Ich brauch die Sporen! Bitte!«

»Ach, Julia, ich weiß nicht. Du mit Gerte und Sporen auf diesem Pony … irgendwie ist mir das unheimlich. So lange reitest du doch noch gar nicht. Kann das nicht einfach der Grund dafür sein, dass du mit dem Pony nicht fertig wirst?« Annette Wiegand war unschlüssig. Inzwischen hatte sie Julia einmal zu Schecker begleitet, um sich das

Wunderpferd Max anzuschauen, und was sie dort gesehen hatte, gefiel ihr nicht sonderlich. Die maroden Zäune, die abgefressenen Weiden und windschiefen Ställe, dazu das Regiment der unsympathischen Carolyn und der alte Mann, der wohl kaum die nötige Aufsicht für die Kinder gewährleistete... Frau Wiegand hätte ihre Tochter lieber wieder im Reitunterricht gesehen. Aber bei Julia stieß sie da auf taube Ohren. Nun, da sie endlich ihr Pflegepferd hatte, war Julia eher noch begeisterter von Schecker und seinem Stall.

»Na schön«, murmelte Julia. »Dann eben nicht. Frage ich halt Vati. Bei dem hab ich sowieso noch ein Geburtstagsgeschenk gut.«

Frau Wiegand zuckte mit den Achseln. Das war auch so eine Sache. Julias Vater befürwortete ihr Engagement bei den Ponys sehr. Da würde sie Verantwortung lernen, bekäme praktische Erfahrung... so ein Abenteuerspielplatz wäre doch das einzig Wahre! Dass es sich bei Scheckers Anwesen nicht um einen Abenteuerspielplatz handelte, sondern um einen heruntergekommenen Stall mit lebenden, zudem sehr starken und möglicherweise gefährlichen Tieren, wollte Fred Wiegand nicht hören. Frau Wiegand ahnte, dass er Julias Partei ergreifen würde, wenn sie sich irgendwann dazu entschließen sollte, ihrer Tochter die Mitarbeit bei Schecker zu verbieten. Diese verdammten Ponys!

Julia war hocherfreut über die Sporen, die ihr Vater ihr spendiert hatte. Sie waren aus Plastik, knallig rot und sahen an ihren Reitstiefeln sehr edel aus. Bestimmt würden sie auf den trägen Max Eindruck machen!

Max, das hatte sie in den zwei Wochen, die sie ihn inzwischen pflegte, festgestellt, musste man hart anfassen. Die vielen Kinder, die seit Jahren jeden Tag auf ihm herumhockten, hatten ihn für jedes normale Reiten verdorben. Wenn man ihn führte, ging es, und auch wenn er in der Gruppe mitlaufen durfte. Sobald man aber versuchte, ihn allein von der Reitwiese wegzureiten, begann er zu buckeln, weigerte sich, vorwärts zu gehen, und ließ sich nicht lenken. Nun hatte Julia inzwischen einen recht festen Sitz, und es gelang dem dicken Shetty nur selten, sie herunterzubuckeln. Aber sein mangelnder Gehwille war doch recht lästig. Nun, in Zukunft würde sich das ändern. Stolz betrachtete sie die neuen Sporen. Und dazu hatte Vati ihr auch noch 10 Mark gegeben. Dafür konnte sie Max eine gute Stunde mieten und in den Rauforst reiten!

Max reagierte tatsächlich, als Julia ihm die Sporen in den runden weißen Bauch rammte. Statt sich störrisch um sich selbst zu drehen, ging er diesmal artig vorwärts. Julia frohlockte. Sie hatte es ja gewusst. Trab, Galopp, Schritt… Alles klappte großartig bis zu Scheckers Koppel. Da fing das Theater wieder an. Julia schwang die Gerte und setzte die Sporen ein. Noch einmal gab Max nach. Ohne weitere Buckler und Widersetzlichkeiten näherte er sich dem Rauforst. Julia schlug den Weg zu den Bächen ein. Tina hatte gesagt, Max ginge nicht ins Wasser. Na, dem würde sie es jetzt zeigen! Tatsächlich wich Max entsetzt zurück, als sie ihn aufforderte, den Bach zu durchqueren. Julia drohte ihm. Max legte die Ohren zurück. Gerteneinsatz. Max schlug grantig mit dem Kopf. Okay, dann eben mit Sporen! Julia schlug dem Pony kräftig die Hacken in die Weichen – und fühlte sich gleich danach durch die Luft segeln. Auf Max' gezieltes Lüpfen der Hinterhand im richtigen Moment war sie nicht vorbereitet gewesen! Fluchend rappelte sie sich auf und spürte, wie ihr eiskaltes Bachwasser den Rücken herunterrann. Wehgetan hatte sie sich nicht, aber sie war voll im Bach gelandet! Julias Jeans triefte, in den Gummistiefeln stand das Wasser – und sie hatte Max losgelassen! Das Pony stand am Bachrand und schien zu grinsen. Julias erster Impuls war, Max auszuschimpfen. Aber dann fiel ihr siedend heiß ein, dass es im Augenblick nichts und niemanden gab, der ihn davon abhalten würde, sich Richtung Heimat abzusetzen.

»Gutes Pony«, flötete Julia. »Liebes Pony …«

Aber es war zu spät. Max hatte seinen Triumph ausgekostet und machte nun auf der Hinterhand kehrt. Zunächst nahm er noch ein paar Grashalme mit auf den Weg, dann setzte er sich in Trab und schließlich in Galopp. Blitzschnell war er hinter einer Wegbiegung verschwunden. Julia rannte ihm nach.

Max sah keine Veranlassung, sich an die Reitwegeordnung zu halten. Er nahm den kürzesten Weg nach Hause, einen Fußweg. Julia hörte Schreie und passierte gleich danach ein umgestürztes Fahrrad.

»Max!« Sie brüllte, aber auf den Ausreißer zeigte das natürlich keine Wirkung. Wenigstens konnte sie ihn jetzt wieder sehen, denn sie hatte etwas aufgeholt, weil er vor einer Fußgängergruppe gescheut hatte.

»Halten Sie ihn fest!«, rief sie, aber die Leute schienen sich vor dem Pony zu fürchten. Eine Frau sprang in wilder Flucht auf den Reitweg und landete dort direkt vor den Hufen eines anderen Pferdes. Julia sah, wie sie mit der zugehörigen Reiterin sprach und schließlich in die Richtung wies, die Julias Pony eingeschlagen hatte. Die Reiterin galoppierte daraufhin an und ihr Brauner schoss hinter Max her. Vielleicht kriegte sie ihn ja…

Julia lief bis zu der Kreuzung und blieb erst mal stehen, um Atem zu holen.

»Ist das dein Pony, das mich da gerade umgerannt hat?«, fragte die Frau. »Eine Unverschämtheit, so was! Es hätte mich umbringen können! Wieder mal ein Beweis dafür, wie gefährlich das ist mit euch Reitern im Wald!«

»Das Reiten gehört hier verboten! Hier wollen sich Leute erholen!« Jetzt schimpften auch noch die anderen Spaziergänger auf Julia ein.

»Warum haben Sie ihn nicht gehalten?«, fragte Julia. »Er tut nichts.«

»Auch noch festhalten, den Gaul! So weit kommt das noch! Ihr verwöhnten Blagen könnt eure Pferde nicht bändigen und unsereins soll dafür den Kopf hinhalten. Ist dir was passiert, Marion? Wenn das Vieh dir was getan hat, können wir sie verklagen. Und die andere auch. Der Gaul wäre beinah auf dich draufgetreten! Und dann noch einfach wegreiten!«

Entsetzt begann Julia zu weinen.

»Also Moment mal, so war das ja nun nicht!« Eine Stimme, die Julia bekannt vorkam, mischte sich in den Protest der Spaziergänger. »Erstens ist Danny nicht auf Sie draufgetreten, sondern Sie haben sich ihm vor die Hufe geworfen! Und er ist sofort stehen geblieben, das können Sie nicht leugnen – ein Auto hätte einen längeren Bremsweg gehabt. Und zweitens bin ich nicht weggeritten, sondern habe das Pony gefangen. Damit es nicht noch weitere Spaziergänger belästigt. Was das Kind angeht, da haben Sie völlig Recht. Das gehört nicht in den Wald, sondern in eine Reitschule. Es tut mir Leid, dass Sie jetzt diese schlechte Erfahrung mit Reitern gemacht haben, aber Sie können mir glauben, dass Reiter wie dieses Mädchen und Pferde wie dieses Pony in der Minderzahl sind.« Die junge Frau wies auf den herumtänzelnden Max, den sie am Zügel führte, und wandte sich dann an ihr eigenes Pferd.

»Danny, entschuldige dich bei den Herrschaften für deine unerzogenen Artgenossen!«

Die Reiterin rutschte vom Pferd und hielt Max auf Abstand. Danny stand jetzt frei und ließ sich auf ein kurzes Zeichen von ihr auf die Knie nieder. Er zeigte eine perfekte Verbeugung, wie Julia sie bisher nur von Zirkuspferden kannte, und nahm damit die Spaziergänger für sich ein. Die meisten klatschten und lachten. Nur einer der Männer guckte noch verärgert, als die Wandergesellschaft sich wieder auf den Weg machte.

Das Mädchen lobte ihren Danny, gab ihm einen Leckerbissen und wandte sich dann Julia zu.

»Du schon wieder«, sagte sie ärgerlich und überreichte ihr Max' Zügel, »und der schon wieder! Aber ich vermute, es ist eher ein Zufall, dass ich immer auf dich stoße. Du bist schließlich nicht das einzige von Scheckers Reitkindern, das hier sein Unwesen treibt. Letzte Woche sind zwei von euren Ponys auf dem Mühlenhof aufgetaucht, ohne Reiter natürlich. Vor ein paar Tagen sind drei Kinder in eine Radfahrergruppe reingaloppiert. Heute hetzt du das Pony auf die Wanderer. Was denkt ihr euch eigentlich dabei?«

Julia schniefte. »Wir machen das doch nicht absichtlich!«, verteidigte sie sich.

»Natürlich nicht! Aber meinst du, dass du Leuten wie denen da eben mit so was kommen kannst? Die mögen sowieso schon keine Reiter, weil sie meinen, wir wären alle reich, arrogant und scharf darauf, ihnen die Butter vom Brot zu klauen, oder besser gesagt den Belag vom Wanderweg. Die warten doch nur darauf, dass wir etwas falsch machen!«

»Blöde Leute!«, murmelte Julia. »Wenn sie Max eben einfach gefangen hätten, wäre gar nichts passiert.«

»Mensch, Mädchen, die Leute haben Angst vor Pferden! Die kennen keine mehr und fühlen sich bedroht von deinem Pony. Da kannst du nicht erwarten, dass sie es einfangen! Und ob du die Leute magst oder nicht, spielt auch keine Geige. Wir müssen uns mit ihnen vertragen, sonst sperrt die Stadt uns alle Reitwege! Und wenn das hier mal so weit kommt, ist euer Herr Schecker dafür mitverantwortlich. Ich verstehe sowieso nicht, warum bei dessen Pferdehaltung nicht endlich mal jemand einschreitet! Diese fürchterlichen Zäune und Ställe, der unangemeldete Reitbetrieb und die Kinderarbeit! Da könnte man doch fünf Ordnungsbeamte ganztags mit beschäftigen! So, jetzt nimm dein Pony und komm! Ich bring dich noch bis zu eurer Koppel, damit so was nicht wieder passiert.« Das Mädchen saß auf und Julia tat es ihr nach. Max schoss vorwärts, als sie ihn dabei versehentlich mit den Sporen erwischte.

»Und mach diese schaurigen Sporen ab! Da kriegt man

ja schon vom Zugucken Bauchschmerzen!« Das Mädchen ließ Danny antreten.

Kleinlaut ritt Julia neben ihm her.

»Was ist Danny für eine Rasse?«, fragte sie schließlich schüchtern. »Er sieht aus wie ein Pferd, aber er ist ziemlich klein, nicht?«

»Er ist ein Deutsches Reitpony, eine wilde Mischung. Der Vater ist Araber, das ist sicher, aber die Herkunft der Mutter verliert sich im Dunkel der Geschichte. Aber vom Bau her ist er sehr gelungen, das finde ich auch.«

»Und er geht toll! Wie Sie eben hinter Max hergaloppiert sind, das war einsame Spitze!«

»Du kannst mich ruhig duzen. Ich heiße Stephanie.«

»Ich bin Julia, und ich wünschte, Max würde auch so gehen wie Danny.«

Stephanie lachte.

»Du, Danny ist auch nicht so geboren! Wenn du ein gutes Pferd haben willst, musst du sehr viel mit ihm arbeiten. Oder du musst so viel Geld haben, dass du dir gleich ein ausgebildetes kaufen kannst. Aber dann musst du trotzdem dranbleiben, denn ein Pferd ist immer nur so gut wie sein Reiter. Wenn es schlecht geritten wird, vergisst es bald alles, was es gelernt hat.«

Julia seufzte.

»Dann liegt es an mir, wenn Max nicht so gut geht?«

»An dir und den vielen anderen Kindern bei Schecker. Ihr lernt doch da nicht reiten, ihr lernt nur draufsitzen. Und wenn ein Pony etwas pfiffig ist, so wie dein Max, dann hat es sehr schnell raus, wie es euch Quälgeister fachgerecht loswird.«

»Kann ich dadran was ändern?«

»Sicher. Wenn du das Pferd regelmäßig reitest. Aber nicht mit Sporen und Zügelzerren. Versuch's doch erst mal in der Reitbahn. Wenn es da ordentlich geht und alle Grundgangarten schön zeigt, wird es auch im Gelände besser.«

Julia nickte. Okay, sie würde es nach Stephanies Methode versuchen.

Als Julia am Abend nach Hause kam, legte sie die Sporen verschämt in die unterste Schublade ihres Nachttischs und suchte sich ein Buch über Pferde heraus. Sie hatte schon so lange nichts mehr gelesen. Vielleicht fand sie hier ja Hilfe gegen Max' schlechtes Benehmen.

In den Osterferien versuchte Julia, Max' Kleben an den anderen Pferden und seinen anderen Problemen geduldig und fachgerecht zu Leibe zu rücken. Sie ritt nicht mehr aus, sondern versuchte es mit Bahnfiguren auf der Reitwiese, und wenn Max nicht von den anderen Pferden wegwollte, stieg sie ab und führte ihn. Klebte er nicht, so erhielt er eine Belohnung.

Carolyn und die anderen Mädchen lachten über diese Versuche. Und zumindest am Anfang waren sie auch nicht gerade von Erfolg gekrönt. Trotzdem gefiel Julia diese neue Art, mit Max umzugehen. Schließlich liebte sie ihr Pony, und es machte viel mehr Spaß, kleine Fortschritte mit ihm zu erleben, als ständig zu streiten.

Aus der Traum

Leider vergingen die Ferien viel zu rasch und mit der Schule begann wieder der alte Trott: Früh aufstehen, Ponys zur Weide bringen, am Nachmittag die Arbeit auf Scheckers Reitwiese, dazu Schule und Hausaufgaben, das alles zehrte immer mehr an Julias Kräften. Zudem war der schöne Vorfrühling in einen kalten, regnerischen Mai übergegangen und das schlechte Wetter machte den täglichen Arbeitseinsatz noch beschwerlicher. Annette Wiegand beobachtete besorgt, dass ihre Tochter dünner und nervöser wurde. Und eines Morgens, als Julia sich wie üblich mit verschlafenem Gesicht und übler Laune an den Frühstückstisch setzte, kam ein alarmierendes Zeichen dazu.

»Sag mal, Juli, wie siehst du denn aus? Hast du dich geprügelt?«

Frau Wiegand griff ihr unters Kinn und hielt ihr Gesicht unter die Küchenlampe.

»Hm?«

»Dein Gesicht! Es ist ganz verschwollen. Schau doch mal in den Spiegel! Das werden doch nicht die Masern …«

Julia flitzte ins Badezimmer.

»Nein! Ich seh ja schrecklich aus! Au verflixt, das sind die Röteln! Conny Winter hat die eingeschleppt und Monika fehlt auch seit Montag. Die Röteln! Das ist furchtbar!«

»Na, so furchtbar auch wieder nicht«, lachte Frau Wiegand. »Ganz im Gegenteil. Für dich bedeutet es eine Woche schulfrei und außerdem brauchen wir dich nicht mehr dagegen impfen zu lassen. Jetzt gehst du jedenfalls nicht zur Schule, sondern zum Arzt!«

»Aber die Ponys! Ich muss doch zu den Ponys. Die warten auf mich!«

»Du musst gar nichts! Wenn du Röteln hast, werden dein Herr Schecker, dein Max und wer auch immer ein paar Tage ohne dich auskommen müssen. Kann ja schließlich auch nicht in seinem Interesse sein, wenn du da die ganzen Mädchen ansteckst.« Frau Wiegand sprach äußerst bestimmt. Und eigentlich hatte Julia auch keine besondere Lust, sich jetzt aufs Fahrrad zu schwingen. Sie hatte etwas Kopfschmerzen, fühlte sich schlapp und ein bisschen fiebrig war sie wohl auch. Immerhin, einen letzten Versuch musste sie starten.

»Wenigstens Bescheid sagen muss ich aber! Die denken doch sonst, ich käme gar nicht mehr!«

»Hat dieser Herr Schecker kein Telefon?«

Julia schüttelte den Kopf.

»Na schön, dann rufst du eben Susanne an. Sie soll rüberlaufen und sagen, dass du ein paar Tage nicht kommst.«

»Susanne darf nicht …«

»Sie wird schon dürfen. Ich spreche mit ihrer Mutter. Und du legst dich jetzt noch ein bisschen ins Bett!« Entschlossen ging Frau Wiegand zum Telefon und rief Susannes Eltern an.

»Siehst du, alles geregelt!«, sagte sie fröhlich, als sie kurz darauf in Julias Zimmer kam. »Susanne läuft gleich vor der Schule noch eben rüber. Das geht alles klar!« Aber Julia hörte ihre Mutter gar nicht. Sie hatte sich unter ihrer

Decke zusammengerollt und damit begonnen, all den Schlaf nachzuholen, den sie in den letzten Wochen versäumt hatte.

Julia genoss ihre Röteln, soweit man eine Krankheit genießen kann. Sie schlief lange, schwelgte in den Bücherstapeln, die ihre Mutter aus der Leihbücherei mitbrachte, und merkte sich alles, was darin über die Korrektur von klebenden Pferden stand. Ab dem dritten Tag begann sie jedoch, die Ponys zu vermissen. So schön die Faulenzerei war, aber sie hätte jetzt doch gern wieder nach Max gesehen. Sie sehnte sich danach, sein glattes weißes Fell zu streicheln und seine Mähne zu bürsten, auf seinem Rücken zu sitzen oder ihm einfach nur beim Grasen zuzusehen.

Als der Arzt ihr endlich wieder erlaubte, unter Leute zu gehen, führte sie denn auch ihr erster Weg in die Waldstadt. Schon von weitem sah sie die Kinder und die Pferde. Max' weißes Fell leuchtete ihr entgegen. Julia radelte schneller und warf ihr Rad ins Gras, kaum dass sie Scheckers Anwesen erreichte.

»Maxi!« Strahlend schwenkte sie eine Möhre für ihr Pflegepferd. Max sah ihr interessiert entgegen und rang sich dann sogar ein kurzes Wiehern ab. Kathrin, die ihn putzte, schaute missbilligend.

»Er erkennt mich!«, jubelte Julia und griff nach einem Striegel. »Vielen Dank, dass du ihn für mich versorgt hast, Kathrin, aber jetzt werde ich ihn wieder putzen!«

»Du wirst ihn nicht putzen! Er ist jetzt mein Pflegepferd!« Kathrin stellte sich vor Max.

»Wie kommst du denn darauf? Ich hab ihn doch nicht abgegeben. Ich war nur eine Woche krank!« Verblüfft schaute Julia sie an.

»Du bist jedenfalls weggeblieben. Und nun ist es meiner. Also verschwinde!« Kathrin sah aus, als wolle sie sich um das Pony schlagen.

»Von dir lass ich mir gar nichts befehlen! Wo ist Carolyn? Oder am besten gehen wir gleich zu Herrn Schecker!« Julia war zornig, aber gleichzeitig keimte auch ein Verdacht in ihr auf. Ohne darauf zu achten, ob Kathrin ihr folgte, stürmte sie in die Sattelkammer, wo Schecker sich um diese Zeit meistens aufhielt.

»Herr Schecker, was soll das mit Max und Kathrin?«

Der alte Mann reagierte gar nicht auf ihren aggressiven Ton.

»Ach Julia… na, schaust du auch mal wieder rein?«, fragte er wie nebenbei. »Du warst ja jetzt lange nicht da.«

»Ich war eine Woche nicht da, Herr Schecker! Und ich hatte mich entschuldigt. Ich war krank. Sie haben Max doch nicht wirklich Kathrin gegeben, oder?«

»Entschuldigt, entschuldigt… davon krieg ich die Ponys nicht geputzt. Nee, nee, die Kathrin, die macht das ganz ordentlich.«

Julia war entsetzt und furchtbar enttäuscht zugleich.

»Herr Schecker, ich war in den letzten Monaten immer da. Jeden Morgen und jeden Nachmittag! Wenn ich am Wochenende bei meinem Vater war, bin ich 15 Kilometer mit dem Rad gefahren, nur um bei Ihnen helfen zu können! Und jetzt nehmen Sie mir Max weg, weil ich einmal krank war?«

»Wenn du wieder regelmäßig kommst, kannst du ja wieder ein Pflegepferd kriegen. Aber wer nicht kommt …«

»Ich war krank!«, schrie Julia.

»Schrei hier nicht rum! Krank, immer seid ihr krank, oder dies oder das. Man kann sich nicht auf euch verlassen! Reiten wollt ihr alle, aber arbeiten …« Der alte Mann fuchtelte mit seinem Stock herum. Er wollte Julias Argumente nicht hören. Es war ihm egal, warum sie gefehlt hatte. Für Schecker war ein Mädchen wie das andere. Kostenloses Stallpersonal. Julia kamen die Tränen, aber sie wollte nicht weinen.

»Sie sind gemein, Herr Schecker! Sie sind einfach gemein!«

»Ach so, jetzt bin ich gemein. Aber vorher meine Pferde reiten …« Schecker sah jetzt richtig bösartig aus.

»Ich hab für das Reiten gearbeitet! Und ich hab dafür bezahlt!« Julia schluchzte jetzt doch.

»Dann kannst du ja zusehen, dass du einen anderen findest, der dich reiten lässt. Verschwinde! Ich will dich hier nicht mehr sehen!«

Blind vor Tränen, rannte Julia hinaus, und beinahe hinein in Carolyn.

»Na, Julia, auch wieder da?«

Julia funkelte die grinsende Blonde an und überlegte, ob sie ihr noch etwas zu sagen hatte. Aber ihr fiel nichts mehr ein. Ihr fiel zu alldem hier nichts mehr ein. Sie fühlte sich leer, enttäuscht und betrogen. Und sie wollte nur noch weg.

»Es war von Anfang an nicht das Richtige!«, sagte Frau Wiegand sanft und beugte sich über die haltlos schluchzende Julia. »Es hat dir gefallen, weil es eine so gute Idee zu sein schien – ein alter Mann, der Pferde gern hat und sie von euch Kindern pflegen lässt, weil er so nett ist. Eine Geschichte wie aus dem Bilderbuch. Aber viele Menschen tun nun mal nichts aus Nettigkeit. Und dieser Schecker bestimmt nicht. Er nutzt seine Pferdemädchen aus, Julia! Und ehrlich gesagt, bin ich froh, dass du es jetzt selbst gemerkt hast und dass ich dir nicht verbieten musste, zu Schecker zu gehen.«

»Du bist froh, dass ich Max los bin?«, fragte Julia ungläubig.

Frau Wiegand seufzte.

»Nein, nicht dass du Max los bist. Das tut mir sehr Leid. Aber dass du diesen Schecker erkannt hast. Ach Julia, ich wünschte, ich könnte dir ein eigenes Pferd kaufen. Es macht mich traurig, wenn Leute dich enttäuschen und mies behandeln. Aber so ist es nun mal. Man muss wachsam sein. In der Pferdeszene offensichtlich besonders ...« Sie erzählte Julia, dass sie am Morgen mit ihrer Freundin Margot telefoniert und ihr die Angelegenheit geschildert hatte. Margot war eine passionierte Reiterin und kümmerte sich in ihrer Reitgemeinschaft auch um Jugendliche. Sie hatte Frau Wiegand erzählt, dass Ställe wie Schecker keine Einzelfälle darstellten. »Irgendwann greift meistens das Jugendamt ein, sagt Margot, wegen der Kinderarbeit, oder das Ordnungsamt, weil die Nachbarn sich beschweren, oft auch das Finanzamt, denn solche Reitbetriebe sind in der Regel nicht angemeldet. Aber bis dahin kann man eigentlich nur sehen, dass man sich fern hält!«

»Aber es gibt doch auch nette Pferdeleute«, überlegte Julia. »Stephanie sagt, die ordentlichen wären in der Mehrheit.«

»Mag ja sein«, murmelte Annette. »Aber ich glaube, du musst dich heute erst mal von der Minderheit erholen!«

Julia weinte noch ein bisschen um Max und ihr verlorenes Ponyparadies, aber dann schlief sie ein. Und im Traum sah sie sich auf einem schönen dunkelbraunen Pferd durch den Wald galoppieren. Es trug einen ordentlichen Sattel und reagierte auf die leiseste Hilfe…

Es war gut, die Schularbeiten nicht mehr in Hetze zwischen Tür und Angel machen zu müssen und wieder Zeit zu haben, etwas mit Annette oder mit Susanne zu unternehmen. Auch der Unterricht im Reitstall machte wieder Spaß, obwohl Herr Holthoff längst nicht so begeistert von Julias neu erworbener Sattelfestigkeit war, wie sie im Stillen gehofft hatte.

»Du sitzt dadrauf wie ein Äffchen auf dem Schleifstein!«, brüllte er ihr besonders in den ersten Stunden immer wieder zu. »Das kommt vom Reiten ohne Sattel und ohne Reitlehrer! Nun hör endlich auf, dich anzuklammern! Du sollst sitzen! Also, Beine lang, Hacken runter, Schultern zurück! Mädchen, so wirst du es nie lernen!«

In der Reitschule gab es neue Pferde und alle redeten von einem Reitabzeichenkurs im nächsten Frühjahr. Das alles war sehr aufregend, aber Julia vermisste ihren Max und die anderen Ponys dennoch schmerzlich. Auch Susannes Nachricht, dass der Schrebergartenverein mit der Anzeige gegen Schecker Ernst gemacht hatte und der alte

Mann nun mit einer Menge Scherereien rechnen musste, war Julia keine Genugtuung. Wo konnte sie nur ein neues Pflegepferd finden? In Gedanken verloren, fuhr Julia den üblichen Umweg an Gabis Haus vorbei.

Stormy war nicht zu sehen. Ob er in seiner Hütte stand? Von dort schallten jedenfalls Geräusche herüber. Merkwürdige Geräusche. Splitterndes Holz, ausschlagende Hufe? Nach den friedlichen Fresslauten eines ruhigen Pferdes klang das jedenfalls nicht.

Alarmiert warf Julia ihr Fahrrad ins Gras und rannte zum Tor. Verschlossen, natürlich. Aber dahinten stimmte etwas nicht! Kurz entschlossen kletterte Julia über das Tor und lief zum Stall.

Im Schuppen bot sich ihr das Bild eines tobenden Pferdes. Stormy hatte sich mit einem Vorderhuf in einem von der Decke hängenden Heunetz verfangen und versuchte nun verzweifelt, sich zu befreien. In seiner Panik nahm er keine Rücksicht auf die Stalleinrichtung. Ein Wassereimer lag bereits verbeult in der Ecke und auch ein Teil der Wandverkleidung war abgerissen. Julia sah blutende Kratzer an den schwarzen Beinen des Ponys.

Ihr erster Impuls war, sich auf Stormy zu stürzen und ihn zu befreien, aber dann sah sie sehr schnell ein, dass das ein aussichtsloses Unterfangen war. Das Pony würde sich kaum von ihr beruhigen lassen. Ja, es konnte sogar sein, dass es sie vor lauter Aufregung niederschlug. Nein, das musste sie anders angehen! Julia besah sich die Stalleinrichtung. Das Heunetz, in dem Stormy festhing, war an einem Haken an der Decke befestigt, vielleicht einen Meter von der Stallwand entfernt. An der Wand hing eine

Futterkrippe. Wenn sie da hinaufkletterte, konnte sie das Netz an der Decke erreichen und abschneiden. Julia suchte nach dem Taschenmesser, das sie zum Geburtstag bekommen hatte. Endlich eine Gelegenheit, es zu benutzen! Julia sprach beruhigend auf Stormy ein, machte aber einen großen Bogen, als sie um das tobende Pony herumging. Stormy schien jetzt etwas erschöpft. Sekundenlang hielt er still, um Atem zu holen. Julia nutzte ihre Chance. Sie zog sich rasch an der Futterkrippe hoch, stellte sich auf und griff nach dem Heunetz. Es gab nicht nach! Während Stormy wieder begann, um sich zu schlagen, säbelte Julia wild an der Plastikschnur herum. Da endlich riss sie. Stormy landete auf dem Boden und Julia wäre fast auch gefallen, konnte sich aber gerade noch halten. Zufrieden stellte sie fest, dass Stormy nun frei war, bemerkte aber gleich darauf, dass sein Huf immer noch im Heunetz hing. Jede Bewegung, die Stormy machte, übertrug sich auf das Netz. Das knallrote Ding schlängelte sich um seine Füße und flog hoch, als er stieg. Der kleine Hengst reagierte darauf mit wilder Flucht. Steigend und buckelnd rannte er aus dem Stall und jagte über die Wiese. Julia folgte ihm, aber ihre Erfahrungen mit Max sagten ihr, dass es aussichtslos war, ihn allein einfangen zu wollen. Sie rannte zu Gabis Haus und klingelte. Hoffentlich war jemand da. Stormy war in Panik, und es stand zu befürchten, dass er irgendwann im Zaun landen würde. Zum Glück öffnete sich die Tür sehr schnell. Gabis Vater blickte auf die erhitzte Julia, die ihm Stormys Problem in wenigen Worten schilderte.

»Dieses verflixte Teufelsvieh!«, schimpfte Herr Dröger

und folgte Julia hinaus. »Nur Ärger hat man damit! Wie sollen wir den denn jetzt einfangen?«

»Wir könnten ihn in eine Ecke treiben«, schlug Julia vor.

»In eine Ecke? Bist du lebensmüde? Dabei hat er meinen Schwiegervater neulich beinahe erschlagen. Wäre ihm ja fast recht geschehen. Der mit seiner verrückten Pony-Idee!«

Julia wunderte sich. Nach dem, was Gabi erzählt hatte, hatte ihr Opa sehr viel Ahnung von Pferden.

»Jetzt müssen wir jedenfalls was tun«, sagte sie energisch. »Versuchen wir's mit dem Stall!«

Obwohl Herr Dröger sehr zaghaft vorging, gelang es den beiden relativ leicht, das erschöpfte Pony in den offenen Schuppen zu treiben. Vor der Futterkrippe blieb es schwer atmend stehen. Julia sprach freundlich auf Stormy ein und trat näher an ihn heran.

»Sei bloß vorsichtig!«, riet Herr Dröger.

Aber Stormy machte keine Anstalten mehr zur Flucht. Nun da das Netz stillhielt, das ihn verfolgt hatte, kam er langsam zur Ruhe. Vielleicht blieb er ja so lange still stehen, bis Julia ihn befreit hatte. Aber wie fing sie das an? Wenn sie dem Pony den Huf aufhob, würde sich das Netz wieder bewegen und wahrscheinlich eine neue Flucht auslösen. Also noch einmal das Taschenmesser, obwohl es gefährlich war. Sie durfte gar nicht daran denken, was geschehen würde, wenn Stormy zu toben begann, während sie schnitt. Zum Glück waren die Maschen des Netzes aus dünnerem Material als das Halteseil. Ein einziger Schnitt genügte, um sie zu zertrennen. Als das Netz an seinem Bein heruntерglitt, machte Stormy einen entsetzten Seitensprung, aber dann lag sein »Verfolger« am Boden. Stormy war frei!

Aufatmend hob Julia das Netz auf.

»So, hier ist es. Ich fürchte, ich habe es kaputtgemacht, aber an Gabis Stelle würde ich es sowieso nicht wieder aufhängen!«

»Garantiert nicht!«, sagte Herr Dröger. »Meine Güte, man muss dich beglückwünschen! Du kannst ja fabelhaft mit Pferden umgehen.«

Julia lächelte geschmeichelt.

»Geht so«, murmelte sie.

»Nein, keine falsche Bescheidenheit. Du warst einfach großartig! Wenn Gabi das nur halb so gut könnte, hätten wir nicht diesen ganzen Ärger mit dem Pferd.«

»Ärger? Macht Stormy denn Ärger?«, fragte Julia verblüfft.

»Ärger ist schon untertrieben! Seit das Vieh da ist, haben wir kaum eine ruhige Minute! Gabi hat es schon so oft heruntergeworfen, die will nichts mehr von ihm wissen. Mein Schwiegervater, der überhaupt auf die Idee gekommen ist, Gabi ein Pony zu schenken, traut sich auch nicht mehr auf die Weide, seit der Gaul ihn mal getreten hat. Er sagt, der Bock sei ein Verbrecher, und damit ist für ihn die Sache erledigt. Und wir sitzen hier mit dem rebellischen Untier!«

»Aber Stormy ist bestimmt kein Verbrecher!«, sagte Julia. »Er ist so süß und …«

»So süß! Also ich hätte ihn ja lieber pikant! Am besten als Gulasch. Aber abgeben will Gabi ihn auch nicht. Da würde sie vor ihrer ganzen Klasse blamiert sein, sagt sie. Sag mal, wenn du ihn so süß findest, möchtest du nicht ab und zu kommen und Gabi zeigen, wie man mit ihm umgeht?« Herr Dröger war wirklich überzeugt von Julias Fähigkeiten.

»Wenn ich darf.« Julia strahlte. Ein solches Angebot hätte sie in ihren kühnsten Träumen nicht erhofft!

»Aber ich sag es doch! Heute hat Gabi Klavierstunde, aber morgen ist sie da. Sie freut sich. Bestimmt! Wird ja Zeit, dass mal richtig was mit ihm gemacht wird.«

Julia nickte.

»Also morgen.« Julia verabschiedete sich und ging beschwingt zu ihrem Fahrrad. Stormy, ihr Traumpony, ihr kleiner schwarzer Hengst... Glücklich pfiff sie die Titelmelodie von »Black Beauty« vor sich hin.

Wirbelsturm

»Ich hatte mir schon gedacht, dass du das Mädchen bist, von dem mein Vater so schwärmt!« Gabi machte nicht gerade einen begeisterten Eindruck, als sie Julia am nächsten Nachmittag die Tür öffnete. »Aber was soll's, irgendwann wäre es ja doch herausgekommen, dass ich mit Stormy nicht so viel anfangen kann, wie ich immer erzählt habe.«

»Ich brauche es ja niemandem zu verraten«, schlug Julia vor. Um Gabi nicht zu verärgern, hätte sie noch ganz andere Dinge versprochen.

»Das wär jedenfalls nett von dir. Soll ich dir gleich zeigen, wo alles ist, Sattel und so?«

»Willst du denn nicht mitmachen?«, fragte Julia verwundert. Ob Gabi ihr das Pony wirklich allein überlassen wollte?

»Ich muss noch Klavier üben... Und überhaupt, so scharf bin ich nicht aufs Reiten.« Gabi wirkte ein bisschen nervös. »Wenn's dir also nichts ausmacht...«

»Bestimmt nicht!« Julia bemühte sich, nicht allzu erfreut zu klingen. Nach außen ruhig, aber innerlich jubelnd, folgte sie Gabi zum Stall. Stormy näherte sich den Mädchen interessiert und mit gespitzten Ohren.

»Geh weg, Stormy!«, sagte Gabi unwillig und machte scheuchende Handbewegungen. Auf ein Huhn oder eine Ente hätte sie damit vielleicht Eindruck gemacht, aber auf Stormy wirkten ihre Gesten offensichtlich nur erheiternd. Er machte ein paar Hupfer von den Mädchen weg und keilte spielerisch in ihre Richtung aus.

»Da siehst du's, er schlägt!«, erklärte Gabi.

»Ach, das ist doch nur Spiel.« Julia winkte ab.

»Wenn er trifft, tut's aber so weh, als wenn's Ernst wär.« Gabi hatte den Stall jetzt erreicht und öffnete eine Seitentür. Sie führte zu einer kleinen und sehr aufgeräumten Sattelkammer.

»Hier: Putzzeug, Sattel, Trense. Kannst du alles benutzen. Aber ich warne dich, das Pferd ist ganz schön grantig. Ich bin jedenfalls nie länger als fünf Minuten oben geblieben!«

»Ach, das kenn ich. Max, mein Pflegepferd bei Schecker, ist auch so ein Biest. Da komm ich schon mit zurecht.« Julia machte sich keinerlei Sorgen.

»Na, dann viel Spaß!«, sagte Gabi. »Kannst du ihn vielleicht schon mal fangen, damit er mich nicht tritt, wenn ich rausgehe?«

Julia wunderte sich. Erst Gabis Vater und jetzt Gabi … die Drögers schienen einen heiligen Respekt vor Stormy zu haben. Julia nahm Stormys hübsches rotes Stallhalfter vom Haken und ging hinaus. Wie erwartet stand das Pony vor der Tür zur Sattelkammer und steckte den Kopf hinein, sobald Julia sie öffnete. Es war ganz leicht, Stormy aufzuhalftern. Fröhlich tänzelte er neben ihr her, als sie ihn zu dem Anbindebalken an der Stirnseite des Stalles führte. Gabi schlüpfte hinter ihnen hinaus. Sie schien froh, sich zurückziehen zu können.

Julia band Stormy fest und zog los, um Putzzeug zu holen. Aber als sie mit der Putzkiste aus der Sattelkammer kam, stand das Pony schon wieder davor.

»Du bist ja ein Entfesselungskünstler!«, lachte Julia und fing Stormy wieder ein. Diesmal machte sie zwei Knoten, aber ohne Erfolg. Stormy hatte eine überaus bewegliche Oberlippe und offensichtlich viel Erfahrung mit Knoten aller Art. Noch bevor Julia mit dem Putzen begonnen hatte, war er wieder frei. Verärgert schlang sie den Strick einmal um den Anbindebalken und hielt das Ende fest. Das war zwar etwas unbequem, hinderte Stormy aber wenigstens daran, beim Putzen spazieren zu gehen.

Stormy genoss das Putzen. Er streckte den Hals, und seine Oberlippe schien vor lauter Wonne immer länger zu werden, als Julia seine Schultern und seinen Rücken striegelte. Von der Reinigung seiner Hinterfront schien er allerdings nicht so viel zu halten. Als Julia ihm dabei den Rücken zuwandte, kniff er sie schwungvoll ins Hinterteil.

»Aua!«, schrie Julia, was jetzt wieder Stormy aus der Fassung brachte. Erschrocken machte er einen Luftsprung. Dabei ließ Julia natürlich den Strick los und gab dem Pony damit die Möglichkeit zur Flucht. Stormy nutzte sie, lief aber nur wenige Schritte. Vor dem hinter ihm herschleifenden Strick fürchtete er sich nicht. So etwas schien er gewöhnt zu sein.

Julia ging dem Pony nach und holte es zurück. Jetzt würde sie aber auf der Hut sein!

»Beim nächsten Versuch setzt es was!«, drohte sie Stormy. Er schien das zu verstehen, denn er machte keine weiteren Anstalten zu beißen.

Dafür verhalf er Julia zu einer Flugreise, als sie versuchte, seine Hinterhufe aufzuheben. Jede Berührung seiner Hinterbeine quittierte er mit einem Ausschlagen. Nach einer Weile gab Julia es auf und machte sich auf den Weg, Stormys Sattel zu holen.

Natürlich kam das Pony ihr wieder nach. Das Öffnen von Knoten war wohl wirklich sein Steckenpferd. Interessiert, aber etwas misstrauisch, beäugte Stormy Sattel- und Zaumzeug. Als Julia ihm den Sattel auflegte, legte er die Ohren an.

»Sei friedlich, Süßer! Mit Sattel ist Reiten viel schöner!«, beruhigte ihn Julia, konnte ihn aber nicht daran hindern, unwillig zu zappeln und unter seinen Bauch zu treten, als sie den Sattelgurt schloss. »Jetzt noch die Trense, und dann bist du ein Reitpferd.« Julia ließ sich von Stormys Unwillen nicht beirren. Das Pony tänzelte nervös, als sie ihm die Zügel über den Hals legte und schnappte nach ihr, als sie versuchte, ihm die Trense ins Maul zu legen.

»Nun stell dich nicht so an!«, sagte Julia und nutzte ein weiteres Schnappen des Pferdchens, das Gebiss an seinen Platz zu bringen. »Reiten macht Spaß. Bestimmt!«

Stormy fand das nicht. Er keilte erneut nach dem Sattelgurt und versuchte fortzulaufen, als Julia ihn vom Stall wegführte, um aufzusteigen. Sein Gesichtsausdruck war jetzt längst nicht mehr so pfiffig und freundlich wie vorhin. Er hatte die Ohren zurückgelegt, schlug mit dem Kopf und schnappte nach Julias Hand am Zügel. Julia deutete das alles als Ausdruck überschäumenden Temperaments. Bestimmt würde es vorbei sein, wenn sie erst mal im Sattel säße.

Sie setzte einen Fuß in den kleinen Steigbügel des Ponysattels. Stormy wich zur Seite aus.

»Steh still, Stormy!«, mahnte Julia und versuchte es noch einmal. Diesmal nahm sie den linken Zügel kürzer und hinderte den Hengst daran, wegzuspringen. Tatsächlich klappte es. Mit einem Schwung kam Julia in den Sattel, verblieb darin aber höchstens fünf Sekunden. Stormy begann zu buckeln, sobald er Gewicht in den Steigbügeln spürte. Und gegen sein Buckeln waren Max' Bocksprünge nur leichte Hupfer. Julia hatte die Zügel losgelassen und Stormy floh nun bockend über die Weide. Fluchend lief Julia ihm nach. Hoffentlich musste sie ihn jetzt nicht erst drei Stunden jagen! Aber Stormy ließ sich, trotz der herunterhängenden Steigbügel, die ihm bei jedem Schritt in die Seiten stießen, relativ schnell wieder einfangen. Er stellte sogar die Ohren auf, als Julia ihn erneut in die Mitte der Wiese führte. Vielleicht war er ja nur vor irgendetwas erschrocken! Julia versuchte es noch einmal. Steigbügel aufnehmen, Schwung nehmen, aufsteigen... und erneut entfesselte sie Urgewalten. Stormy tobte los, wie von Furien gehetzt, Julia fiel herunter, Stormy flüchtete. Julia fing ihn wieder ein, das Ganze von vorn. Irgendwann musste er ja ruhiger werden! Nach dem dritten Abwurf hörte Julia auf zu zählen.

»Das war schon ganz nett, zumindest vom Stil her. Allerdings waren es wohl noch keine elf Sekunden.« Julia hörte Stephanies belustigte Stimme, als sie sich zum sechsten oder siebten Mal wieder aufrappelte.

»Wieso elf Sekunden?«, fragte sie verwirrt und versuchte, den Dreck, in den sie gefallen war, von ihren Reithosen abzustreifen.

»Na ja, so lange muss man doch oben bleiben, um in die Wertung zu kommen. Oder ist das kein Training für Rodeos, was du hier gerade betreibst?« Stephanie hatte ihren Danny auf der anderen Seite des Zauns aufgestellt und schien seinen Rücken als Logenplatz für die Vorstellung zu benutzen, die Julia und Stormy gerade gaben. Die beiden waren diesmal jedoch nicht allein. Stephanie hielt eine graufalbe Stute am Führstrick, die interessiert und mit rundem Hals zu Stormy herüberlinste. Auch sie stand allerdings ganz still und machte keine Anstalten, sich von Stormys Buckelei anstecken zu lassen.

»Sie sind gemein!«, sagte Julia wütend. »Ich reite das Pferd zu. Als Sie Ihren Danny zugeritten haben, sind Sie bestimmt auch öfter runtergefallen.«

Stephanie schlug die Augen gen Himmel.

»Solange ich Danny habe«, sagte sie dann würdevoll, »bin ich erst einmal von ihm heruntergefallen. Und das war, als er scheute, um einem schlagenden Pferd auszuweichen. Ich habe mir den Arm ausgerenkt und es hat scheußlich wehgetan. Wenn ich so oft runterfallen würde wie du, gäbe ich das Reiten lieber auf!«

»Ich hab eben nicht so 'n tolles Pferd wie Sie!«, sagte Julia unwillig und rappelte sich auf, um ihren Stormy wieder einzufangen.

»Wieso?«, fragte Stephanie. »Der kleine Kerl ist doch ein bildschönes Pony! Diesmal keins von den scheckerschen Ungetümen. Gehört es dir?«

»Nein, meiner Freundin. Sie hat Probleme damit und ich soll ihn korrigieren!« Gewichtig benutzte Julia das Fachwort für die Arbeit mit schwierigen Pferden.

Stephanie lachte.

»Na, da ist deine Freundin ja an eine wahre Expertin geraten. Ich bin gespannt, wer eher aufgibt, das Pferd oder du!«

»Ich gebe nicht auf!«, meinte Julia trotzig. Sie hatte Stormy inzwischen gefangen und schwang sich sofort wieder auf seinen Rücken. Diesmal saß sie drei Bocksprünge aus, bevor sie im Sand landete.

»Du wirst besser! Wenn du das Training überlebst, kann mal 'ne fähige Bullenreiterin aus dir werden.« Stephanie grinste.

»Sie können schlau reden! Was würden Sie denn an meiner Stelle machen? Nachgeben?« Frustriert hinkte Julia zum Zaun.

»Gar keine schlechte Idee. ›Der Klügere gibt nach‹, heißt es im Sprichwort. Leider sind offensichtlich nur wenige Reiter klüger als ihre Pferde. Im Übrigen heiße ich immer noch Stephanie.« Sie zauste die Mähne der grauen Stute, die bei Stormys letzten Bucklern ein wenig unruhig geworden war.

»Also, Stephanie, was würdest du machen?« Jetzt wollte Julia es wissen.

»Zunächst würde ich überlegen, warum dieses Pony so buckelt. Das macht es ja offensichtlich nicht zum ersten Mal. Wie heißt es eigentlich?«

»Stormy«, sagte Julia.

»Wie ›Wirbelsturm‹, richtig? Der Name passt. Also: Wenn ein Pferd beim Aufsteigen buckelt, kann das verschiedene Gründe haben. Solche, die man leicht abstellen kann, und andere, bei denen das nicht so einfach ist. Dein Pony hat zum Beispiel das Problem, dass ihm sein Sattel nicht passt. Mit ziemlicher Sicherheit drückt er. Du solltest dir also als Erstes einen anderen Sattel anschaffen oder unter diesen mindestens zwei Decken legen, um ihn abzupolstern.«

»In der Sattelkammer ist noch ein anderer Sattel, mehr so was wie 'ne gepolsterte Lederdecke mit Steigbügeln. Kann ich die wohl nehmen?« Julia lauschte andächtig.

»Du meinst ein Sattelkissen«, berichtigte Stephanie. »Das könnte wohl gehen. Es wird für dich zwar weniger bequem, aber wenigstens drückt es nicht. Mach aber auf keinen Fall die Steigbügel vom Sattel dran. Sie sind viel zu klein und zu leicht. Ein Wunder, dass du bis jetzt noch nicht darin hängen geblieben bist.«

»Und mit dem Sattelkissen wird er dann nicht mehr buckeln?«, fragte Julia.

Stephanie seufzte.

»Ich fürchte, doch!«, meinte sie. »Ich hab nämlich stark

den Eindruck, dass das bei ihm schon zum Reflex geworden ist: Sattel – Reiter – Buckeln. Wenn das der Fall ist, geht die Korrektur nicht so schnell. Dann musst du ihm nämlich erst beibringen, dass er vor dem Reiten keine Angst zu haben braucht.«

»Du meinst, ich soll ihn erst mal mit Sattel longieren?« In Gedanken ging Julia alle Einreitanweisungen ihrer Bücher durch.

»Zum Beispiel. Und mit ihm spazieren gehen, vom Boden fahren… Vom Boden fahren bedeutet, ihn mit zwei langen Leinen von hinten zu lenken. Später kannst du ihn dann ein bisschen mit deinem Gewicht belasten, dich beim Putzen mal über seinen Rücken legen und so was. Vielleicht hat er ja auch Angst, wenn er beim Aufsteigen deinen Schatten in seinem Rücken sieht. Manche Pferde denken, der aufsteigende Reiter wäre ein Raubtier, das ihnen ins Genick springt, und buckeln dann gleich los, um es abzuwerfen. Das kriegst du weg, indem du dich beim Putzen öfter mal auf einen Strohballen stellst, damit Stormy sieht, dass dein Schatten ihn nicht bedroht.«

»Aber das dauert ja irrsinnig lange!«, maulte Julia.

»Ist aber gesund!«, grinste Stephanie. »Oder willst du dich so lange abwerfen lassen, bis du im Krankenhaus landest? Das Pony gibt nicht nach, Julia. Darauf kannst du nicht hoffen! Und selbst wenn es dir gelingen würde, ihm seinen Willen zu nehmen und es ›einzubrechen‹. Wärst du da wirklich stolz drauf?«

Ohne ein weiteres Wort wendete Stephanie Danny und zupfte sanft am Führstrick der grauen Stute. »Komm, Violetta!«

Das Pferd folgte artig.

Julia holte Stormy zurück und sattelte ihn ab. Dann holte sie das Sattelkissen aus dem Stall und legte es ihm auf. Stormy blickte auch dabei sehr ungnädig, ließ das Angurten aber geschehen, ohne auszuschlagen. Er blieb jetzt auch ruhiger, als Julia ihn führte, aber sie bezähmte den Wunsch, es noch einmal mit dem Reiten zu versuchen. Nach ein paar Runden gab sie Stormy einen Leckerbissen und ließ ihn frei.

»Na, bist du geritten?«, fragte Gabi, als Julia ins Haus kam, um den Schlüssel zur Sattelkammer abzugeben.

»Nöö«, murmelte Julia, »noch nicht. Ich glaub, mit dem Stormy macht man am besten erst einmal etwas Grundlagenarbeit. Sattelgewöhnung und so was …«

Es machte erstaunlich viel Spaß, so mit Stormy zu arbeiten, wie Stephanie es geraten hatte. Julia suchte nach einem Buch, in dem Dinge wie die Sache mit dem Strohballen und dem Fahren vom Boden beschrieben wurden, und sie wurde auch tatsächlich fündig. In einer Reitlehre fand sie ein Kapitel, in dem die Gewöhnung eines jungen Pferdes an den Sattel beschrieben wurde. Auch besondere Probleme wie Beißen und Scheuen wurden darin angesprochen. Julia merkte sich alles und begann mit systematischer Arbeit.

Zunächst baute sie Stormy Bodenhindernisse aus Stangen und führte ihn hinüber. Sie machte ihm klar, dass er sich vor Plastikplanen und flatternden Ponchos nicht fürchten musste, longierte ihn mit und ohne Sattel, was ihm sehr viel Spaß machte, und ging oft mit ihm spazieren, damit er die Welt kennen lernte. Dabei traf sie denn auch Stephanie und Danny wieder. Auch diesmal hatten die beiden die hübsche graue Stute bei sich.

»Donnerwetter«, begrüßte Stephanie Julia. »Das ist das erste Mal, dass ich dich treffe und du nicht gerade in Schwierigkeiten steckst! Es geschehen noch Zeichen und Wunder!«

Julia beschloss, ihren Spott zu überhören.

»Er ist viel artiger geworden, seit ich Bodenarbeit mit ihm mache«, erklärte sie und klopfte Stormy den Hals. Leider ließ der kleine Hengst im Augenblick nichts von seiner eben erworbenen Erziehung merken. Beim Anblick der beiden fremden Pferde hatte er zu tänzeln begonnen und trompetete ihnen nun einen Gruß nach dem anderen hinüber.

Danny legte die Ohren an und schob sich zwischen Stormy und die graue Stute.

»Er ist eifersüchtig«, lächelte Stephanie. »Er hat Angst, dass dein Pony ihm Violetta ausspannt!«

»Gehört Violetta dir?«, fragte Julia und bemühte sich, Stormy zur Vernunft zu bringen.

»Sicher. Oder meinst du, ich hätte sie im Wald gefunden wie damals deinen Max? Nein, sie ist mein Nachwuchspferd. Aber Danny ist natürlich der festen Überzeugung, ich hätte sie nur für ihn gekauft. Er liebt sie heiß und innig. Meine Güte, dein Pony gibt sich aber hengstig! Spät kastriert, was?« Stephanie hatte jetzt fast etwas Mühe mit Danny, der Anstalten machte, auf Stormy loszugehen.

»Stormy ist ein Hengst!«, erklärte Julia stolz.

Stephanie stöhnte.

»Auch das noch! Du suchst dir aber auch nur die verrücktesten Pferde aus. Pass auf, dass du ihn nicht loslässt, denn wenn er sich Violetta greifen will, kann ich für nichts garantieren. Danny ist zwar kein Hengst mehr, aber er ist größer als dein Stormy und hat mindestens zehn Jahre mehr Erfahrung. Außerdem tragen ihn die Flügel der Liebe! Warum hält sich deine Freundin einen Hengst?«

Julia zuckte die Achseln.

»Weiß nicht. Sie hat ihn zum Geburtstag gekriegt.«

»Ach, so eine Geschichte also. Und lass mich mal raten! Ihr Opa war bei der Kavallerie, stimmt's?« Stephanie lachte.

»Woher weißt du das?«, fragte Julia.

»Es ist immer wieder dasselbe. Wahrscheinlich hat sich der Großvater deiner Freundin als Junge ein Pony gewünscht, beim Militär durfte er dann mal Pferde versorgen, und jetzt hat er Kinder mit Eigenheim und eine Enkelin, die sich ein Pony wünschte. Was liegt da näher, als sich den eigenen Jugendtraum endlich zu erfüllen.«

»Aber Gabis Opa war wirklich ...«

»Nie im Leben! Wenn er wirklich ein alter Kavallerist wäre, hätte er deiner Freundin garantiert keinen rohen Junghengst mit schlechten Manieren ausgesucht. Und wahrscheinlich hätte er seine Pferdeliebe dann auch nicht vierzig Jahre versteckt gehalten, sondern sich längst selbst ein Pferd gekauft. Die meisten echten Kavalleristen sind nach dem Krieg sowieso Reitlehrer geworden. Mein erster Lehrer war auch einer. Fürchterlich streng, aber gut!«

»Aber Gabis Opa hat im Krieg wirklich mit Pferden zu tun gehabt.«

»Mag ja sein. Das haben viele. Aber ob man irgendwo in Russland mit ein paar todmüden Infanteriepferden umgegangen ist oder ob man eine Berufsreiterausbildung hat, das ist ein Unterschied. Ich wette übrigens, euer Herr Schecker hat auch immer behauptet, er wär bei der Kavallerie gewesen!«

Julia nickte. Sie hatte jetzt wirklich Mühe, Stormy zu halten. »Er ist manchmal noch ganz wild. Kann das daran liegen, dass er ein Hengst ist?« Das Thema »Stormy« lag Julia weitaus näher als die Kriegserlebnisse von Gabis Opa.

»Zum Teil bestimmt«, meinte Stephanie. »Aber sicher nicht nur. Was füttert ihr eigentlich?«

»Och, der wird gut gefüttert. Gabis Vater gibt ihm Heu und Hafer.«

»Wie viel Hafer?«

»Der hat so 'n Litermaß. Das kriegt er morgens und abends zweimal voll.«

»Vier Litermaß Hafer? Das erklärt alles. Bitte Gabis Vater oder euren Experten von der Kavallerie, ihm den Hafer ersatzlos zu streichen. Ihr könnt ihm höchstens ein paar Möhren zufüttern. Dann wird er ruhiger. Wirst sehen. Aber jetzt muss ich los, bevor sich dein Pony vollständig eingegraben hat!« Sie wies auf Stormy, der inzwischen begonnen hatte, hektisch mit den Vorderhufen zu scharren. Das Loch, das er buddelte, wurde mit atemberaubender Geschwindigkeit tiefer.

Julia winkte Stephanie nach, die rasch davonritt. Offensichtlich war Danny froh, seine Stute aus dem Einflussbereich des fremden Hengstes entfernen zu dürfen.

Die Futterumstellung bewirkte bei Stormy Wunder. Der kleine Hengst wurde zusehends umgänglicher. Er konzentrierte sich besser auf Julia und ihre Anweisungen, schwitzte nicht mehr so schnell und buckelte an der Longe keinen Übermut mehr heraus. Julia begann mit dem »Fahren vom Boden«, und obwohl sie zunächst Schwierigkeiten hatte, mit den langen Leinen zurechtzukommen, klappte es bald sehr gut. Mit den »Fahrzügeln« und der Doppellonge lernte Stormy nun auch, die Berührung seiner Hinterbeine zu akzeptieren. Als er Julia zum ersten Mal erlaubte, ihm die Hufe aufzuheben, war sie so stolz, als hätte sie mindestens das Deutsche Derby gewonnen.

Außer Stephanie, die gelegentlich vorbeiritt, wenn Julia auf der Weide mit Stormy arbeitete, wusste das leider keiner so richtig zu würdigen. Gabi fand ihre Beschäftigung mit Stormy langweilig, Petra hielt Bodenarbeit ohnehin für Quatsch, und sogar Susanne fragte immer wieder, wann man Stormy denn nun endlich reiten könnte. Ihrer Mutter erzählte Julia lieber nicht zu viel von der Arbeit mit Stormy. Schließlich wollte sie Frau Wiegand nicht auf die Idee bringen, dass das Pferd vielleicht gefährlich sein könnte.

»Er kann jetzt alles das, wovon du gesagt hast, dass ein junges Pferd es können muss«, erklärte Julia, als Stephanie ihr wieder einmal beim Üben zusah. Die junge Frau bot heute einen ungewohnten Anblick, denn sie saß nicht auf Danny, sondern auf Violetta. Die graue Stute bewegte sich noch etwas unsicher unter ihrer Reiterin. Stephanie erzählte Julia, dass es ihr erster Ausritt ohne Begleitung sei.

»Ist Violetta denn auch noch ganz jung?«, fragte Julia.

»Ich hab dir doch schon mal gesagt, dass sie mein Nachwuchspferd ist. Sie ist vier Jahre alt und seit gut zwei Monaten unter dem Sattel.«

»Aber sonst reitet man Pferde doch mit drei an!«

»Wenn man ein Jahr länger wartet, macht es mehr Spaß«, erklärte Stephanie. »Dann lernen die Pferde nämlich schneller und sind nicht mehr so verspielt. Außerdem bleiben sie dann im Alter länger fit. Guck dir Danny an, der wird nächstes Jahr zwanzig!«

»So alt?«

»Hättest du nicht gedacht, oder? Aber zurück zu deinem Pony. Wann willst du dich zum ersten Mal draufsetzen?«

»Ich soll mich draufsetzen?«, fragte Julia dümmlich.

Stephanie lachte.

»Na klar. Dazu diente doch wohl die ganze Vorbereitung! Sieh zu, dass du eine Freundin findest, die das Pony festhält, und dann probier's!«

»Ich brauch keine Hilfe. Ich kann allein reiten!« Empört schaute Julia zu ihr auf.

»Entschuldige, entschuldige! Ich vergaß, dass man dir das goldene Reitabzeichen ja bereits in der Wiege zuerkannt hat!« Stephanie deutete eine Verbeugung an und Violetta machte einen Seitensprung. Stephanie beruhigte sie mit Schmeicheleien, Streicheln und Klopfen.

»Aber dein Pony hat noch nicht reiten gelernt«, wandte sie sich dann wieder an Julia. »Es fühlt sich sicherer, wenn es beim ersten Aufsteigen geführt wird. Warum willst du ihm die Hilfe nicht gönnen?«

»Also schön«, murmelte Julia. »Susanne wird mich für

verrückt halten, aber okay, ich werd sie fragen. Hauptsache, er buckelt nicht wieder!«

»Ich glaube nicht, dass er buckelt«, meinte Stephanie. »Aber ich wünsch dir trotzdem viel Glück!«

Ferien mit Stormy

Susanne verstand Julias Aufregung nicht, als sie ihr beim Satteln und Zäumen von Gabis Pony zusah. Stormy machte schließlich einen ausgesprochen angenehmen und freundlichen Eindruck und ließ das Putzen und Satteln ganz gelassen mit sich geschehen. Warum machte Julia wohl eine solche Aktion aus dem Reiten?

Gabi, die vom Zaun aus zusah, konnte Julias Besorgnis schon eher verstehen. Ihrer Ansicht nach hatte Julia die gesamte Vorarbeit mit Stormy nur deshalb geleistet, um sich vor dem Reiten zu drücken. Gabi war überzeugt davon, dass Julias Versuch, Stormy heute zu besteigen, genauso erfolglos enden würde wie alle anderen vorher. Sie musste es schließlich wissen, denn in Stormys ersten Tagen bei ihnen hatten ihr Vater und ihr Großvater bereits alles versucht, das Pony fügsam zu machen. Sie hatten es beim Aufsteigen festgehalten und angebunden, hatten es mit einem Futtereimer zu beruhigen versucht und mit der Peitsche gestraft, wenn es seine Reiterin dennoch abwarf. Ihr Opa hatte es schließlich drei Tage dursten lassen, um es »kirre« zu machen. Als Stormy sich dennoch nicht reiten ließ, hatte er ihn zum »Verbrecher« erklärt und seither nicht mehr angefasst. Nein, dieses Pony konnte man nicht reiten! Julia würde das auch noch merken!

Julia befestigte brandneue Steigbügel an Stormys Sattelkissen. Frau Wiegand hatte sie ihr spendiert. Anstandslos.

»Deine Sicherheit ist mir das Geld wert«, hatte sie erklärt. »Und wenn du das Pony schon kostenlos reiten darfst, können wir ihm ja auch mal etwas zukommen lassen. Aber ist es nicht komisch, dass Gabis Eltern noch nicht selbst daran gedacht haben, es richtig auszustatten?«

Unter Nennung einiger fadenscheiniger Begründungen hatte Julia sich verdrückt. Ihre Mutter sollte lieber nicht erfahren, dass Gabis Eltern sich in keiner Weise um das Pony ihrer Tochter kümmerten und erst recht nicht darum, was Julia damit anstellte.

»Wir longieren ihn zuerst ein bisschen«, sagte Julia zu Susanne, als sie mit dem Satteln fertig war. »Guck mal, was für hübsche Gänge er hat!«

Stormys Bewegungen an der Longe waren wirklich nett anzuschauen. Zwar tänzelte er jetzt nicht mehr so feurig daher wie früher, aber dafür achtete er sehr genau auf Julia und ihre Anweisungen. Er ging artig im Schritt, trabte auf Zuruf an und galoppierte dann auch ein bisschen. Auf ein einziges Wort von Julia blieb er stehen.

»Soll ich dich auf ihm longieren?«, fragte Susanne, als Julia dem Pony einen Leckerbissen gab und es dann umdrehte.

»Nein, nein, nur führen! Ich longiere ihn noch ein paar Runden auf dieser Hand und dann geht's los!«

Interessiert folgte Stormy Susanne und Julia in die Mitte

der Weide, wo Julia einen Strohballen bereitgelegt hatte. Auf Stephanies Rat hin wollte sie ihr Bein zum ersten Mal vom Strohballen aus über seinen Rücken schwingen. So würde der alte Reflex »seitliche Belastung – Reiter – Buckeln« nicht ausgelöst. Stormy kannte den Aufbau schon. Er blieb artig stehen, als Julia den Strohballen erkletterte und zunächst ihren Oberkörper über seinen Rücken legte. Interessiert wandte er sich nach ihr um und nahm einen Leckerbissen.

»So, jetzt!« Julia holte tief Luft, nahm die Zügel auf und ließ sich in Stormys Sattel gleiten. Das Pony verspannte sich und machte einen Schritt zur Seite. Susanne hielt es fest und streichelte es und jetzt kam auch schon Julias bekannte, beruhigende Stimme von hinten. Von hinten? Oder von oben? Stormy zeigte lebhaftes Ohrenspiel. Er war deutlich misstrauisch, aber er stand still. Julia tätschelte seinen Hals und sprach auf ihn ein, während sie nach den Steigbügeln angelte.

»Liebes Pony, braves Pony! Jetzt kannst du anführen, Susi!« Julia zwang sich dazu, die Zügel nicht anzuziehen, klammerte sich aber in die Mähne.

»Ganz ruhig, Stormy!« Stormy spürte, dass seine Freundin Julia sich fürchtete. Er äugte misstrauisch um sich, aber er sah keinen Feind. Wachsam, aber einigermaßen entspannt, konzentrierte er sich auf Susanne. Nach den ersten Schritten am Führzügel bemerkte er, dass auch Julia ruhiger wurde. Es war ungewohnt, ihre Stimme und ihren Schatten im Rücken zu haben, aber es war nicht unangenehm. Ob sie wohl noch einen Leckerbissen hatte? Stormy blieb stehen und sah sich nach ihr um. Tatsächlich schob sie ihm eine Möhre ins Maul. Zufrieden kauend ließ Stormy sich wieder anführen. Nach den ersten paar Runden ging er wie ein altes Schulpferd.

Julias Sorgen wichen einem gewaltigen Gefühl des Triumphes. Geschafft, es war geschafft! Sie, Julia, hatte ein Pony gezähmt, das alle für einen Verbrecher hielten! Sie wagte es, eine Hand aus Stormys Mähne zu nehmen und Gabi zu winken.

»Ich glaube, für heute reicht es. Vielen Dank, Susanne!«

Am Anfang genügen zehn Minuten, hatte Stephanie schließlich gesagt. Und von deren überlegenem Wissen war Julia inzwischen überzeugt. Außerdem hatte es in dem Buch gestanden, in dem Julia jetzt ständig nachschlug.

»Echt? Willst du nicht noch traben?« Susanne wunderte sich.

»Morgen vielleicht!« Julia gab dem Pony die Anweisung anzuhalten und Stormy stoppte brav. Mit weichen Knien rutschte Julia vom Pferd. Sie überschüttete Stormy mit Lob und Leckerbissen, umarmte und streichelte ihn und gönnte ihm noch eine kleine Massage mit seinem Lieblingsstriegel, bevor sie ihn auf die Weide entließ.

»So, und jetzt lad ich dich zu 'nem Eis ein!«, strahlte sie Susanne an, nachdem sie Sattel und Zaumzeug weggeräumt hatten. »Stormy war so toll, das müssen wir feiern!«

In den nächsten Tagen wurde Stormy immer besser. Susanne kam noch ein paarmal, um Julia beim Aufsteigen zu helfen und sie herumzuführen, aber dank Julias Vorarbeit lernte das Pony rasch, die Hilfen der Reiterin zu akzeptieren.

Julia war hochzufrieden. Sicher, sie war keine perfekte Reiterin, und es gelang ihr nicht immer, Stormy sofort klar zu machen, was sie von ihm wollte. So drehte er zum Beispiel manchmal einfach zum Stall hin um, wenn er keine Lust mehr hatte. Julia musste dann aufpassen, dass sie sich an der Stalltür nicht den Kopf anschlug. Auch das Angaloppieren klappte nicht sofort. Stormy akzeptierte keine normale Galopphilfe, und so half sich Julia, indem sie ihn so lange antrieb, bis er ansprang. Aber auf jeden Fall buckelte das Pony nicht mehr. Es ließ Julia anstandslos aufsteigen und meistens ließ es sich auch sehr gut lenken, antraben und anhalten. Wenn es manchmal einfach stehen blieb und um einen Leckerbissen bat, erfüllte Julia ihm seinen Wunsch, weil sie das niedlich fand. Stormy sollte schließlich ihr Freund sein! Stormy quittierte ihre Nachsicht mit ausgesprochener Zuneigung. Er wieherte, wenn er sie sah, galoppierte zum Zaun, wenn sie kam, und genoss ihre Zärtlichkeiten. Stormy war ein Traumpony! Man konnte es nicht anders sagen.

Als die Sommerferien begannen, war Stormy fast zwei Wochen unter dem Sattel, und Julia freute sich darauf, jetzt viel Zeit zum Reiten und für die Beschäftigung mit Stormy zu haben. Sie wäre gern einmal mit ihm ausgeritten, traute sich aber nicht allein ins Gelände. Ungeduldig wartete sie darauf, dass Stephanie wieder vorbeiritt, aber die junge Frau erschien erst in der zweiten Ferienwoche. Wie meistens saß sie auf Danny, Violetta im Schlepptau.

»He, was seh ich denn da? Julia hoch zu Ross auf Wirbelsturm? Na, wie oft hat er dich abgeworfen?«

»Kein einziges Mal! Er war ganz großartig!«, sagte Julia stolz. »Schade, dass du nicht da warst!«

»Ich war in Urlaub, an der See. Das tut Dannys Lungen mal ganz gut!«

»Hattest du Danny mit im Urlaub?« Was für ein traumhafter Gedanke! Vor Julias innerem Auge entstand das Bild eines Palmenstrandes und eines Galopps in den Wellen.

»Ich nehm die Ponys immer mit, wenn ich nicht gerade in irgendeine Stadt fahre. Das macht Spaß, und ich brauche niemanden zu suchen, der sie versorgt. Leider ist es sehr kompliziert, wenn man ins Ausland will. Mittelmeerträume kannst du dir abschminken. Aber was soll's, die Nordsee ist genauso nass. Diesmal war auch tolles Wetter und ich konnte mit Danny schwimmen.« Stephanie klopfte den Hals des Dunkelbraunen.

»Du hast es gut!«, murmelte Julia.

»Kannst du auch haben, wenn du älter bist. Als ich so alt war wie du, hatte ich auch noch kein eigenes Pony, geschweige denn einen Hänger und ein Zugfahrzeug. Aber dir kann man doch gratulieren! Das Pony geht jetzt wirklich sehr nett.«

Julia nickte.

»Nimmst du uns wohl mal mit in den Rauforst?«, fragte sie schüchtern.

»Wenn du diesmal die Sporen zu Hause und die Wanderer am Leben lässt!«

Julia lachte.

»Ich versuche es wenigstens!«

»Okay, dann komm. Ich hab nicht so viel Zeit heute.«

Julia führte Stormy aus der Weide und stieg auf. Voller Stolz reihte sie sich hinter Danny und Violetta ein. Der erste Ausritt auf ihrem eigenen Pony! Na ja, fast auf ihrem eigenen Pony, korrigierte sie sich. Aber in der letzten Zeit hatte sie sich immer mehr angewöhnt, so an Stormy zu denken. Das Leben mit ihm war schließlich genauso, wie das Leben mit dem eigenen Pferd in Pferdegeschichten beschrieben war. Er liebte sie und sie liebte ihn…

»Reit nicht ganz so weit auf, bitte!«, riss Stephanie sie aus ihren Träumen. »Sonst irritierst du Danny. Der mag den Stormy nämlich nach wie vor nicht. Unter dem Sattel wird er zwar bestimmt nicht nach ihm schlagen, aber es ist gut, wenn du dir gleich angewöhnst, vorsichtig zu sein. Andere Pferde haben solche Hemmungen nämlich nicht!«

Julia nickte. Das wusste sie schon aus dem Reitstall. Dort gab es nämlich immer wieder Geschrei und Verletzungen, wenn ein Pferd nach dem anderen schlug. Sie überlegte.

»Du meinst, Danny würde sich gern mit Stormy schlagen, aber er tut es nicht, weil er einen Sattel trägt?«, fragte sie.

»Na ja, nicht in erster Linie wegen des Sattels, sondern eher weil ich draufsitze«, korrigierte sich Stephanie.

»Aber warum? Was ändert das für ihn?«

»Was das für ihn ändert? Wenn er schlägt, während ich ihn reite, bekommt er meine Gerte zu spüren!«

»Du meinst, du haust ihn? Er hat Angst vor dir?« Julia war verblüfft. Sie hatte bisher immer gedacht, dass Danny Stephanie aus lauter Liebe gehorchte.

»Na ja, ganz so würde ich das nicht ausdrücken!«,

meinte Stephanie. »Das klingt ja, als wäre ich wer weiß was für ein Pferdeschinder! Ich würde eher sagen, er hat Respekt vor mir. Er weiß, was er darf und was er nicht darf, und er weiß, dass ich ihn strafe, wenn er sich nicht daran hält.«

»Aber ich dachte … ich dachte, ihr wäret Freunde. Ich würde Stormy nie schlagen!« Julia hatte die rüden Methoden, die sie damals bei Max angewandt hatte, längst vergessen.

»So benimmt er sich auch! Wenn er keine Angst hätte, dass die Stute ihm wegliefe, wäre er schon längst an irgendeinem Grasbüschel stehen geblieben! Ich würde ihm an deiner Stelle nicht erlauben, an jedem Baum zu naschen, an dem er vorbeikommt. Erstens ist das lästig und zweitens erwischt er dabei leicht mal aus Versehen eine Giftpflanze. Also ich meine, dass zwischen Reiter und Pferd so ein Verhältnis bestehen muss wie zwischen Angestelltem und Chef – oder wie zwischen Lehrer und Schüler. Ein angenehmes Betriebsklima, aber getragen von gegenseitigem Respekt: Ich bin nett zu Danny und er ist nett zu mir. Ich halte mich an die Regeln, indem ich ihn nicht überfordere, ihn nicht verleihe, nichts von ihm verlange, was er nicht kann … und er hält sich an die Regeln, indem er tut, was ich sage!«

Julia lachte.

»Und er darf bei der Arbeit nicht naschen, weil du während der Bürostunden am Schreibtisch auch nichts essen darfst!«

»Ich darf das. Ich bin selbstständig!« Stephanie grinste. »Es gibt eben keine Regel ohne Ausnahme! Sollen wir mal traben?«

»Kannst du das denn, mit Handpferd?«

»Aber ja! Versuche, dein Pony hinten zu halten, okay?« Danny und Violetta trabten beinahe gleichzeitig an. Sie legten ein mittleres Tempo vor, bei dem Stormy gut mithalten konnte. Stormy wäre allerdings lieber galoppiert. Julia hatte Schwierigkeiten, ihn zu halten, aber sie schaffte es. Immer noch im Trab bog Stephanie auf den Weg ab, der zu den Bächen führte. Er wurde hier enger und Julia beobachtete fasziniert, wie Violetta ganz selbstverständlich zurückblieb und sich hinter Danny einordnete.

»Alles klar?«, fragte Stephanie, als sie ihre Pferde kurz vor dem Bach in den Schritt durchparierte. Julia nickte stolz.

»Willst du durch den Bach oder über die Brücke?«

»Stormy war noch nie im Bach.«

»Dann wird es ja Zeit, dass er es lernt! Halt ihn ganz knapp hinter meinen Pferden. Ausnahmsweise mal keine ganze Pferdelänge, sondern höchstens eine halbe. Und lass ihm die Zügel lang, damit er schnuppern kann. Ach ja, und Knieschluss, bitte, sonst muss ich dich aus dem Bach ziehen, wenn dein Pony einen Satz macht!« Stephanie ließ Danny antreten. Der gelassene Braune ging ins Wasser, ohne zu zögern. Violetta folgte ihm sofort. Stormy dagegen blieb zunächst stehen. Er schnaubte misstrauisch und schnupperte an der Uferböschung.

»Lass ihn gucken, aber nicht fressen!«, rief Stephanie, die ihre Pferde in der Mitte des Baches angehalten hatte.

Unschlüssig trat Stormy von einem Bein aufs andere. Stephanie ritt wieder an, die anderen Pferde entfernten sich. Julia merkte, dass es Stormy gar nicht recht war, sie zu verlieren. Er wieherte ihnen nach. Julia trieb ihn an. Violetta, die soeben das andere Ufer erreicht hatte, antwortete dem kleinen Hengst mit sanftem Bubbern. Das reichte, Stormy machte einen gewaltigen, ungeschickten Sprung und fand sich im Wasser wieder. Gar nicht so schlimm. Auch Julia war noch oben. Er gab ihr Zeit, sich zurechtzusetzen, und marschierte dann unter ihren Lobesbekundungen ans andere Ufer.

»War er nicht fantastisch!«, rief Julia.

»Das war er!«, bestätigte Stephanie. »Noch ein kleiner Galopp, bevor wir umdrehen?«

»Das war der schönste Ausritt meines Lebens!«, erklärte Julia, als sie sich vor Gabis Haus von Stephanie verabschiedete. »Darf ich wohl mal wieder mit?«

»Gern«, lächelte Stephanie. »Bis bald mal!« Sie ritt davon und Julia brachte Stormy auf die Weide. Dabei winkte sie Gabi zu, die mit ihrer Freundin Monika im Garten saß. Die beiden grüßten nicht zurück. Julia wunderte sich. In der letzten Zeit hatte sie zunehmend das Gefühl, als wäre Gabi böse auf sie.

Es war wundervoll, Ferien zu haben und ein Pony wie Stormy! Julia ritt ihn jeden Tag, auf der Weide oder im Gelände. Seit sie ihm seine kleinen Widersetzlichkeiten nicht mehr ohne weiteres durchgehen ließ, war er noch besser und aufmerksamer geworden. Dabei schien er Julia auf keinen Fall weniger zu mögen. Nach wie vor freute er sich, wenn sie kam, und sah ihr traurig nach, wenn sie ihn wieder verließ.

»Er ist einsam«, sagte Stephanie. »Pferde brauchen Gesellschaft. Er sollte hier nicht so alleine stehen.«

Um Stormy über seine Einsamkeit hinwegzutrösten, verbrachte Julia sehr viel Zeit bei ihm auf der Weide. Sie brachte sich eine Decke und ein Buch mit, setzte sich zu ihm und las ihm vor. Stormy blieb meist in ihrer Nähe und schien ihr aufmerksam zuzuhören. Julia liebte diese Stunden mit ihrem Pony. Auch wenn Gabi und ihre Freundinnen sie für verrückt erklärten.

Julia ritt nun öfter mit Stephanie und Danny aus. Stephanie nutzte meist die Vormittagsstunden zum Reiten, denn gegen Abend wurde es im Rauforst voll. Es gab nur wenige Reitwege, aber zwei Reiterhöfe und etliche Privatställe rund um das kleine Waldgebiet, und wenn das Wetter schön war und die Reiter freihatten, wurde es eng auf den Reitwegen. Lange Trab- und Galoppstrecken waren dann wegen des ständigen »Gegenverkehrs« nicht drin. Morgens hatten Julia und Stephanie den Wald dagegen fast für sich allein. Hinter dem erfahrenen Danny lernte Stormy, durchs Wasser zu gehen, über die gefährlich holpernde Brücke zu steigen und sich nicht mehr vor Lastwagen zu fürchten. Julia wusste jetzt, wie falsch es gewesen war, Max mit Gewalt ins Wasser treiben zu wollen. Die sanften Methoden, die Stephanie ihr zeigte, brachten bessere Ergebnisse und machten mehr Spaß.

Leider klappte es mit dem Dressurreiten noch nicht so richtig. Stormy hatte keine Freude an der Arbeit auf der Weide, und Julia beherrschte die korrekte Hilfengebung selbst nicht gut genug, um das junge Pony schulen zu können. Manchmal wünschte sich Julia auch bei der Bahnarbeit ein paar Tipps von Stephanie, aber sie war zu schüchtern, sie darum zu bitten.

Verlust

Gabi schlenderte vom Haus aus zum Offenstall, als Julia Stormy gerade absatteln wollte.

»Lass den Sattel drauf, ich will auch mal!«

Julia war verblüfft: »Auf einmal? Bisher hattest du doch nie Lust zum Reiten.«

»Aber heute doch. Er schmeißt doch jetzt niemanden mehr herunter, oder?«

Julia bezähmte den Wunsch, zu schwindeln und Stormy als gefährlich hinzustellen. Gabis plötzlicher Wunsch zu reiten passte ihr gar nicht. Aber andererseits war es besser, wenn Gabi es in ihrem Beisein versuchte, als wenn sie allein oder mit ihrem Opa herumexperimentierte.

Julias Bewunderung für Gabis Großvater hatte in den letzten Wochen spürbar nachgelassen. Nun, da das Pony umgänglicher geworden war, erschien er wieder häufiger im Stall, und jedes Mal, wenn er da war, brachte er Julias Ordnung und Stormys Seelenleben gründlich durcheinander.

»So 'n Pferd muss richtig Hafer kriegen!«, sagte er zum Beispiel und füllte Stormys Krippe bis zum Rand. Am nächsten Tag war das Pony dann außer Rand und Band und einmal hatte es Julia sogar abgeworfen.

»Den muss man jetzt mal einfahren!«, hieß es ein anderes Mal, und gleich am nächsten Tag schritt der alte Mann zur Tat. Ein dickes Seil wurde Stormy um den Hals gebunden, daran ein Holzbalken befestigt. Gabis Opa brüllte »Hü!«, und als Stormy nicht sofort anzog, zog er ihm die Peitsche über die Kruppe. Stormy sprang entsetzt nach vorn, spürte das Seil an seinem Hals und an seinen Hinterbeinen, hörte das Poltern der Stange und geriet in Panik. Julia, die das Wochenende bei ihrem Vater verbrachte, hörte erst am nächsten Nachmittag über Stephanie von diesen Ereignissen. Die war nämlich gerade vorbeigeritten und hatte das Schlimmste verhindern können. Stormy, so berichtete sie, war zu ihren Pferden geflüchtet und dort stehen geblieben. Sie hatte dann über den Zaun klettern und das Pony befreien können.

»Und dem Mann hab ich eine Standpauke gehalten, dass ihm Hören und Sehen verging!«, schloss Stephanie ihren Bericht.

Julia nickte. Sie kannte Stephanies Standpauken. In den nächsten Tagen gab es dann reichlich Gelegenheit dazu, das Anlegen von Angussverbänden zu üben, denn Stormy hatte sich verletzt und lahmte fast zwei Wochen.

Julia fiel all dieser Ärger wieder ein, als sie Gabi Stormys Zügel übergab.

»Nein, ich glaub nicht, dass er dir was tut, wenn du ihn reitest«, sagte sie resigniert. »Wenn du willst, kann ich dich auch führen.«

Gabi nickte. Ihr Vertrauen in Stormys Wandlung war wohl doch nicht so groß.

Julia führte Stormy in die Mitte der Weide und half Gabi beim Aufsteigen. Für Julias Verhältnisse stellte Gabi sich dabei ganz schön ungeschickt an. Sie hing wie ein Mehlsack im Steigbügel, und hätte Julia nicht auf der anderen Seite gegengehalten, wäre ihr sicher das Sattelkissen unter Stormys Bauch gerutscht.

»Warum nimmst du nicht den richtigen Sattel?«, fragte Gabi, als sie endlich oben war und versuchte, sich auf dem Sattelkissen einzurichten.

»Er passt ihm nicht, er drückt! Stephanie sagt, ihr solltet ihn verkaufen und euch nach einem anderen umsehen. Das Pony wäre groß genug für einen richtigen Trachtensattel, so wie Violettas.«

»Mein Opa sagt, deine Stephanie ist ein freches Gör!« Während sie sprach, rammte Gabi Stormy die Fersen in die Weichen, um ihn zum Antreten zu bewegen. Das Pony legte die Ohren zurück.

»Langsam! Und zieh die Hacken nicht so hoch. Du musst die Hilfe weiter vorn geben, nicht an seinem Bauch!« Julia führte Stormy an. »Außerdem ist Stephanie kein Gör. Die ist erwachsen, mindestens zwanzig Jahre alt!«

»Mein Opa sagt jedenfalls, sie hat keine Ahnung von Pferden. Sie verpimpelt sie. Lass mich jetzt los, ich kann allein reiten!«

Julia ließ die Zügel los, woraufhin Gabi sie sofort verkürzte, um sich daran festzuklammern. Stormy schlug nervös mit dem Schweif.

»Hü!«, sagte Gabi und trommelte mit den Hacken auf Stormys Bauch ein. Das Pony setzte sich in Trab.

Über ihre verzweifelten Versuche, gleichzeitig zu treiben und sich festzuhalten, entglitten Gabi die Zügel. Stormy wich in die Mitte der Weide aus und Gabi fand sich neben Julia wieder.

»Gut, das reicht für heute!«, sagte sie zufrieden. »Er ging gut bei mir, findest du nicht? Ich werd ihn jetzt öfter reiten.«

Julia enthielt sich jeden Kommentars. Ihr Herz war schwer, als sie nach Hause radelte. Vergeblich versuchte ihre Mutter, sie zu trösten.

»Schau mal, diese Gabi hatte doch bis jetzt keinen Spaß am Reiten. Vielleicht war das heute nur so ein Strohfeuer. Bestimmt versucht sie's höchstens noch zwei- oder dreimal und dann hast du Stormy wieder für dich!«

»Aber sie wird ihn verderben! Ich will nicht, dass er so wird wie die Schecker-Ponys«, sagte Julia düster.

»Ach, das wird er schon nicht! Denk dran, was du mir neulich erzählt hast: Pferde vergessen nie etwas, nichts Gutes und nichts Schlechtes. Stormy wird sich immer daran erinnern, was du ihm beigebracht hast!«

Zuerst schienen sich Frau Wiegands optimistische Prognosen zu bewahrheiten. Nach den Ferien kam Gabi nur noch zweimal zum Reiten, immer unmittelbar nachdem Julia geritten war. Julia vermutete, dass sie diesen Zeitpunkt wählte, weil Stormy dann schon geputzt, gesattelt und gezäumt war. Jedes Mal versuchte sie, das Pony so schnell wie möglich zum Traben oder Galoppieren zu bewegen, indem sie es anschrie und in die Seiten trat. Die Hinweise von Julia, die versuchte, ihr zu erklären, weshalb

Stormy auf diese Behandlung nicht reagierte, schien sie gar nicht zu hören.

Es war an einem Montag nach einem Wochenende bei ihrem Vater, als Julia auf einen zerrissenen Zügel und einen sehr aufgeregten Stormy stieß. Stephanie erzählte ihr, dass sie Gabis Großvater auf der Weide gesehen habe. Mehr wusste sie auch nicht.

»Kauf dir in einem Laden für Bootsbedarf ein langes Seil und knote Karabinerhaken dran«, riet Stephanie, als Julia die kaputten Zügel beklagte. »Besser, der Zügel ist kaputt als das Pony!«

Stormy brauchte nur ein paar Tage, bis er wieder der Alte war, und erneut vergingen ruhige Wochen, in denen Julia das Pony ganz für sich hatte. Ihr Glück mit Stormy war jedoch getrübt. Schließlich wusste sie nie genau, was sie erwartete, wenn sie zu Gabis Haus radelte. Sie wusste nicht, was genau sie fürchtete, aber irgendetwas lag in der Luft.

Und dann, an einem Samstagnachmittag, bestätigten sich ihre schlimmsten Ahnungen.

Julia hörte das Kreischen und Lachen schon von weitem. Sie stellte ihr Fahrrad zu den beiden anderen vor Gabis Haus. Gabi musste Besuch haben und der Lärm kam von Stormys Koppel.

Julia rannte zur Weide, wo einiges los war. Irgendjemand hatte aus den Stangen, die sie zu Beginn ihrer Arbeit mit Stormy für die Bodenarbeit gebraucht hatte, Hindernisse gebaut. Sie waren sogar farbig gestrichen worden. Julia sah, wie Gabis Opa eben die Farbeimer wegstellte. In der Mitte des »Parcours« standen Gabi, Monika und Ulla, ein Mädchen aus ihrer Klasse, das im Reitstall ritt. Ein anderes Mädchen – auf den zweiten Blick erkannte Julia Petra – saß auf Stormy und ritt ihn rund um die Weide. Sie hatte die Zügel sehr kurz genommen und Stormy schlug unwillig mit dem Kopf.

»Der Bock kommt nicht an den Zügel!«, verkündete Petra. »Hast du keine Schlaufen?«

Julia sog scharf die Luft ein. In den Büchern, die sie las, wurde von Schlaufzügeln durchweg abgeraten.

»Was?«, fragte Gabi.

»Schlaufzügel! Ein paar Stricke gehen auch!«

Ulla lief in die Sattelkammer und kam mit Julias frisch zusammengeknüpften Zügeln zurück. Fachmännisch befestigte sie sie an Stormys Sattelgurt und zog sie durch die Trensenringe. Julia sah, dass Stormy wieder den Ponysattel trug, der ihm nicht passte. Das ließ sie explodieren.

»Was macht ihr da? Lasst das sein! Das sind meine Zügel!«

»Deine Zügel! Und vielleicht auch dein Pony?«, fragte Gabi gehässig. »Du hast meine Zügel auch oft genug benutzt, jetzt nehmen wir mal deine!«

Bevor Julia sie aufhalten konnte, ritt Petra auch schon los. Sie nahm die Schlaufzügel an und riss Stormy damit den Kopf an die Brust.

»Jetzt geht er schön!«, rief Gabis Opa. »Jetzt spring ihn mal!«

»Aus der Haltung heraus kann er nicht springen!«, schrie Julia. »Sehen Sie das denn nicht?«

»Ach papperlapapp!«, sagte Gabis Opa. »Schneller, Mädchen, schneller!«

Petra stieß Stormy die Hacken in die Rippen und trieb ihn auf einen der Sprünge zu. Das entsetzte Pony, das nie zuvor über ein Hindernis geritten worden war, verweigerte.

Petra nahm die Zügel kürzer und schlug mit der Gerte auf Stormy ein.

»Dir werd ich's zeigen!«

»Bravo, Mädchen!«, rief Gabis Großvater, und auch Gabi, Monika und Ulla kreischten Beifall. Petra ritt das Hindernis noch einmal an. Diesmal folgte der alte Mann ihr mit der Peitsche. Stormy ergriff die Flucht nach vorn. In seiner Panik rannte er in das Hindernis hinein.

»Das macht nichts!«, rief Gabis Opa. »Beim nächsten Mal nimmt er die Beine höher!«

Julia beobachtete die Szene wie erstarrt. Sie empfand Stormys Panik mit, merkte, wie die Erregung sich in ihm aufbaute, dass er kämpfen wollte, aber durch Petras festen Griff am Zügel daran gehindert wurde. Petra trieb ihn auf den nächsten Sprung zu. Diesmal versuchte er zu springen, aber mit dem heruntergezogenen Kopf konnte er die Höhe des Hindernisses nicht abschätzen. Die Stangen fielen und Petra strafte Stormys »Nachlässigkeit« mit der Gerte. Stormy versuchte zu buckeln, aber die Schlaufzügel behinderten ihn. Zudem saß Petra, die eine geübte Reiterin war, bombenfest. Julia empfand Angst, aber auch unbändige Wut. Ihre Finger verkrampften sich und zerrissen die Papiertüte, in der sie Möhren für Stormy mitgebracht hatte.

Stormy hatte inzwischen zwei der Hindernisse erfolgreich übersprungen. Petra triumphierte. Die anderen spendeten ihr Beifall, als sie Stormy erneut durch den Parcours lenkte. Diesmal riss er drei Hindernisse. Bei einem davon zersplitterte die Stange. Das letzte schaffte er wieder fehlerfrei, aber Julia wusste, dass es ein Zufall war. Stormy war so erregt, dass er auch ohne Schlaufzügel kaum noch hätte taxieren können.

Petra lenkte ihn in die Mitte und sprang ab.

»Jetzt du!« Sie gab Gabi die Zügel in die Hand. Stormy stand schweißüberströmt und schwer atmend neben ihr. Hatte er aufgegeben? War Petra das gelungen, was Stephanie das »Einbrechen« eines Pferdes nannte?

Das Pony wich aus, als Gabi versuchte aufzusteigen. Petra packte seine Zügel mit hartem Griff. Gabi hangelte sich hoch.

»So, jetzt aber!«, rief Gabis Opa und schlug Stormy kräftig die Peitsche auf die Kruppe. Stormy sprang vor, Gabi klammerte sich an die Zügel, nahm sie fest an. Ihr Großvater schlug Stormy erneut.

»Nicht! Lassen Sie das!«, schrie Julia. »Sie … Sie … Sie …«

»Was ich? Halt bloß den Mund, du Angeberin! Dies ist Gabis Pony und du hast es verdorben mit deinen ganzen Albernheiten! Leckerchen hier, Leckerchen da … Man sieht ja, wohin das führt. Na los, Gabi! Drauf! Zeig ihm, wo's langgeht!«

Gabi lenkte das Pony auf ein Hindernis zu. Stormy galoppierte in Höchstgeschwindigkeit. Aber kurz vor dem Absprung verließ seine Reiterin der Mut. Gabi zog die Zügel an, Stormy bremste. Natürlich schaffte er es nicht mehr, vor dem Hindernis zum Stehen zu kommen. Pony, Reiterin und Hindernis versanken in einem einzigen Wirrwarr. Gabi schrie und ließ die Zügel los. Und Stormy nutzte seine Chance. Julia hatte nie zuvor ein Pferd so buckeln sehen. Gabi war beim ersten Sprung heruntergefallen, blieb aber in den viel zu kleinen Steigbügeln hängen. So riss das Pony sie noch ein paar Meter mit, bevor sich ihr Turnschuh vom Fuß löste und sie damit freigab. Stormy buckelte weiter, als Gabi liegen blieb. Julia lief ihm nach und wollte ihn einfangen, aber Petra war schneller.

»Saubock, alter!« Immer wieder sauste ihre Gerte auf Stormys Kruppe nieder. »Ich werd's dir geben!« Petra versuchte aufzusteigen, aber Julia hätte ihr vorher sagen können, wie Stormy darauf reagieren würde.

»Au, mein Arm!« Petra begann zu schreien, als sie versuchte, sich hochzurappeln. »Mein Arm, es tut so weh!«

Vorerst kümmerte sich jedoch niemand um sie. Gabis Großvater und die anderen Mädchen bemühten sich um Gabi, die regungslos am Boden lag.

Inzwischen war auch Gabis Vater aus dem Haus gekommen. Julia hörte, wie er seinen Schwiegervater anbrüllte.

»Ich rufe jetzt den Krankenwagen. Und du bringst dieses Pony weg! Ist mir ganz egal, was du damit machst! Jedenfalls will ich es nie wieder sehen …«

Julia wusste nicht, wie sie an dem Abend nach Hause gekommen war. Sie konnte sich noch daran erinnern, dass man Gabi in einen Ambulanzwagen geladen und Petra gleich mitgenommen hatte. Sie selbst hatte sich um Stormy kümmern wollen, aber Gabis Großvater hatte ihr die Zügel aus der Hand gerissen und das Pony mit Sattel und Zaum in den Stall gesperrt.

»Hau bloß ab hier und lass dich nie wieder sehen! An der ganzen Sache bist nur du schuld! Der armen Gabi weismachen, man könnte das Pferd reiten. Ein Verbrecher ist das. Ich hab's gleich gewusst!«

»Bitte tun Sie ihm nichts!«, bettelte Julia. »Er kann nichts dafür, bitte tun Sie ihm nichts!«

»Und ob der was dafür kann! Der verdammte Gaul geht zum Schlachter! Und zwar gleich!«

Julia verbrachte ein furchtbares Wochenende. Auch die Beteuerungen ihrer Mutter, dass sich am Wochenende kaum ein Pferdeschlachter bereit finden würde, Stormy zu töten, konnten sie nicht trösten.

Schließlich rief Frau Wiegand bei Gabis Eltern an, um Julia wenigstens die Qual der Ungewissheit zu nehmen, aber Gabis Mutter fuhr sie nur an.

»Haben Sie keine anderen Sorgen? Unsere Tochter liegt im Krankenhaus und das andere Mädchen ist auch verletzt! Der verdammte Gaul ist weg, wohin, weiß ich nicht!«

Am nächsten Montag in der Schule traf Julia dann wenigstens Petra wieder. Sie war sehr blass und trug ihren gebrochenen Arm in der Schlinge. Gabi, so berichtete sie, läge noch im Krankenhaus und würde dort auch längere Zeit bleiben müssen. Mit einer Gehirnerschütterung und einem Beinbruch schwebte sie zwar nicht in Lebensgefahr, aber einige Wochen würde sich das wohl hinziehen.

»Und Stormy?«, fragte Julia heiser. »Haben sie ihn wirklich geschlachtet?«

»Ach, geschlachtet! Du hast sie wohl nicht mehr alle! Den hat der Mollmann mitgenommen, der Pferdehändler...«

»Und er hat sich kaum verladen lassen, der Saubock!«, ergänzte Ulla. »Gabis Opa hat er angegriffen! Die sollen mal froh sein, dass sie den los sind!«

»Mollmann? Wo wohnt der?« Julia erinnerte sich, den Namen einmal gehört zu haben. Richtig, bei dem kaufte auch Schecker seine Ponys.

»Hägers Kamp, gleich hinter dem Hundeplatz. Du weißt auch gar nichts!«

Julia merkte sich die Adresse und schöpfte Hoffnung. Vielleicht konnte sie Stormy dort wieder sehen.

»Da gehst du mir nicht allein hin!«, sagte Annette Wiegand, als sie die Adresse hörte. »Das ist eine üble Gegend, das Beste wäre, wir bäten deinen Vater mitzugehen!«

»Der kann doch bestimmt wieder nicht!«, maulte Julia.

»In diesem Fall muss er!« Frau Wiegand hatte einen entschlossenen Zug um den Mund.

Tatsächlich holte Fred Wiegand seine Tochter um siebzehn Uhr ab. Er fuhr mit ihr bis zum Hundeplatz, der in einem Wäldchen lag. Von dort aus ging es zu Fuß weiter. Mollmanns Verkaufsstall bestand aus ein paar Bretterbuden und erinnerte Julia stark an die Ställe von Schecker. Auch hier liefen Mädchen herum, die sich um die Pferde kümmerten.

Julia sprach eines von ihnen an und fragte nach Stormy.

»Ein kleiner Schwarzer, der vorgestern ankam?«, fragte das Mädchen.

Julia nickte.

»Ach, ich glaub, den hat Herr Mollmann heute gleich mit nach Berghausen genommen, auf den Pferdemarkt. Ist ihn wohl auch losgeworden. Der war ja ein ganz hübsches Pferd. Aber ein Verbrecher!«

»Stormy ist kein Verbrecher!«, setzte Julia an, aber ihr Vater unterbrach sie.

»Können wir mal in die Ställe gucken? Vielleicht irrst du dich ja und er ist noch da!«

»Glaub ich nicht!«, sagte das Mädchen. »Und in die Ställe lassen darf ich Sie nicht. Pferde zeigen macht nur Herr Mollmann.«

»Wo finden wir diesen Mollmann?«, fragte Herr Wiegand.

»Auf dem Hundeplatz, mit seinem Hasso.«

Julia und ihr Vater bedankten sich und gingen.

»Schrecklicher Laden!«, sagte Herr Wiegand. »Hast du gesehen, wie mager die Pferde waren?«

Julia nickte. »Eins hatte auch Satteldruck. Oh, hoffentlich hat Stormy bessere Besitzer gefunden!«

»Wir fragen gleich mal. Der Mann muss doch wissen, an wen er ihn verkauft hat!«

Auf dem Hundeplatz kommandierten zwei Männer ihre Schäferhunde herum. Mollmann war nicht darunter.

Einer der Männer verwies Julias Vater an die Kneipe.

»Da isser meistens!«

Herr Wiegand legte Julia den Arm um die Schultern, als sie eintraten. Spätestens jetzt war ihr klar, weshalb ihre Mutter ihr nicht erlaubt hatte, allein hierher zu gehen. Die Gastwirtschaft machte einen heruntergekommenen Eindruck, und die Leute, die in dem verqualmten Schankraum ihr Bier tranken, wirkten nicht gerade Vertrauen erweckend. Als Julias Vater nach Mollmann fragte, zeigte der Wirt auf einen Mann in einer Nische, der gerade einem anderen die Vorzüge seines Hundes pries.

»Der ist hundertprozentig mannscharf, sag ich dir! Der lässt keinen aufs Gelände! Und wenn der zubeißt …«

»Herr Mollmann?«, fragte Julias Vater.

Mollmann nickte.

»Wir kommen wegen eines Pferdes.«

»Ein Pony für die Kleine? Eine gute Idee! Kinder sollen mit Pferden aufwachsen, ich sag es ja immer! Was Besseres können Sie gar nicht machen. Lassen Sie mich mal nachdenken, ich hätte da einen Schimmel … hundert Prozent Araber, garantiert …«

»Uns geht's mehr um einen Rappen, ein Pony. Sie haben ihn vorgestern von einer Familie Dröger gekauft.«

»Einen Rappen? Ach wissen Sie, durch meine Hände gehen so viele Pferde …«

»Eines Ihrer Mädchen sagte uns eben, Sie hätten ihn heute auf einem Pferdemarkt weiterverkauft. Daran werden Sie sich doch noch erinnern?«

»Heute? Ach ja, der angebliche Verbrecher! So schlimm war der gar nicht. Da haben wir gestern ein Mädchen draufgesetzt, die hat ihn schon kirre gemacht. Ja, ja, den hab ich verkauft.« Mollmann orderte noch ein Bier.

»Könnten Sie uns wohl sagen, an wen?«, fragte Herr Wiegand.

»An wen? Wie soll ich denn das wissen? Wissen Sie, durch meine Hände gehen so viele Pferde …«

»Aber Sie müssen doch einen Vertrag oder so was …«

»Vertrag, Vertrag! Pferde verkauft man per Handschlag!« Mollmann lachte.

»Waren es wenigstens nette Leute?«, fragte Julia schüchtern.

»Sicher, sicher. Was ist mit dem Pony, wollten Sie es kaufen? Da hätten Sie keinen guten Griff getan, ich sag's Ihnen im Vertrauen. Aber der Schimmel, den sollten Sie sich ansehen …«

»Sie wissen wirklich nicht, wo das Pony hingekommen ist?«, unterbrach Herr Wiegand Mollmanns Redefluss.

»Nee, weiß ich nicht. Und wenn, ich könnt's Ihnen ja doch nicht sagen. Datenschutz, Sie wissen ja …« Mollmann grinste.

Herr Wiegand murmelte ein paar Worte, die man nur mit Wohlwollen als höflich bezeichnen konnte. Dann führte er Julia hinaus. Beide atmeten auf, als sie die stickige Luft der Kneipe hinter sich ließen.

»Tut mir Leid, Julia!«, sagte er. »Ich glaube, wenn wir deinen Stormy gefunden hätten, ich hätt ihn gekauft, schon um ihn diesem grässlichen Kerl wegzunehmen. Aber so … vergiss ihn, Julia. Es sollte eben nicht sein. Vergiss ihn …«

»Da muss sie durch? Mehr hast du dazu nicht zu sagen? Darauf hätte ich auch allein kommen können!« Annette Wiegand wusste, dass es ungerecht war, ihre Freundin Margot derart anzufahren, aber sie musste ihre Verzweiflung einmal loswerden. »Entschuldige. Aber ich weiß bald wirklich nicht mehr, was ich machen soll. Julia weint. Sie weint vor der Schule und nach der Schule. Und in der Schule offensichtlich auch. Neulich hat mich ihre Englischlehrerin angerufen und gefragt, ob ich Probleme mit meinem geschiedenen Mann habe. Julia wäre so depressiv. Können Kinder mit zwölf Jahren schon depressiv sein?«

»Jedenfalls können sie traurig sein«, meinte Margot. »Und wie ich das so sehe, hat deine Julia allen Grund dazu. Überleg mal, wie viel Zeit sie in das Pony gesteckt hat, wie viel Geduld und wie viel Liebe. Du hättest das von Anfang an nicht dulden sollen. Es war doch zu erwarten, dass es auf so etwas hinausläuft!«

»Wieso war das zu erwarten?«, fragte Annette verblüfft. »Ich hatte gedacht, bei einer Klassenkameradin ...«

»Hast du im Ernst geglaubt, die Leute werden sich auf Dauer ein Pony halten, nur damit deine Julia was zu reiten hat? Dass die eigene Tochter kein Interesse hat, müssen sie doch schon früher gemerkt haben. Aber solange das Pferd nur auf der Wiese stand, war ihnen das egal. Da konnten sie die Schuld an der Fehlinvestition ja auf das Pony schieben. Aber jetzt, da sie gesehen haben, dass ein fremdes Mädchen etwas aus ihm macht und Spaß mit ihm hat, war der Verkauf des Pferdes nur eine Frage der Zeit. Dass es nun unter so schlimmen Umständen passierte, ist natürlich tragisch. Für Julia und besonders für das Pony.«

»Ich denke jetzt schon ernstlich daran, ihr ein eigenes Pony zu kaufen. Aber sie will nicht. Sie will überhaupt nie wieder reiten, sagt sie.« Annette war wirklich verzweifelt.

»Ach Blödsinn! Die wird schon wieder anfangen. Und was das Pony betrifft – wo willst du es denn hinstellen? Ins Wohnzimmer oder in deinen Arbeitsraum? Oder soll es bei Julia schlafen? Dann müsstest du allerdings ein Etagenbett anschaffen!«

Die Vorstellung von Julia und einem Pony im Etagenbett brachte Frau Wiegand zum Lachen.

»Pass auf, ich hab eine bessere Idee. Nächste Woche sind Herbstferien. Warum packst du nicht deine Julia und ihre Reitsachen ins Auto und kommst ein paar Tage zu mir? Wir hätten mal wieder Zeit zum Klönen, ein paar neue Projekte wollte ich auch mit dir besprechen und Julia kann bei mir reiten. Ich hab eine schicke, kleine Stute, die wird ihr gefallen.«

Margot war nicht nur mit Annette befreundet, sie besorgte ihr oft auch Übersetzungsaufträge, denn sie arbeitete bei einem Verlag.

»Lust hätt ich schon! Aber ob ich dir meine unglückliche Tochter aufhalsen kann…« Annette Wiegand hatte noch Zweifel.

»Deine unglückliche Tochter ist hier unter Gleichgesinnten. In meiner Haltergemeinschaft ist wohl niemand, der nicht irgendwann mal Tränen um ein Pferd vergossen hat. Julia wird uns schon nicht lästig, keine Angst!«

»Ich wüsste nicht, was davon besser wird, wenn du die ganzen Ferien zu Hause verbringst und gegen die Wand starrst«, erklärte Frau Wiegand verärgert. Julia hatte ihren Vorschlag, Margot zu besuchen, nämlich alles andere als begeistert aufgenommen.

»Ich will ja nicht gegen die Wand gucken, aber ich will auch nicht zu Pferdeleuten. Ich hab genug von Pferdeleuten. Da will ich nichts mehr mit zu tun haben!« Julia weinte schon wieder.

»Vielleicht lernst du jetzt mal andere kennen. So Leute wie Stephanie. Die hast du doch immer nett gefunden!«

»Alle Pferdeleute sind grässlich! Zuerst tun sie so, als wenn sie Pferde mögen, und dann machen sie so was wie mit Stormy!«

»Margot macht so was bestimmt nicht. Sie hat mir erzählt, dass ihr einmal etwas ganz Ähnliches passiert ist wie dir und dass sie auch wirklich traurig war.«

»Wirklich? Ihr ist auch mal so was passiert?« Julia blickte auf. Bis jetzt hatte sie gedacht, sie wäre die Einzige auf der Welt, der je etwas so Schreckliches geschehen war.

»Ja. Sie wird es dir sicher erzählen. Also, willst du jetzt mitfahren oder nicht?«

»Ich hab damals mit Queenie in Hamburg gewohnt«, erzählte Margot, ohne den Blick von der Straße zu wenden. Sie lenkte ihren himmelblauen Kombi über einen kleinen, geteerten Weg, den man so nah bei der Großstadt kaum erwartet hätte. Aber wenn man die Vororte von Hannover erst mal hinter sich gelassen hatte, war es hier richtig ländlich. Julia geriet endlich in Ferienstimmung.

»Queenie – eigentlich heißt sie Idaho Queen, du wirst sie gleich kennen lernen – war mein bestes Pferd, und damit sie nicht allein stehen musste, habe ich mich auf eine Haltergemeinschaft mit den Besitzern eines Ponys eingelassen. Das zugehörige Mädchen war ein genauso verwöhntes Balg wie deine Gabi, sie brauchte nur einen Wunsch zu äußern, schon war er erfüllt. Ihre Eltern beteten sie an. Na ja, und irgendwann hatte sie sich eben ein Pony gewünscht. Sie hat sich von Anfang an nicht um Beauty gekümmert. Dabei war das ein süßer Kerl, noch ein Fohlen, als sie ihn kriegte. Ich hab dann unweigerlich viel mit ihm gemacht, ihm Führen beigebracht, Hufe geben… Was man mit Jungpferden eben so anfängt. Als er zwei Jahre alt war, bin ich allerdings umgezogen. Für Queenie hatte ich einen Platz in einer Reitgemeinschaft gefunden, und Beauty hätte ich am liebsten auch gleich mitgenommen, aber die Leute wollten ihn nicht verkaufen. Von ihrem Beauty würden sie sich nie trennen, wo der doch bei ihnen aufgewachsen ist. Das Gejammer hättest du mal hören sollen! Ich hab ihn dann gelegentlich besucht und nach ihm gefragt, es ging immer mehr bergab mit ihm. Die Einsamkeit machte ihn kaputt und gefüttert wurde auch zu viel und das Falsche. Mir war jedes Mal ganz schlecht, wenn ich ihn sah. Und dann war er eines Tages nicht mehr da. Die Leute hatten ihn an den örtlichen Pferdehändler verkauft, einen Typen wie Mollmann. Solche gibt's wohl überall. Sie haben sich nicht die Mühe gemacht, mich anzurufen, als das Pferd zum Verkauf stand. Ein einziger Anruf hätte ihn retten können, aber nicht einmal das war er ihnen wert.« Margot schniefte. »Aber jetzt lass uns an was

Schöneres denken! Ich habe deiner Mutter versprochen, dich aufzuheitern. Nicht, mit dir zusammen im Auto zu sitzen und zu heulen! Lieber erzähl ich dir etwas über meine Pferde! Hast du schon mal Quarter Horses kennen gelernt?«

Julia schüttelte den Kopf. Aber dass Margots Reitstil etwas anders sein musste als der, den sie gewohnt war, war ihr schon aufgegangen, als sie ihren Aufzug gesehen hatte. Margot trug keine Reithosen und Stiefel, sondern Jeans und Westernboots. Auf dem Rücksitz ihres Wagens lag ein Cowboyhut, und sie schien keinerlei Hemmungen zu haben, ihn zu tragen. Er sah ganz schön benutzt und ramponiert aus.

»Also: Quarter Horses sind die klassischen Pferde für die Westernreitweise. Sie wurden und werden für die Arbeit mit Rindern auf amerikanischen Ranches gezüchtet, aber inzwischen sind sie auch sehr verbreitet als Freizeitpferde. Sie sind sehr freundlich und zuverlässig! Ihren Namen haben sie übrigens von einem Rennen über die Viertelmeile, das man früher in Westernstädtchen als Volksbelustigung durchführte, aber jetzt natürlich auch richtig professionell mit Wetten und allem Drum und Dran. Auf so kurzen Strecken sind Quarter Horses die schnellsten Pferde der Welt!«

»Und Sie haben … du hast … drei Stück davon?«

Margot nickte.

»Idaho Queen, dann ihren Sohn Prince und Molly, die habe ich noch nicht lange. Sie ist aber sehr nett. So, hier ist es!« Margot fuhr auf einen Hof, der fast wie ein normaler Reitstall aussah. Der Unterschied war, dass es hier keine langen, geschlossenen Stallgebäude gab. Alle Boxen führten auf einen Innenhof. Vor einigen Boxen gab es Ausläufe, bei anderen blickten die Pferde über die halb geöffnete Tür. In einem Sandauslauf vor einem größeren Offenstall liefen sechs Pferde der verschiedensten Größen und Farben herum.

»Es gibt hier etwa dreißig Pferde!«, erklärte Margot. »Siebzehn davon gehören verschiedenen Besitzern, die sich die Stallarbeit und die Kosten teilen. Den Rest des Hofes hat Annika gepachtet. Annika ist professionelle Pferdeausbilderin. Sie nimmt Pferde in Beritt und stellt sie zum Beispiel auf Turnieren oder Zuchtschauen vor. Das läuft ganz gut. Letztes Jahr hat sie sogar eine Reithalle bauen lassen. Die dürfen wir anderen auch benutzen. Gegen eine entsprechende Gebühr, versteht sich!«

Julia nickte.

»Schau, da ist Britta. Sie hat die Pferde schon geholt!«

Britta, ein blondes Mädchen, das vielleicht zwei Jahre älter war als Julia, hatte drei Pferde – zwei Füchse und eine Isabellstute – zum Putzen an den Anbindebalken gebunden.

»Hallo, Margot! Ist das Julia? Ich hab Annika schon gefragt wegen des Sattels, es geht in Ordnung. Den schwarzen Arbeitssattel sollen wir nehmen!«

»Julia, das ist Britta. Du bist ihr zu ewigem Dank verpflichtet, denn sie hat gerade einen Sattel für dich organisiert. Ich habe nämlich nur zwei und sonst hättest du ohne reiten müssen!«

Britta kicherte.

»Das glaubst du doch selbst nicht! Margot würde nie jemanden ohne Sattel auf ihre heiß geliebten Pferde lassen!«, sagte sie, an Julia gewandt. »Ohne Sattel kann man nämlich die Hilfen nicht korrekt geben und das könnte solche Sensibelchen wie den kleinen Prinzen auf ewig verderben!«

Margot lachte und tat so, als wolle sie ihre Autoschlüssel nach ihr werfen.

»Keine Tätlichkeiten auf meinem Hof!«, rief eine junge Frau, die eben mit einem bestechend schönen Pferd an der Hand aus der Reithalle kam. »Die erschrecken nämlich meinen Araber zu Tode!«

»Ist er immer noch so schreckhaft?«, fragte Margot.

»Er ist einfach ein gutes Medium«, kam die Antwort. »Sieht überall Gespenster! Da hinter den Büschen zum Beispiel wohnt ein unheimlicher Heckengeist. An dem traut sich Faruk schon mal nicht vorbei. Aber der Schlimmste ist der Schubkarrengeist, der immer hinter dem Misthaufen lauert. Faruk findet überhaupt, dass der Auslauf hier die einzige geisterfreie Zone ist! – Ist das dein neues Pferdemädchen?«

»Das ist Julia. Sie ist nur zu Besuch hier. Wir müssen ihr über einen Verlust hinweghelfen. Ihr Pflegepony ist verkauft worden! Julia, das ist Annika. Und Faruk, ein Berittpferd.«

»Ist er wirklich ein Araber?«, fragte Julia. Mit seiner langen, seidigen Mähne und dem edlen Kopf erschien ihr Faruk als das hübscheste Pferd, das sie je gesehen hatte.

»Ein waschechter! Siehst du das Brandzeichen? Es ist ein Kaltbrand vom Araberverband.« Annika hob Faruks Mähne an und zeigte auf ein paar unverständliche Zeichen.

»Das hat bestimmt wehgetan!«, murmelte Julia.

»Ach was, die zucken kaum dabei. Und mit so einem Brand sind sie fürs Leben gekennzeichnet. Man kann sie nicht einfach klauen und verkaufen. Jeder, der ein Pferd mit einem Brand sieht, weiß, dass Papiere dazugehören. So, ich will euch nicht weiter aufhalten. Ich muss arbeiten und ihr wollt ausreiten. Viel Spaß!«

Britta half Julia, Queenie zu satteln. Die Westernsättel waren schwerer als die Vielseitigkeitssättel in der Reitschule, und zunächst kam es Julia sehr komisch vor, darin zu sitzen. Bald merkte sie jedoch, dass das Horn und der ausgearbeitete Sitz ihr sehr viel Sicherheit boten. Leichttraben konnte man nicht gut darin, aber Queenie trabte ohnehin so weich und langsam, dass das Aussitzen kein Problem war.

»Reitest du schon lange hier?«, fragte sie Britta, als sie sich auf Queenie etwas eingewöhnt hatte.

»Schon zwei Jahre. Ich wollte so schrecklich gern Westernreiten und habe mittels Anzeige eine Gelegenheit dazu gesucht. Margot hat sich gemeldet und mir alles beigebracht. Jetzt darf ich auch schon manchmal bei Annika reiten. Nächstes Jahr mache ich mein Praktikum hier auf dem Hof. Und vielleicht kann ich später mal Bereiterin werden. Super, nicht?«

Julia nickte. Britta hatte wirklich Glück. Sie saß wie angeklebt auf der hübschen, kleinen Molly. Julia wünschte sich brennend, auch einmal so reiten zu können.

Margot war eine sehr gute Lehrerin. Sie machte Britta und Julia immer wieder auf Fehler aufmerksam und erklärte jedes Mal geduldig, warum etwas so oder so gemacht werden sollte. Herr Holthoff hatte das selten getan. Meist wurden seine Schüler nur angeschrien. Außerdem reagierten die Pferde in der Reitschule längst nicht so gut auf Julias Hilfen wie Queenie.

Obwohl Queenie, Prince und Molly ganz anders gesattelt waren und auch völlig anders aussahen, erinnerten sie Julia oft an Danny. Wie er waren auch sie immer ruhig und gelassen. Sie fraßen nicht unterwegs, stürmten nicht und bummelten auch nicht. Molly und Queenie reagierten sofort auf jede Hilfe, und auch der junge Prince verstand spätestens beim dritten Versuch, was gemeint war. Dabei ritten Margot und Britta mit ganz langen Zügeln und forderten auch Julia immer wieder auf, Queenie lockerer zu lassen. Queenie selbst tat das Ihre dazu, Julias zügelunabhängigen Sitz zu fördern. Wenn Julia die Zügel zu stark annahm, blieb sie sofort stehen und ging rückwärts. Als sie das einmal aus dem Galopp heraus tat – Julia hatte sie mit einem kräftigen Zügelzug in den Trab zurückholen wollen –, wäre Julia fast heruntergefallen.

»Quarter Horses können gut beschleunigen und schnell stoppen!«, lachte Margot. »Da wirst du dich dran gewöhnen müssen!«

Die Woche bei Margot und ihren Pferden ließ Julia Stormy zwar nicht vergessen, aber sie brachte ihr so viele neue Eindrücke, dass die Trauer um ihn in den Hintergrund gedrängt wurde. Am zweiten Tag erfuhr Julia, dass Britta während der Herbstferien den ganzen Tag auf Annikas Hof verbrachte, um ihr bei der Arbeit zuzusehen und bei den Pferden zu helfen. Sie fragte, ob sie auch bleiben könnte, und von da an fuhren Margot oder Frau Wiegand sie jeden Morgen hin und holten sie erst nachmittags wieder ab.

Es war faszinierend, Annika bei der Arbeit mit ihren Pferden zuzusehen. Einige ihrer Übungen mit den ganz jungen Pferden waren denen sehr ähnlich, die Julia bei Stormy angewandt hatte. Aber wenn Annika Turnierpferde ritt, zeigte sie einen ganz anderen Reitstil und andere Lektionen, als in Julias Reitschule gelehrt wurden. Die Pferde warfen sich blitzschnell auf der Hinterhand herum, galoppierten schnell an und stoppten so plötzlich, dass sie noch ein paar Meter über den Hallenboden schlitterten. Und manchmal stoppte Annika sie in der Mitte der Bahn und ließ sie immer wieder auf der Hinterhand herumwirbeln. »Spin« nannte man das und es sah toll aus. Aber neben der Westernreitweise und den Quarter Horses gab es auch noch andere ungewöhnliche Pferde und Reitstile auf dem Hof.

Marianne und Peter zum Beispiel hatten Islandpferde. Skuggi und Brunka waren kleiner als Danny. Sie hatten bereits einen dicken Winterpelz und wirkten sehr gemütlich. Aber kaum dass ihre Besitzer im Sattel saßen, gingen sie wie der Wind vorwärts. Sie liefen mit stolzer Aufrichtung und wippendem Schweif, und Britta machte Julia darauf aufmerksam, dass sie eine besondere Gangart gingen. »Tölt« nannte man das. Nach ein paar Tagen konnte Marianne es wohl nicht mehr mit ansehen, wie sehnsüchtig Julia ihr beim Satteln zusah, und nahm sie auf einen Ritt mit. Es war ein sonderbares Gefühl, einen Tölter zu reiten, ganz weich, fast als säße man auf einem Pferd, das Rollschuhe trägt. »Tölt hat dieselbe Fußfolge wie Schritt«, erklärte Marianne. »Nur eben viel schneller!«

Helga, eine andere junge Frau aus der Haltergemeinschaft, besaß einen Andalusierhengst, und Julia wurde nicht müde, ihr dabei zuzusehen, wie sie ihn piaffieren und spanischen Schritt gehen ließ.

Jeden Morgen halfen Julia und Britta Annika beim Füttern und Tränken. Wenn sie umgängliche Pferde zu reiten hatte, durften die Mädchen sie putzen und satteln. Für diese Hilfe revanchierte sie sich abends mit einer Reitstunde in der Halle. Julia lernte in dieser Woche eine ganze Menge.

»Wenn ich Julia hier so reiten sehe, bin ich richtig stolz auf sie«, sagte Frau Wiegand, als sie am letzten Abend ihres Aufenthalts neben Margot an der Bande der Halle lehnte und beim Reiten zusah. »Und ich weiß vor allem, dass ihr dabei nichts passieren kann. Die Pferde machen einen so ruhigen und zuverlässigen Eindruck… in der Reitschule bei uns wirken sie eher angespannt. Und die Kinder werden dauernd ermahnt aufzupassen, dass sie nicht geschlagen oder abgeworfen werden oder was auch immer.«

»Gute Reitschulen sind selten«, bestätigte Margot. »Und gute Schulpferde noch seltener. Viel zu oft werden Pferde zum Lernen eingesetzt, die selbst noch nicht alles können und deshalb wehrig und schwierig sind. Und die Kinder wachsen dann mit der Vorstellung auf, je schwieriger das Pferd, desto besser der Reiter, der es beherrscht!«

»Ich wünschte wirklich, wir würden hier wohnen, damit Julia deine Pferde reiten kann. Bei uns, fürchte ich, zieht sie sich bald wieder ein so vernachlässigtes Pony heran und die Affäre Stormy wiederholt sich.«

»Gibt es denn bei euch wirklich nur Reitstallleute und Chaoten? Vielleicht sollten wir Annika mal fragen, ob sie jemanden in der Gegend kennt.«

Margot machte sofort Anstalten, ihre Idee in die Tat umzusetzen. Annika hatte die Reitstunde gerade beendet und wies die Mädchen an, die Pferde in den Stall zu bringen.

»Wir lassen sie heute Nacht in der Box, sie haben geschwitzt und es ist schon ganz schön kalt draußen! Hey, Margot, kommst du deinen Schützling abholen?«

»Ja, zum letzten Mal. Morgen fährt Julia nach Hause.«

Annika nickte. »Hat sie mir schon erzählt. Britta muss ja übermorgen auch wieder in die Schule.«

»Was hältst du von Julia, Annika?«, fragte Margot.

»Was soll ich von ihr halten? Ist ein nettes Mädchen. Ordentlich, verlässlich… reiterlich ist da noch nicht so viel, aber sie lernt und sie lässt sich auch was sagen. Wenn sie dranbleibt, wird sie mal eine gute Reiterin.«

»Leider gibt's an ihrem Wohnort keine anständige Reitschule. Kennst du da nicht jemand aus der Freizeit- oder Westernszene, der ein Pferdemädchen braucht?«

»Braucht? Du meinst wohl verkraftet? Das ist die Ecke um Bochum, nicht? Lass mich mal nachdenken. Die Steph wohnt in der Gegend…«

»Steph Heiden? Die Distanzreiterin mit dem Dark Dan? Ich dachte, die sitzt irgendwo im Süden?«

»Ist kürzlich umgezogen. Laubke heißt der Ort!«

»Das ist bei uns um die Ecke!«, freute sich Frau Wiegand. »Da könnte Julia mit dem Fahrrad hinfahren!«

»Hat aber einen Haken«, brummte Annika. »Steph Heiden mag keine Pferdemädchen. Ihrer Ansicht nach machen die viel Arbeit, bis man sie angelernt hat, und dann haben sie den ersten Freund und verschwinden. Ganz Unrecht hat sie damit ja nicht. Andererseits wäre Dark Dan natürlich das ideale Lehrpferd. Und ihre kleine Stute müsste jetzt auch unter dem Sattel sein.«

»Hast du ihre Nummer?«, fragte Margot. »Vielleicht können wir sie mal anrufen!«

Annika überlegte.

»Das Beste wäre, wenn ich das täte. Ich hab bei ihr noch einen Gefallen gut. Sie hat Dark Dan über mich bekommen!«

»Von dir hat sie Dark Dan? Hast du dich dann hinterher nicht geärgert, als er so erfolgreich wurde? – Dark Dan…«, Margot wandte sich an Annette Wiegand, »ist eins der bekanntesten deutschen Distanzpferde. Und er hat auch schon in allen möglichen anderen Disziplinen Schleifen geholt. Ein ganz großartiges Pferd!«

»Ach weißt du«, meinte Annika, »ich kam mit dem gar nicht so gut zurecht. Wir kriegten keinen rechten Draht zueinander. Ich steh halt mehr auf Quarters. Und für Distanzen hab ich ja sowieso nichts übrig. Hinzu kommt… bei so einer Partnerschaft wie zwischen Steph und Dan, da stimmt es einfach irgendwie. Mit einem anderen Pferd oder mit einer anderen Reiterin wären die wahrscheinlich längst nicht so erfolgreich geworden. – Hallo, Julia! Na, Queenie versorgt?«

Julia nickte.

»Na, dann lass uns mal reingehen!«

»Annika will eine Freundin anrufen, die in unserer Nähe wohnt«, erklärte Annette Wiegand ihrer Tochter.

»Sie will fragen, ob du nicht vielleicht bei ihr reiten kannst!«

»Wirklich?« Julia strahlte.

»Freu dich nicht zu früh! Die Dame scheint etwas schwierig zu sein.« Frau Wiegand war eher skeptisch. »Und wir wissen ja auch gar nicht, ob sie da ist!«

Annika wählte und stellte das Telefon auf Konferenzschaltung.

»Dann könnt ihr mithören.«

»Stephanie Heiden …«

Julia horchte auf. Die Stimme kannte sie doch …

»Hier ist Annika Petrie. Wie geht's dir?«

»Ganz gut! Die Auftragslage ist angenehm, die Pferde sind gesund, die Saison war auch erfolgreich. Wie war's bei dir? Die Meisterschaft …«

»Kam und ging …«, sagte Annika diplomatisch.

Stephanie kicherte. »Kurz gesagt, du hast verloren! Ich war bei den Distanzreitern immerhin Dritte!«

»Aber du bist doch nur am ersten Tag mitgeritten, oder?«

»Hör mal, mein Pferd wird zwanzig! Das scheuch ich doch nicht mehr im Stechtrab über 260 Kilometer! Die Strecke war im Übrigen mörderisch schwer. Und es hat den ganzen Tag geregnet!«

»Herrlicher Sport! Ich wusste, warum ich ihn vor zehn Jahren an den Nagel gehängt habe. Wann wechselst du endlich in die Westernszene?«

»Wenn a) mein Vielseitigkeitssattel durchgeritten ist und b) mein Pony sich in ein Quarter Horse verwandelt!«

»Letzteres ist unwahrscheinlich. Warum hast du dir keinen Quarter als Nachwuchspferd angeschafft?«

»Ich mag Connemaras einfach lieber. Violetta macht sich hervorragend!«

Violetta – kein Zweifel, das war die Stephanie, die Julia kannte.

»Du musst es ja wissen. Steph, weshalb ich anrufe, ich hab da eine Schülerin…«

»Wie, nur eine? Ich dachte, du gibst jedes zweite Wochenende Reitkurse!«

»Nun bleib doch mal ernst! Diese Schülerin ist was Besonderes. Sie kommt aus deiner Gegend und sucht dringend ein Pferd, auf dem sie reiten lernen kann.«

»Bei uns um die Ecke ist eine Reitschule!«

»Würdest du da deine Tochter hinschicken?«

»Ich hab keine Tochter.«

»Stell dich nicht stur, Steph, du weißt genau, worauf ich hinauswill! Du hast zwei Pferde, eins davon ein optimales Lehrpferd. Du reitest ganz leidlich…«

»Vielen Dank!«

»Du reitest fantastisch…«

»Du sollst nicht lügen!«

»Nun bleib endlich ernst! Die kleine Julia hockt hier neben mir und kaut auf den Fingernägeln herum. Du hast eine gewisse Verpflichtung gegenüber dem Nachwuchs!«

»Sagtest du ›Julia‹?«

»Ja, Julia. Julia Wiegand.«

»Etwa die Julia mit Wandererschreck und Wirbelsturm?«

Annika runzelte die Stirn und blickte Julia an, die schuldbewusst nickte.

»Ebendiese!«

»Mir bleibt auch nichts erspart! Aber ich seh's ein. Diese Julia ist was Besonderes. Schick sie mir her!«

Danny

»Spreche ich mit Julias Mutter? Hier ist Stephanie Heiden.« Der Anruf erreichte Frau Wiegand gleich am Montagmorgen.

»Richtig. Aber Julia ist noch in der Schule. Kann ich was ausrichten? Sie wollen doch nicht etwa absagen? Julia freut sich schon so darauf, bei Ihnen zu reiten!« Nach den Erfahrungen der letzten Monate befürchtete Annette Wiegand von Pferdeleuten nur noch das Schlimmste.

»Aber nein, warum denn? Ich dachte nur, also wenn Ihre Julia jetzt bei mir reiten soll, dann sollten wir uns vielleicht auch kennen lernen. Ich denke, Sie möchten gern wissen, wem Sie Ihre Tochter anvertrauen, und von meiner Seite her sind ein paar versicherungsrechtliche Fragen zu klären.«

»Versicherungen? Sind Ihre Pferde denn so gefährlich?«

Stephanie lachte.

»Bis jetzt kann ich nicht klagen. Aber im Prinzip kann natürlich immer mal was passieren. Ihr Auto ist doch auch versichert, obwohl Sie nicht jeden Tag einen Unfall bauen.«

»Tut mir Leid«, sagte Frau Wiegand, »es ist bloß, weil ich vorher noch nie davon gehört habe, dass man Pferde versichert.«

»Bei den bisherigen Pflegepferden Ihrer Tochter war das wohl auch nicht der Fall. Leute wie Schecker und die Familie dieser Gabi handeln da völlig verantwortungslos. Im Übrigen wollte ich mit Ihnen nicht abklären, ob meine Pferde versichert sind, sondern wie es mit Ihrer Tochter aussieht. Sie müssen mir einfach bestätigen, dass sie mit Ihrer Erlaubnis und auf eigene Gefahr reitet. Und bevor Sie das unterschreiben, möchten Sie sich vielleicht davon überzeugen, dass Danny das bravste Pferd der Welt ist! Wie ist es, kommen Sie mit Julia zum Kaffee?«

Der Weg zu Stephanie führte am Reitstall vorbei. Man bog eine Straße weiter links ab und kam in eine Gegend mit alten Villen und großen Gärten. Im Gartenhaus der letzten, die bereits an Felder und Wiesen grenzte, wohnte Stephanie.

»Hier kommst du also her!«, staunte Julia.

Stephanie lachte. »Ich hätte es dir vorher sagen sollen. Dann wärst du vorbeigekommen, als das mit deinem Stormy passierte! Ich habe die ganze Geschichte erst kürzlich erfahren. Es tut mir so Leid, Julia! Ich meine, es war mir schon klar, dass Gabis Eltern das Pony in absehbarer Zeit abschaffen, aber ich dachte natürlich, dass sie es dir rechtzeitig mitteilen. Dann hätte ich mich nämlich nach einem neuen Besitzer umgeguckt. Ich kenn ein paar Pferdeleute mit Kindern. Gabis Eltern hätten eine Menge Geld für ihn bekommen können, jedenfalls mehr, als sie damals bezahlt haben. Gute Kinderponys sind teuer. Aber nein, diese Dummköpfe mussten ja erst mal zulassen, dass ihre verwöhnte Tochter ihn ruiniert. Mollmann hat ihn bestimmt für einen Spottpreis gekriegt und ihn gleich für das Dreifache dem Nächsten aufgeschwatzt! Der lacht sich jetzt wieder ins Fäustchen!«

»Wer kauft überhaupt solche Ponys von Mollmann?«, fragte Annette Wiegand. »Ich meine... am Ende war Stormy doch ziemlich wild, oder?«

»Das Beruhigungsmittel ist schon erfunden!«, sagte Stephanie bitter. »Und außerdem hat das Pony nur Theater gemacht, wenn man es reiten wollte. Vom Boden aus war es immer freundlich. Wahrscheinlich hat Mollmann es einfach jemandem aufgedrückt, der kein Kind zum Probereiten mitbrachte. Diese Gabi hat es doch auch nicht mit ausgesucht, sondern zum Geburtstag bekommen!«

»Also so eine Art Mogelpackung!«

»Genau so was! Aber im Gegensatz zu anderen Produkten ist Stormy ein lebendes Wesen. Er leidet, wenn er immer wieder den Stall wechseln muss, und die brutalen Versuche von Leuten wie Gabis Opa, ihn zu ›zähmen‹, gehen auch nicht spurlos an ihm vorbei. Es tut mir wirklich schrecklich Leid für ihn, Julia! Ich hab mich auch schon mit Bekannten in Berghausen in Verbindung gesetzt, die nach ihm Ausschau halten wollen. Aber Mollmann kann ihn sonst wohin verkauft haben. Auf diesen Märkten sind die Händler ja oft unter sich! Aber wollt ihr nicht reinkommen? Oder sollen wir erst zu den Ponys gehen?«

»Zu den Ponys!«, sagte Julia. »Ich habe Möhren für Danny mitgebracht.«

»Und ich Kuchen für uns«, sagte Annette Wiegand. »Vielleicht kann ich den erst mal loswerden?«

»Klar, den stellen wir in die Küche. Lauf schon vor,

Julia. Den Gartenweg runter. Der Auslauf ist gleich da unten!«

»Idyllisch haben Sie's hier!«, sagte Frau Wiegand, als sie Stephanie in das efeubewachsene Gartenhäuschen folgte. »Und die Pferde am Haus, das ist traumhaft!«

»Das war auch ein echter Glücksfall. Das Haus gehört Verwandten von mir, und als ich hier umziehen musste – ich arbeite für eine Zeitschrift –, haben sie mir angeboten, das Gartenhaus zu mieten. Man musste einiges erneuern, auch den Schuppen für die Pferde umbauen, aber jetzt ist es wirklich ideal. Gerade richtig für eine Person.«

Stephanie brachte das Kuchentablett in ihre winzige Küche, die an ein ebenso kleines, aber sehr wertvoll eingerichtetes Wohn- und Arbeitszimmer grenzte. Annette stellte fest, dass sie nicht so jung sein konnte, wie Julia meinte. Bestimmt war sie dreißig Jahre oder älter.

»Worüber lachen Sie?«, fragte Stephanie, als sie Annette im Wohnzimmer herumstöbern sah.

»Ach, nur darüber, dass es bei Ihnen genauso aussieht wie bei mir, überall Zeitschriften und der Computer. Und darüber, dass Julia schwört, Sie wären erst achtzehn oder zwanzig Jahre alt!«

Stephanie lachte jetzt auch.

»Alle sagen, dass ich jünger aussehe. Ich nehme das als Kompliment! Pferde erhalten eben jung!«

»Nach meinen Erfahrungen in den letzten Monaten lassen sie einen eher um Jahre altern! Wollen wir gucken, wo Julia steckt?«

Julia stand an dem robusten Holzzaun, der Dannys und Violettas Sandauslauf begrenzte, und fütterte die Pferde.

»Guck, Mutti, das ist Danny!« Sie reichte dem Dunkelbraunen eine Möhre.

»Dark Dan, genauer gesagt. Der dunkle Daniel. Aber er hat keine schwarze Seele! Ihr könnt ruhig zu ihm hineingehen!« Stephanie öffnete das Tor.

»Wozu brauchen Sie die Kindersicherung?«, wunderte sich Frau Wiegand.

»Wegen Violetta. Sie ist ganz groß im Öffnen von Türen...«

»Und Danny ist ganz groß im Sport, höre ich«, sagte Annette. »Was ist ›Distanzreiten‹?«

»Wettkampfmäßiges Streckenreiten. Man muss 40 bis 160 Kilometer sehr schnell reiten, und zwischendurch wird immer wieder kontrolliert, ob das Pferd dabei auch gesund bleibt. Aber das wird Julia alles noch lernen. Ich denke, sie wird Ihnen noch mehr von Danny und seinen Heldentaten erzählen, als Ihnen lieb ist! Kommen Sie, wir gucken uns den Stall an!«

Stephanies Offenstall war nicht sehr groß, gerade ausreichend für zwei Pferde, aber er war hell und zweckmäßig eingerichtet. Hier gab es keine dunklen Ecken wie bei Schecker und Mollmann, und natürlich bestand auch keine Möglichkeit für die Pferde, sich in irgendwelchen Heunetzen zu verheddern. Annette Wiegand fand es zunächst etwas beängstigend, sich zwischen den frei laufenden Pferden zu bewegen, aber als Danny seine Verbeugung vorgeführt hatte und Violetta auf die Frage, ob sie denn eine Möhre wolle, bejahend mit dem Kopf nickte, verlor sie ihre Furcht. Schließlich verließen die drei den Stall, nachdem sie den Pferden noch etwas Heu gegeben hatten, und gingen ins Haus. Draußen wurde es jetzt dunkel und kalt, in Stephanies Wohnzimmer war es dagegen warm und gemütlich. Annette und Stephanie, die sich auf Anhieb gut verstanden, hockten vor dem Kachelofen und plauderten, während Julia die Bilder an den Wänden bewunderte. Stephanies Wohnung steckte voller Trophäen und bunter Turnierschleifen und an jeder verfügbaren Wand hingen Fotos von ihr und Dark Dan: Danny im Wald, bei einem Geländeritt, Stephanie in schwarz-weißem Turnierdress und gleich daneben in Jeans und mit Cowboyhut. Danny trug auf diesem Bild einen Westernsattel.

»Darf ich am Sonntag einen Fotoapparat mitbringen und ihn auch fotografieren?«, fragte Julia schließlich.

Stephanie nickte. »Klar, er ist ein geübtes Modell. Hat schon für Zeitungs- und Reklamefotos posiert!« Sie berichtete, dass sie als Journalistin für verschiedene Tierzeitschriften arbeite.

»Meistens so was wie ›Der große Test: Fühlt Ihre Katze sich bei Ihnen wohl?‹, aber gelegentlich schreib ich auch was über Pferde! Ich denke, ich mache eine Geschichte aus der Sache mit Stormy. Vielleicht kann ich Leute wie diese Drögers damit von ähnlichen Dummheiten abhalten!«

Der Sonntag, an dem Julia zum ersten Mal allein zu Stephanie kam, war ein strahlender Herbsttag, und Julia verknipste einen ganzen Film von Danny und Violetta.

Stephanie erklärte ihr einige Besonderheiten ihres Sattelzeugs, unter anderem, dass sie Danny mit einem alten Armeesattel ritt, weil der besonders gut saß.

»Es war schwer, einen Sattel zu finden, der zu seinem

hohen Widerrist passte, aber diesen hat er nun schon seit vielen Jahren, und er kommt gut damit zurecht. Diese Militärsättel, aber auch die modernen Trachtensättel, verteilen das Gewicht sehr gut auf dem Pferd. Der Westernsattel macht das noch besser, würde Annika jetzt sagen, aber ich mag die Dinger nicht so gern!«

Die Zäumung, die Stephanie Julia für Danny gab, hatte kein Mundstück.

»Ein Bosal, nicht wahr?«, fragte Julia mit ihrem neu erworbenen Wissen aus dem Westernstall.

»Etwas Ähnliches. Ein Side-pull. Wie der Name schon sagt, kannst du das Pferd damit wenden, indem du seitlich an den Zügeln ziehst. Bei Danny genügt allerdings ein Anlegen des Zügels an den Hals. Er geht sehr gut gebisslos. Und ich denke, wir tun ihm einen Gefallen, wenn du ihn so lange auf Side-pull reitest, bis du ganz sicher zügelunabhängig sitzt!«

Julia nickte.

»Ich will ihn ja nicht verderben!«, sagte sie ernst.

Als die beiden ihre Pferde am Haus vorbeiführten, klingelte drinnen das Telefon.

»Verdammt!«, sagte Stephanie. »Das ist garantiert Mona, die für mich fotografiert. Sie wollte durchrufen, wenn die Fotos fertig sind. Halt mal eben mein Pony!«

Stephanie stürmte ins Haus und Julia blieb mit Danny und Violetta draußen. Die beiden warteten geduldig, obwohl Stephanie eine ganze Weile wegblieb. Es waren wirklich liebe Pferde.

Als Stephanie schließlich aus dem Haus kam, strahlte sie. »Gute Nachrichten für dich, Julia! Es war nicht Mona, sondern Brigitte, eine Bekannte aus Berghausen. Sie hat dort einen Ponyhof, und gestern bekam sie einen Anruf vom Tierschutz, ob sie nicht ein völlig verrücktes Pony aus einem Verschlag holen könnte. Die Tierschützer haben da auf eine Anzeige von Nachbarn reagiert, die ständig jaulende Hunde und schreiende Esel auf dem Grundstück einer Frau hörten. Der Amtstierarzt hat zwei Hunde, einen Esel und zwei Ponys beschlagnahmen lassen. Alle fast verhungert, in winzigen Ställen eingesperrt. Die Besitzerin war geistig völlig verwirrt. Das eine Pony war ein Hengst, schwarz mit weißer Flocke auf der Stirn. Es kämpfte wie verrückt, als man es herausholen wollte. Kurz und gut, Brigitte meint, dass es Stormy ist. Ich hatte ihr doch von ihm erzählt.«

»Echt? Und, hat sie ihn befreit? Wie geht's ihm? Ist er in Ordnung?«

»Langsam, immer eins nach dem anderen! Brigitte hat ihn natürlich befreit. Verladen ließ er sich allerdings nur unter Beruhigungsmitteln. Sie haben ihn in den Stall einer Bekannten gebracht, die zufällig dabei war, als der Tierschutz anrief. Sie hat sich wohl sofort in ihn verguckt und will ihn als Gesellschaftspferd für ihren Wallach behalten.«

»Dann wird ihn ja gar keiner mehr reiten!«

»Nein. Und das kann man wahrscheinlich auch nicht mehr. Das Pony ist nämlich böse verletzt, es muss sich schon vor einiger Zeit, wahrscheinlich bei Mollmann, einen Sehnenanriss geholt haben. Der Tierarzt meint, der würde heilen, aber voll belastbar ist Stormy sicher nicht mehr.«

»Und diese Frau will ihn trotzdem behalten?«, fragte Julia ängstlich.

»Bestimmt«, antwortete Stephanie. »Helga Modau und ihr Mann sind große Tierfreunde. Der Wallach, den sie haben, ist ein ähnlicher Fall wie Stormy, auch etwas angeschlagen. Den haben sie aus einem Verleihstall gekauft. Sie sind auch beide nicht mehr die Jüngsten, reiten also sowieso nicht viel... ich glaube, da wird Stormy es sehr gut haben! Modaus lassen dir übrigens viele Grüße bestellen und du kannst ihn jederzeit besuchen. He, Julia, du weinst ja! Also jetzt hast du dazu wirklich keinen Grund mehr! Klettere auf dein Pony, und zeig mir, was Annika dir beigebracht hat!«

Der Ausritt auf Danny war herrlich, und Julia schwebte auf einer Wolke von Seligkeit, als sie ihn schließlich absattelte und mit Äpfeln und Möhren verwöhnte.

»Er ist so lieb, so brav... er ist einfach großartig!«, murmelte sie und umarmte Danny, der das gleichmütig mit sich geschehen ließ.

»Und er ist jetzt wirklich mein Pflegepferd?«

»Nicht dein Pflegepferd!«, sagte Stephanie bestimmt. »Danny ist mein Pferd und das bleibt er auch. Ich bin für ihn verantwortlich – für seine Pflege, sein Futter, seine Gesundheit. Wenn ich wollte, dass jemand anders für ihn sorgt, könnte ich ihn ja verkaufen! Aber du kannst seine Freundin sein. Du wirst auf ihm reiten lernen, und später, wenn du etwas älter bist, kannst du mich auch mal vertreten, wenn es darum geht, ihn und Violetta zu versorgen!« Sie lächelte.

»Vielleicht klingt das kleinkariert, aber ich kann mir einfach nicht vorstellen, dass jemand anders meinen Danny sein Pferd nennt! Ich liebe den Kerl und ich würde mich nicht mal von einer seiner Ohrenspitzen jemals trennen!«

Julia lachte.

»Was sollte ich auch mit seiner Ohrenspitze?«, fragte sie kichernd und streichelte Dannys samtig weiche Nase.

Tipps zum Thema »Pflegepferd«

Julia hat Menschen und Pferde gefunden, bei denen sie gut aufgehoben ist. Aber nur wenige Mädchen und Jungen haben auf Anhieb so viel Glück. Deshalb noch ein paar Tipps für alle, die sich ein Pflegepferd wünschen:

1. Hände weg von Ställen wie »Schecker« und Ponys wie Stormy! Auf den ersten Blick scheinen sie zwar alle Wünsche zu erfüllen, aber letztlich läuft es doch nur auf Enttäuschung und Ärger hinaus.

2. Bittet bei der Suche nach einem Pflegepferd Erwachsene um Hilfe. Erste Anlaufstelle ist euer Reitlehrer. Wenn er meint, dass ihr zuverlässig seid und gut genug reitet, vermittelt er euch vielleicht ein Privatpferd, das ihr in den Unterrichtsstunden reiten könnt.

3. Eure Eltern können euch helfen, indem sie eine Anzeige in einer Fachzeitschrift oder der örtlichen Zeitung für euch aufgeben. Sie sollten euch dann auch zu den Leuten begleiten, die sich melden, und mit ihnen über Versicherungen, regelmäßige Pflichten, Reitunterricht usw. sprechen.

4. Bedenkt, dass Menschen, die sich Pferde halten, weil sie ebenso gern putzen und reiten wie ihr, selten Pflegepferde vergeben. Wer viel Geld und Arbeit in sein Pferd investiert, wird es ungern einem jungen Reiter mit wenig Pferdeerfahrung anvertrauen. Brauchen solche Menschen

doch einmal Hilfe, so werden sie eher nach einer Reitbeteiligung für ihr Pferd suchen. Dabei werden Rechte und Pflichten vertraglich festgelegt und auch wer welche Kosten für das Pferd übernimmt. Vielleicht sind eure Eltern ja bereit, eine solche Reitbeteiligung für euch abzuschließen.

5. Ob Pflegepferd oder Reitbeteiligung – wichtig ist, dass sich der Pferdebesitzer auf euch verlassen kann. Zuverlässigkeit, Einhalten von Vereinbarungen und Erledigung der übernommenen Pflichten sind die Grundvoraussetzung für die erfolgreiche Zusammenarbeit zwischen Pferdemädchen oder Pferdejungen und Pferdebesitzer. Wer sich bereit erklärt, bei der Pflege eines Pferdes zu helfen, übernimmt auch ein Stück Verantwortung für ein lebendes Tier.

Kleines illustriertes Reiterlexikon

mit Zeichnungen von Rahel Schale

Auf den folgenden Seiten werden die Fachausdrücke, die in diesem Buch vorkommen, erklärt. Damit ihr die Begriffe und Informationen schnell findet, stehen die Seitenzahlen in diesem Register gleich dabei.

Pferderassen

Julia begegnet in diesem Buch folgenden Pferderassen:

Andalusier – sind klassische spanische Pferde, die sich besonders fürs Dressurreiten eignen. Sie sind mittelgroß, kräftig, aber doch elegant und fallen besonders durch ihre lange, gewellte Mähne und ihre hohe Knieaktion auf.

Araber – Das arabische Vollblut wird angeblich seit der Zeit des Propheten Mohammed rein gezüchtet. Die Pferde sind relativ klein – meist um 1,50 m Stockmaß –, sehr genügsam, schnell und besonders menschenfreundlich und umgänglich, dabei allerdings impulsiv und schnell mit einem Scheuen bei der Hand. Sie eignen sich besonders gut zum Westernreiten und Distanzreiten.

Connemaras – Connemara-Ponys stammen aus Connemara in Irland. Es sind vielseitig einsetzbare, freundliche Pferde im Stockmaß um 1,45 m. Schimmel und andere helle Farben dominieren.

Isländer – Islandpferde sind so etwas wie das nördliche Gegenstück zum Araber. Auf der Polarinsel Island werden sie seit 930 n. Chr. rein gezogen. Auch sie sind klein – ca. 1,32 bis 1,45 m Stockmaß – und genügsam, gebärden sich aber eher gemütlich. Ihr Temperament zeigen sie erst, wenn sie unter dem Sattel sind. Isländer sind anspruchsvolle Reitpferde, die sich besonders durch ihre Spezialgangarten *Tölt* und *Pass* auszeichnen.

Shetlandponys – Diese Zwerge unter den Pferden stammen von den Shetlandinseln. Sie sind zwischen 80 und 120 cm hoch und sehr leistungsfähig, oft aber auch ganz schön frech. Shetties gibt es in allen Farben und sie sind besonders zum Fahren und – nach sorgfältiger Ausbildung – als Ponys für kleine Kinder geeignet.

Quarter Horses – Das ideale Pferd zum Westernreiten. Quarter Horses sind ca. 1,50 m hoch und charakterlich meist sehr ausgeglichen. Ihr freundliches Wesen und ihre guten Reiteigenschaften machen sie als Freizeitpferde sehr beliebt. Das Quarter Horse ist die Rasse mit den meisten eingetragenen Tieren in der ganzen Welt.

Pferdegangarten

Schritt – Gangart im Viertakt;

Trab – Gangart im Zweitakt mit diagonaler Fußfolge;

Galopp – gesprungene Gangart im Dreitakt;

Tölt – Gangart im Viertakt, deren Fußfolge genau der des Schritts entspricht. Weil der Reiter dabei kaum geworfen wird, ist der Tölt sehr angenehm weich zu sitzen;

Pass – Gangart im Zweitakt, bei der Vorder- und Hinterbein derselben Körperseite gleichzeitig auffußen.

Pferdefarben

Schimmel – weißes oder grau-weißes Pferd;

Rappe – schwarzes Pferd;

Brauner – braunes Pferd mit schwarzem Behang (Mähne und Schweif);

Fuchs – braunes oder rotbraunes Pferd mit hellerem oder gleichfarbenem Behang;

Falbe – beigefarbenes bis graues Pferd mit schwarzem Behang und Aalstrich;

Isabell (Palomino) – beigefarbenes Pferd mit hellem, oft schneeweißem Behang.

Pferdehaltung

Wer Pferde artgemäß halten will, muss ihnen Auslauf und Pferdegesellschaft bieten. Am besten ist das bei *Offenstallhaltung* gegeben, denn dabei bestimmen die Pferde selbst, wann sie im Stall oder draußen stehen wollen. Oft tun sich mehrere Pferdehalter zusammen, um einen *Offenstall* für ihre Pferde zu bauen oder zu pachten und ihre Pferde abwechselnd zu versorgen. Dann spricht man von einer *Haltergemeinschaft.* Besonders wenn diese gemeinsame Pferdehaltung größere Formen annimmt und es schließlich sogar zum Bau einer Reithalle oder der gemeinsamen Anstellung von Stallpersonal kommt, redet man auch von *Reitgemeinschaften.*

Putzzeug

Kardätsche

Striegel

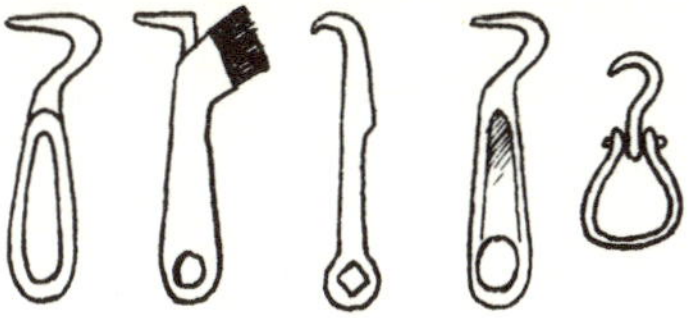

Hufkratzer

Zäumungen und Hilfszügel

Es gibt viele verschiedene Zäumungen, die dabei helfen, ein Pferd zu lenken. Die gebräuchlichste ist die *Trense.* Sie ist eine Zäumung mit gebrochenem Mundstück, das bei Annahme des Zügels auf die Zunge, die Maulwinkel und manchmal auch auf den Gaumen Druck ausübt.

1 Trense mit
2 Martingal
(mit Bauchgurt verbunden)
3 Backenstück
4 Trense
(Trensengebiss)
5 Nasenriemen
6 Kinnriemen
7 Kehlriemen
8 Genickstück
9 Stirnband
10 Zügel

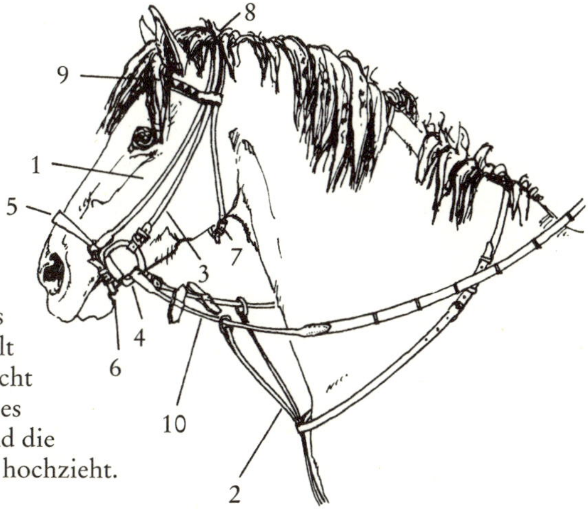

Das Trensengebiss muss so verschnallt werden, dass es nicht gegen die Zähne des Pferdes schlägt und die Maulwinkel nicht hochzieht.

Side-pull und *Bosal* sind gebisslose Zäumungen. Sie werden von Western- und Freizeitreitern gern zum Anreiten junger Pferde gebraucht und wirken hauptsächlich auf die Nase und ein wenig auf das Kinn des Pferdes.

Side-pull

Bosal

Wenn ein Pferd sich nicht gut lenken lässt, den Kopf hochwirft und sich verspannt, wenn der Reiter die Zügel annimmt, liegt das meistens daran, dass es schlecht geschult ist oder dass der Reiter Fehler macht. Um dem abzuhelfen, greifen viele Reiter zu *Hilfszügeln* wie *Schlaufzügeln* und Martingal (vgl. Trense). Sie hindern das Pferd daran, sich den Reitereinwirkungen zu entziehen, aber oft fügen sie ihm dabei Unannehmlichkeiten und Schmerzen zu.

Der Schlaufzügel führt vom Sattelgurt durch die Trensenringe in die Hand des Reiters.

Sättel

Der gebräuchlichste Sattel ist der *Vielseitigkeitssattel.* Er ist sowohl zum Dressurreiten als auch zum Spring- und Geländereiten verwendbar. Der VS-Sattel muss dem Pferd aber sehr genau angepasst sein, sonst scheuert er auf seinem Rücken und verursacht *Satteldruck*. Für kleinere Pferde, die schwere Reiter tragen, wählt man oft auch einen *Trachtensattel* (s. S. 152). Er verteilt das Gewicht besser auf dem Pferderücken, ähnlich wie der *Armeesattel*, der früher bei den berittenen Soldaten, der *Kavallerie*, üblich war. Noch besser wird das

Reitergewicht durch den *Westernsattel* (s. S. 153) verteilt. Viele Freizeitreiter ziehen ihn deshalb anderen Sätteln vor, obwohl sie nicht im Westernstil reiten.

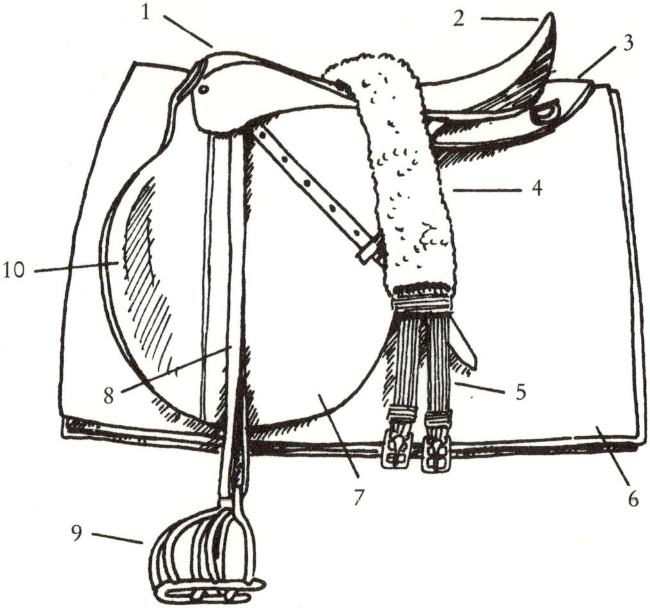

Trachtensattel
1 Vorderzwiesel
2 Hinterzwiesel
3 Trachten
4 Gurtschoner
5 Sattelgurt
6 Satteldecke (Woilach)
7 Sattelblatt
8 Steigbügelriemen
9 Sicherheitssteigbügel
10 Sattelpauschen

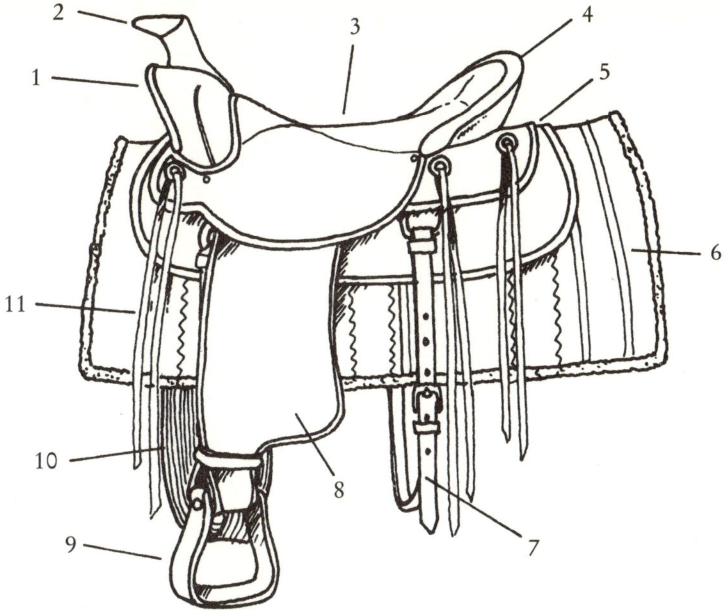

Westernsattel
1 Vorderzwiesel (fork)
2 Horn
3 Sitzfläche
4 Hinterzwiesel (cantle)
5 Trachten
6 Satteldecke (pad)
7 Hinterer Bauchgurt (back cinch)
8 Bügelleder (fender)
9 Steigbügel
10 Bauchgurt (cinch)
11 Riemen zur Gepäckbefestigung

Sattelkissen sind, vereinfacht gesagt, gepolsterte Lederdecken mit Sattelgurt und Steigbügeln. Sie verursachen keinen Satteldruck, aber sie machen es dem Reiter auch nicht leicht, korrekt zu sitzen. Außerdem verteilen sie das Reitergewicht nicht gut auf dem Pferd. Auf Dauer und für längere Ritte sind sie wenig geeignet.

Longieren

Longieren ist ein gutes Mittel, junge Pferde zu schulen und daran zu gewöhnen, Stimmkommandos des Longenführers zu beachten. Aber Achtung: Der Kreis sollte nie zu klein sein, denn Longieren auf kleinen Zirkeln belastet den Bewegungsapparat. Junge Pferde sollte man auch nicht zu lange longieren, damit sie sich nicht langweilen.

Beim Longieren geht das Pferd
auf einem großen Kreis um
den Longenführer herum.

Abwechslung schafft die Arbeit an der *Doppellonge.* Dabei wird in jeden Trensenring ein langer Strick eingeschnallt. Man kann damit Richtungswechsel durchführen und vom Boden fahren. Weitere Abwechslung bei der Pferdeausbildung bringen *Bodenarbeit* über Stangen und Spaziergänge mit dem jungen Pferd.

Fahren vom Boden bringt Abwechslung in die Pferdeausbildung.

Hilfen

Reiten ist eine Zeichensprache. Der Reiter vermittelt dem Pferd seine Wünsche durch so genannte *Hilfen.*
Man unterscheidet:

Zügelhilfen – Annehmen und Nachgeben der Zügel, Unterstützung der Gewichtshilfen beim Abbiegen.

Kreuzhilfen – Nach-vorn-Schieben des Pferdes mithilfe des Beckens. Die Bewegung ähnelt der, mit der man einen Schaukelstuhl in Bewegung bringt, ohne sich mit den Füßen abzustoßen.

Kreuzhilfen – man spricht übrigens auch vom »Kreuzanspannen« – gehören zu den treibenden Hilfen.

Schenkelhilfen – werden »am Gurt« oder »hinter dem Gurt« gegeben. Im ersten Fall treibt der Schenkel da, wo er bei korrektem Sitz sowieso liegt, im zweiten Fall eine Handbreit weiter hinten. Zur *Galopphilfe* z.B. liegt der innere Schenkel am Gurt, der äußere hinter dem Gurt.

Gewichtshilfen – durch Verlagerung des Gewichtes nach rechts oder links wird das Pferd gelenkt.

Alle *Hilfen* wirken nur in Kombination miteinander. So werden z.B. beim Abbiegen *Zügel-, Gewichts- und Schenkelhilfen* miteinander verbunden.

Gerte und *Sporen* unterstützen bei phlegmatischen Pferden oder bei schwierigen Dressuraufgaben die *Hilfen* des Reiters. Besonders *Sporen* sind nicht dazu da, das Pferd zu strafen, sondern nur dazu, ihm die *Hilfen* des Reiters deutlicher zu machen. Auch die *Peitsche* ist kein Strafinstrument. Sie dient beim *Longieren* und beim Fahren als »verlängerter Arm« des Reiters.

KINDER
LIEBEN
SCHNEIDER
BÜCHER
90
JAHRE
Schneider
Buch
www.schneiderbuch.de

Pferde und Reiten

Lisa und die Pferde!

Pia Hagmar
Lisa, verliebt!

128 Seiten
gebunden
ISBN 3-440-08807-3

Nach den Sommerferien trifft Lisa zu ihrer Überraschung Jonte wieder, in den sie sich im Reitlager verliebt hat. Gemeinsam melden sie sich zu einem Springkurs an. Wenn nur die eifersüchtige Anna nicht wäre, die eine Intrige nach der anderen spinnt!

In der Reihe bisher erschienen:

- **Lisas Traum**
  3-440-08801-4
- **Ein Pferd für Lisa**
  3-440-08802-2
- **Lisa Andersson, Pferdebesitzerin**
  3-440-08803-0
- **Lisa, fertig, los**
  3-440-08804-9
- **Lisas Abenteuerritt**
  3-440-08805-7
- **Gut gemacht, Lisa!**
  3-440-08806-5

www.kosmos.de